CONSPIRACIONES

MACARIO SCHETTINO

CONSPIRACIONES

México a través de seis siglos

Ariel

Diseño de interiores: Eunice Tena
Diseño de portada: Planeta Arte & Diseño / Estudio la fe ciega / Domingo Noé Martínez
Fotografía de portada: © Getty Images
Fotografía del autor: Cortesía del autor

Bajo el sello editorial ARIEL M.R.
Avenida Presidente Masaryk núm. 111,
Piso 2, Polanco V Sección, Miguel Hidalgo
C.P. 11560, Ciudad de México
www.planetadelibros.com.mx
www.paidos.com.mx

Primera edición impresa en México: septiembre de 2025
Cuarta reimpresión en México: enero de 2026
ISBN: 978-607-639-083-2

Impreso en los talleres Impresora Tauro, S.A. de C.V.
Av. Año de Juárez 343, Colonia Granjas San Antonio, Iztapalapa
C.P. 09070, Ciudad de México.
Impreso y hecho en México –*Printed and made in Mexico*

Índice

SEGUNDO SIGLO: CONVIVENCIA (1648-1763)

TERCER SIGLO: RUPTURA (1763-1821)

CUARTO SIGLO: ABANDONO (1821-1921)

RUMBO AL SEXTO SIGLO

Introducción

Escribí este libro para entender mejor. De hecho, por eso escribo, y por eso di clases por cuatro décadas, porque es cuando uno intenta explicar a otros, con seriedad, cuando se da cuenta de errores, de huecos en la argumentación, de premisas ignoradas, pero también es ahí donde hilos que parecían separados se convierten en un tejido, y entonces uno entiende.

Hace casi veinte años escribí *Cien años de confusión*, como resultado de la disonancia que me causó un breve tiempo como funcionario público. Lo que yo sabía, y lo que veía, eran cosas diferentes. Para entender mejor, escribí ese libro, en el que concluía que el régimen político construido por los vencedores de la Revolución había obstaculizado la modernización de México, y cuando los excesos provocaron la gran crisis del sistema, la ruptura interna abrió una nueva oportunidad. Exploré eso en otro libro, ocho años después, *El fin de la confusión*.

Pero la oportunidad ha desaparecido y la explicación de corto plazo dio como resultado una segunda edición de este último libro, ahora titulado *El fin (y el regreso) de la confusión*. Sin embargo, algo debe existir que explique esa abundancia de confusiones. Algo de más largo plazo. Eso es lo que exploro ahora.

• • •

La historia tiene un valor determinante en la modernidad. Las naciones son *comunidades imaginarias* que, para existir, necesitan inventar una historia que les dé sentido. No es el idioma, la religión, la etnia lo que construye una nación, es la historia que se inventa para ello. Así, todas las naciones inventan su propio cuento, que permita a millones de personas sentir que algo hay en común entre ellas. Con base en esa historia mítica se crean símbolos y rituales que refuerzan el sentido de comunidad.

Sin embargo, no todas estas historias inventadas son igual de útiles. Algunas, además de crear y fortalecer la comunidad, promueven un comportamiento más exitoso que otras. Por exitoso me refiero a un país rico, democrático y justo. Reconozco entonces el sesgo de mi punto de vista. Soy un liberal viejo, también de edad. Mi sesgo me hace preferir una sociedad de individuos, guiados por reglas, que se hacen cumplir por un Estado fuerte que también está limitado por esas reglas y es, además, responsable de sus acciones frente a esos individuos. También estoy convencido de que ese tipo de sociedad logra producir riqueza cuando es ese su objetivo, y no la defensa de privilegios.

Por ese sesgo, me gustaría que México fuese ese tipo de país, pero no lo es. Es algo distinto, que puede no ser de mi total agrado, pero a cambio permite ciertas cosas que esas sociedades individuales guiadas por la generación de riqueza y limitadas por reglas no pueden dar.

La historia mítica construida para sostener la nación, el *nacionalismo revolucionario* y su versión de libros de texto, no nos ha permitido ninguna de las dos opciones. Ni crear esa sociedad que a mí me parece adecuada, ni desarrollar las otras posibilidades que nuestra cultura e instituciones permitirían. Ha sido una historia oficial que nos ha maniatado, limitado, paralizado, y en varias ocasiones nos ha llevado al borde del fracaso absoluto.

No soy historiador de profesión, ni este libro es de historia. Como decía, escribo para entender mejor, y para eso recurro a los que saben, en cada uno de los temas que se tocan. Estos cinco siglos de historia han producido una bibliografía inmensa, inabarcable. Mucho de ella cae en escuelas de pensamiento que dan más problemas que soluciones. Afortunadamente, en las últimas décadas se ha producido una revisión histórica espectacular, que solo de vez en cuando llega al público en general. Recurro a ella, pero no para criticar la historia mítica, ya existen libros sobre ello de otras personas. Lo que me interesa es entender el proceso que nos ha traído al presente, para poder imaginar el futuro.

• • •

Para no complicarle la vida, utilizaré como eje (en el caso de México) una sola obra, que creo que ejemplifica los grandes avances historiográficos: *La nueva historia general de México*, publicada por El Colegio de México y realizada por un grupo de los más importantes expertos en cada una de las épocas que ahí se cubren. Se publicó en 2010, de manera que la iré complementando con otras obras, más específicas, más recientes. Confío en que eso le ofrezca un punto de partida en caso de que desee profundizar.

Uno de los defectos más importantes en la forma como se estudia la historia de México es el aislamiento. Aunque se ha aminorado, sigue presente. Como si México fuese algo separado del mundo, y pudiese entenderse en abstracción. Por esa razón, para cada siglo le ofrezco dos capítulos. El primero de ellos dedicado al contexto global, el segundo a México. Por razones que serán obvias, ese contexto global va cambiando: en el primer siglo, lo que nos afecta es la Casa de Austria; en el segundo, la recomposición europea; para el tercero, ya tenemos un contexto global, que en los dos siglos siguientes tendrá un fuerte componente anglosajón. Para el caso global no hay una obra única, pero espero que las referencias le sean útiles en caso de querer explorar la gran cantidad de eventos en los que no me es posible profundizar.

Cada capítulo de este libro podría ser un libro separado, de cientos de páginas. Esos libros ya existen, escritos por especialistas, conocedores al detalle de cada período. Pero esa no es mi intención, lo que busco es encontrar los hilos que, en estos quinientos años, van construyendo el tejido sobre el que hoy estamos. Dedico entonces apenas unas pocas páginas a cada siglo, quince o veinte en el caso de México, un poco menos en los temas globales. Habrá momentos en los que usted extrañará asuntos que no aparecen, o en los que se verá en una vorágine de nombres o fechas o datos. Como se decía hace ya décadas, no se clave en la textura. Es la imagen general lo que importa.

• • •

México no existe antes del encuentro de Moctezuma y Cortés. De ese encuentro tenemos ideas aprendidas en primaria y que corresponden a esa historia mítica en la que se atribuyen todas las maldades al invasor. Ese encuentro es uno de los eventos más importantes en la historia humana. Se encontraron dos grupos que habían tenido una evolución cultural separada durante varios milenios. Intentaron entenderse, pero las circunstancias lo impidieron. Es un hecho único, insólito, que describo en el capítulo 0.

Durante los siguientes cien años, o poco más, se define lo que será México. Es un proceso muy duro, no exento de violencia, pero en el que pesó más la biología. Bichos y vacas destruyeron la población local, mientras que poco a poco llegaban más españoles, un puñado de europeos, algunos africanos. A mediados del siglo XVII, las bases culturales de México ya existen (siglo I).

Durante todo el libro utilizo con más frecuencia la palabra *indio* que *indígena*. La razón es que así se denominó a los habitantes de lo que hoy es México durante siglos, y pienso que así debería mantenerse, aunque entiendo que muchos lo consideran un término despectivo, denigrante, y por eso inventaron el término *indígena*, del latín *indu-gena* que significa 'nacido aquí'. Aborigen (*ab origines*) es un sinónimo, que en Australia también se considera despectivo, y prefieren utilizar *indígena australiano*. Es una discusión problemática, pues, y en este libro no hay ninguna intención despectiva. La idea es entender la forma en que nos fuimos construyendo y, por siglos, utilizamos indios para referirnos a los *pueblos originario*s, como ahora también se les llama.

En el siglo siguiente, Nueva España se convierte en el reino más importante de la monarquía hispánica. Más rico que la península, o cualquier otro virreinato. Con una gran autonomía, gracias también a la debilidad de los reyes españoles (siglo II).

Las presiones globales y la modernización europea convencen a España de intentar convertir a Nueva España en una colonia, lo que no había sido hasta entonces. En ese esfuerzo, convencerán a los novohispanos de que les conviene más irse por su cuenta, lo que ocurrirá cuando España toque fondo con los reyes más incapaces y venales que ha tenido, Carlos IV y Fernando VII (siglo III).

Sin enemigo externo, esas dinámicas originadas en el intento «colonizador» borbónico dan lugar a la desintegración del Imperio (para entonces así se imaginaba España), pero también producen dinámicas centrífugas en lo que había sido Nueva España. Es el caos en el que terminamos perdiendo buena parte del territorio, y casi el futuro, pero logramos sobrevivir y, nuevamente, construir un país exitoso (siglo IV).

El derrumbe de ese nuevo intento de modernización, a la vejez del caudillo, fue seguido por un régimen autoritario, consolidado en un sistema corporativo que, sin embargo, no es coincidente con las estructuras sociales previas, provocando una fricción que solo puede aceitarse con el dinero público. Cuando este se termina, la desintegración regresa. Es donde estamos ahora (siglo V).

Para el sexto siglo, que apenas iniciamos, no hay historia todavía. Lo que sí hay, me parece, es una cultura propia de México, que es lo que favorece u obstaculiza la creación de instituciones (reglas, leyes, organismos). Esa cultura proviene de los cinco siglos previos, y por eso la importancia de revisarlos, aunque sea brevemente. Mi propuesta para entender la cultura es hacerlo a través de tres relaciones que construimos los seres humanos. Una, con lo sobrenatural, espiritual o divino; la segunda, entre nosotros; finalmente, la que establecemos con las cosas, la propiedad. A eso se dedica el capítulo 11. Cierra el libro una evaluación del momento actual, en lo global y nacional, y una reflexión acerca del futuro, que solo tiene sentido acompañada de las doscientas páginas previas. No se las salte.

• • •

Confío en que este libro le ofrezca una visión refrescante de nuestra historia. Interesante, pero para nada exhaustiva. Espero que, paulatinamente, vaya encontrando los hilos que me llevaron al tejido que aparece en la última parte del libro, que me resultó sorprendente. Hilos que tienen hebras de conflictos, pero también de negociaciones; hilos tejidos por siglos a los que se quiso reemplazar con otras fibras, desgastando el tejido completo; hilos que no han podido recuperarse, ni madurar; hilos sobre los que tenemos que construir algo nuevo.

No esperaba llegar ahí. Por eso, le digo, intentar explicar es la mejor forma de aprender.

0
Encuentro

El 8 de noviembre de 1519 se conocieron Hernán Cortés y Moctezuma Xocoyotzin. A través de ellos se encontraban dos mundos que llamaré *mundo español* y *mundo mesoamericano*, aunque ambos nombres sean erróneos.

Ese encuentro es la mayor sorpresa que ha ocurrido en la historia humana. Aunque ambos tenían noticias del otro mundo, eran muy recientes, y muy inexactas. Dos mundos que habían evolucionado de forma independiente por miles de años mantenían una esencia similar, pero diferencias que no eran sencillas de procesar.

En ambos mundos, encuentros con otros grupos eran algo común, pero las diferencias con ellos eran muy menores y las noticias mucho más exactas. De un lado, el tránsito de grupos a través de toda Eurasia, junto con el contacto frecuente y de larga data con África, daba una referencia a cualquier nuevo encuentro. Del otro lado, desde los desiertos y planicies de Norteamérica hasta las selvas del Darién, todos los grupos se conocían y también existía una visión común.

Estos dos mundos que se encontraron en 1519 carecían del marco de referencia para entenderse. Y es una circunstancia excepcional que tanto Cortés como Moctezuma hayan logrado, al menos por unos meses, construir ese marco de manera pacífica. Después, sus mundos los avasallaron, y los llevaron a la violencia. Nos acordamos mucho de esto y poco de aquello. Por eso nos cuesta trabajo entender el proceso de los siguientes siglos, y por eso también a nosotros, los descendientes de ese proceso, se nos dificulta entendernos.

El mundo español

Cuando Colón se encontró con tierra, el 12 de octubre de 1492, España no existía. Los reyes que habían autorizado y financiado el viaje, Isabel y Fernando, habían sido designados Reyes Católicos por la Iglesia, pero ellos mismos no se consideraban reyes de España, sino de Castilla y Aragón, entre otros reinos, ducados y territorios.

En ese mismo año había logrado Castilla expulsar a los últimos moros de su territorio. La conquista de Granada terminaba un largo período en el que la península había sido ocupada por el islam: casi por completo al inicio del siglo VIII, por la mitad hacia el siglo XI y apenas esa última región desde inicios del XIV. Aunque no era un nuevo país, al momento del descubrimiento de América, España acababa de ocupar su territorio.

Lo hacía con un gran reino, Castilla, y varios más pequeños. En cada uno de ellos, una forma diferente de gobierno. En todos, sin embargo, esas formas eran el resultado de lo que conocemos como la Edad Media: estructuras corporativas, piramidales, sostenidas por relaciones personales que, a su vez, eran producto de las historias familiares. En la cúspide, las familias gobernantes eran un reflejo de la sociedad y cifraban en matrimonios, más que en guerras, la fortaleza y el crecimiento de sus reinos.

Así es como Castilla y Aragón dan lugar a lo que después será España, y por eso los hijos de los Reyes Católicos van a protagonizar matrimonios que son en realidad alianzas que hoy llamaríamos geopolíticas: su hija Isabel se casa con quien será rey de Portugal, su hijo Juan con Margarita de Austria y su hija Juana con Felipe de Borgoña, quienes eran, respectivamente, hermana e hijo de Maximiliano I, que pronto sería emperador del Sacro Imperio. María también se casará con el rey de Portugal (a la muerte de su hermana) y Catalina será esposa de Enrique VIII de Inglaterra, famosa por el divorcio que este promovió y que terminaría como excusa para la creación de la Iglesia anglicana.

Las muertes tempranas de Juan e Isabel convirtieron a Juana en heredera de los reinos de sus padres. En 1504, a la muerte de Isabel la Católica, Juana será reina de Castilla, y su esposo, Felipe el Hermoso, el rey consorte, viaja para ser coronado de sus dominios a España, donde se instala con una amplia corte de flamencos y borgoñones que rápidamente provocan conflictos con los castellanos. Él también muere pronto y en 1506 Juana queda como única reina de Castilla. Sin embargo, su padre decide internarla en un convento, argumentando que Juana ha perdido la razón por la muerte de su marido, de forma que él tomaría su lugar en lo que su hijo, Carlos, llegaba a la mayoría de edad, que para este caso se estableció en veinte años.

Pero Fernando de Aragón muere en 1516 y Carlos aún no tiene la edad requerida. Quien toma el control del reino es el cardenal Cisneros. Ya antes había actuado como regente a la muerte de Isabel, en 1504, provocando el retorno de Fernando, quien estaba en Nápoles asegurando el control de Aragón, pero ahora la situación era muy diferente: Cisneros se había hecho del poder.

Por eso, Carlos decide acceder al trono antes de cumplir su mayoría de edad, violentando las reglas, y es coronado como rey de Castilla y Aragón en Bruselas, el 14 de marzo de 1516. Estrictamente hablando, la reina es Juana, su madre, que sigue internada y acusada de no estar en condiciones. De ahí el mote de Juana la Loca. Ella será la reina mientras viva y, al menos por un tiempo, las referencias eran a la reina Juana y el rey Carlos. Juana morirá en 1555 y Carlos abdicará pocos meses después.

Carlos llega a España el 19 de septiembre de 1517, poco tiempo después de la muerte de Cisneros. Su llegada es fatídica, por un error de navegación, pero también porque los castellanos no están contentos con él. Recuerdan la llegada de su padre y la invasión de los flamencos en la corte; quieren más a su hermano Fernando, quien vivía en España; además, Carlos no reparte a su llegada, como era la costumbre de la época. Carlos jura su cargo frente a las Cortes de Castilla el 9 de febrero de 1518 y recibe a cambio diversas peticiones, entre ellas: no traer extranjeros a la corte y aprender español (que no hablaba entonces). En Aragón, la juramentación ocurre el 29 de julio, y en Barcelona hasta el 16 de abril de 1519.

Pero más allá de esos eventos, en los siguientes años habrá diversas rebeliones en sus reinos españoles: la de los comuneros en Castilla (1520-1521), las germanías en Aragón (1520-1523), la guerra de independencia de Navarra (1521). Al final, Carlos logra establecerse y ganarse el apoyo de los españoles, que probablemente ya podamos llamar así para entonces.

No me detengo en detalles, que son fácilmente accesibles en abundantes historias de la época (ofrezco algunas recomendaciones en la nota bibliográfica). Lo importante es tomar conciencia de que el «mundo español» que llega a encontrarse con el «mesoamericano» es una construcción política muy reciente, no del todo estable, cuyo rey es en realidad un regente, muy joven e inexperto, que además ni siquiera habla español.

El mundo americano

Sabemos mucho de Europa en el siglo XVI, y de varios siglos anteriores. Aun así, nuestra idea de la España que vino a conquistarnos es profundamente equivocada. Con mayor razón, lo que imaginamos que era México antes de la conquista guarda poca relación con la realidad. Mientras que de la historia europea algo se filtra al imaginario popular, la historia del México antiguo suele quedarse en los expertos, y el flujo hacia el resto del mundo tiene que sortear los obstáculos creados por la mitología cívica, o nacionalista, desarrollada para inventarnos una comunidad imaginaria.

Si, teniendo abundante información del viejo continente, no podemos identificar claramente lo que representaba Cortés, en el caso de Moctezuma, con mucha menos información, nuestra idea es todavía peor.

Asociamos a Cortés con España e imaginamos a esta como una potencia que conscientemente organizó la conquista para saquear

América. Como hemos visto, no era todavía España al momento del encuentro, ni era la potencia que efectivamente llegó a ser unas décadas después. Por encima de todo, no hubo ese proyecto consciente de colonización. Le achacamos a ese mundo, más bien medieval, ideas que solo aparecerán siglos después, y no precisamente en España.

A Moctezuma lo imaginamos, gracias a la educación primaria, como el representante de México, algo totalmente inexistente. Quienes han logrado superar el nivel del adoctrinamiento escolar lo ubican como líder de un imperio mesoamericano, el mexica, que suponen que ocupaba Mesoamérica, o al menos buena parte de ella, y por lo tanto como la esencia de la mexicanidad. Tampoco esto es cierto.

• • •

Antes de entrar al mundo prehispánico, conviene aclarar las confusiones que nos crea el uso de palabras que tienen varios significados, que además difieren con el tiempo. Me refiero ahora a *imperio*. Podemos identificar al menos tres concepciones diferentes de imperio en los últimos quinientos años, que al usarse de forma indiscriminada nos llevan a conclusiones equivocadas.

Imperio, en el siglo XVI, se asociaba con la construcción política que hizo Augusto en el año 32 a. C.: el Imperio romano. Como sabemos, el deterioro de la República en las décadas previas provocó varios intentos de control personal: Mario, Sila, Julio César, pero fue Octaviano quien alcanzó el éxito, y se llamó por ello después Augusto. El Imperio romano consistía en la ocupación de un área inmensa para la época, subordinada a Roma, la ciudad, bajo un esquema de administración concentrado en la extracción de tributos e impuestos, a cambio de defensa militar y una organización política estable. España, o mejor dicho aún, Castilla, se mueve en la dirección de este tipo de imperio.

Una segunda forma de entender la palabra corresponde a los imperios coloniales iniciados en el siglo XVIII, como es el caso del Imperio británico. En este caso, sí se trata de establecer colonias, sujetas al control central, con el fin de extraer recursos. En parte, mediante el comercio, pero sobre todo mediante la simple exacción.

Finalmente, en el siglo XX, se hablaba con frecuencia del Imperio americano, o estadounidense. En este caso, lo que hacía ese país no era conquistar y colonizar, sino acaso establecer bases militares, pero sobre todo colocarse en una posición comercial favorable. Es un imperio comercial.

En consecuencia, creo que podemos diferenciar entre el imperio territorial (clásico, como el romano), el imperio extractivo (el británico del siglo XIX) y el comercial (el así llamado americano en el siglo XX). Eso hace totalmente distintos los casos de España, Reino Unido y los Estados Unidos. Por esa razón, muchas de las críticas dirigidas al Imperio español no tienen fundamento, puesto que parten de imaginarlo como el británico del XIX. España no tenía colonias en América, tenía extensiones del reino de Castilla, y eso es algo muy diferente.

• • •

¿Puede considerarse la dominación mexica en Mesoamérica como un imperio? Para algunos expertos, sí.[1] Un imperio territorial, un gran reino que ocupa regiones a las que exige tributo, pero a las que ofrece organización y defensa. Pero no nada más eso, había otras regiones que atacaba con frecuencia, en lo que conocemos como *guerras floridas*, para poder cumplir con una necesidad religiosa: el sacrificio ritual. Esta costumbre fue probablemente lo más perturbador para los europeos, y la gran excusa para considerarlos bárbaros necesitados de la fe católica.

El mundo que encontraron los conquistadores les sorprendió por la gran diferencia que mostraba con las islas americanas que hasta entonces habían conocido. En aquellas no había sino una población escasa, y escasamente vestida, sin mayores construcciones o riquezas. En Mesoamérica encontraron una civilización avanzada (según entonces se calificaba). Construcciones sólidas y de gran tamaño, ciudades con decenas de miles de habitantes, ropajes y joyas de altísima calidad y manufactura, alimentos variados. Lo que no había, y eso facilitó la conquista, era metalurgia. En Mesoamérica no había bronce, ni mucho menos hierro (más adelante, una excepción). Los suplía la obsidiana, para las batallas, pero no servía para la construcción.

Mesoamérica cuenta con una cultura propia, autónoma, y es uno de los pocos lugares en el mundo en el que esto ocurrió. Hay cuatro *fuentes culturales originales* en el Viejo Continente, y dos más en el Nuevo: Egipto, Mesopotamia, el valle del Indo y el del Huang Ho (río Amarillo), y de este lado del mundo, Mesoamérica y Perú.

En todas estas regiones ocurre un proceso similar: se establecen centros estables de población, se domestican plantas y animales, se crea un conjunto complejo de ideas (religiones), los centros de población superan los centenares de personas y con ello se establece un orden jerárquico dentro de ellas. A ese proceso le llamamos *civilización*, aunque periódicamente se descalifique el término por cuestiones ideológicas que llevan a imaginar secuencias históricas diferentes. Por esa razón, cada cierto tiempo vemos aparecer historias que inventan sociedades igualitarias, o grandes conglomerados pacíficos, que no son sino aspiraciones utópicas de los estudiosos.

Es frecuente que se interprete el pasado con la idealización del futuro al que aspira quien escribe. Esto ocurrió hace poco tiempo con Teotihuacan, y todavía hay quienes argumentan que se trató de una ciudad sin gobernantes,[2] y por muchas décadas así también quiso interpretarse la cultura maya. La evidencia que se tiene no apoya esas creencias, aunque es probable que, en comparación con Tenochtitlan, Teotihuacan haya sido mucho más pacífica. Bueno, prácticamente cualquier sociedad mesoamericana fue menos violenta que los mexicas.

La cultura mesoamericana se inicia en la región que hoy ocupan Guatemala, Chiapas, Tabasco y Veracruz, en un triángulo con la punta sur cercana a Tapachula; al noroeste, la región de los Tuxtlas, en Veracruz, y al noreste, Villahermosa. Es en ese lugar donde aparecen las primeras ciudades grandes, el juego de pelota, las evidencias iniciales de creencias (serpiente emplumada) y muy posiblemente la escritura (Bloque de Cascajal, 900 a. C.).[3] No es claro que haya sido la cultura olmeca la creadora de todas esas innovaciones, pero sí es la primera que se conforma con base en ellas. Hay evidencias anteriores, en Paso de la Amada,[4] de un grupo que se considera protomaya.

Para muchos arqueólogos, la idea de que la cultura olmeca sea la «madre de Mesoamérica» es algo inaceptable, pero es un tema muy específico que no nos afecta en este análisis. Lo relevante es que en esa cultura aparecen las características que van a definir Mesoamérica por los siguientes dos milenios y medio.[5]

Con respecto a la escritura, la discusión es aún más dura, porque las escrituras de mayas, zapotecas, mixtecos e incluso de las culturas del Altiplano se han estudiado y descifrado, mientras que los restos olmecas no parecían contener este avance. El descubrimiento del Bloque de Cascajal ha cambiado las cosas, porque parece ser un primer esfuerzo de escritura. Por la forma en que se descubrió, y se mantiene hasta la fecha, hay polémica, pero creo que debemos considerar que ya en ese momento, es decir, mil años antes de Cristo, Mesoamérica ya tenía escritura.[6]

El estudio de las culturas de Mesoamérica es más un tema de arqueólogos que de historiadores, porque mucho de lo que se escribió entonces desapareció a manos de los celosos defensores del catolicismo, en grandes piras en las que se quemaron los códices. Nos quedan los grabados en piedra, algunas pinturas y los pocos códices rescatados. Por ello, hablan más las piedras, pero no es fácil construir con ellas una historia completa.

Para el estudio de esa época, se dividen los períodos en Preclásico (cada vez más llamado Formativo), Clásico y Posclásico. El primero comienza hacia el año 2000 a. C. y termina en 200 d. C., cuando se inicia el Clásico, que cierra en 900 d. C. El Posclásico ocupa los seiscientos años siguientes, hasta la llegada de los europeos. El período que más asociamos con la civilización de Mesoamérica es el Clásico, en el que se desarrollan Teotihuacan y la zona maya, ambos desaparecidos al cierre de ese período. Es también el de mayor avance en Monte Albán, aunque esa ciudad no desaparece por completo, como las dos culturas mencionadas.

En el Posclásico, los grupos más conocidos son los toltecas (Tula y después su migración a Chichén Itzá, en un segundo momento «maya») y los mexicas. Se trata de grupos provenientes del norte, mucho más violentos, que desarrollan un tipo de organización política diferente de lo que suponemos tenían los anteriores. En buena medida, eso fue lo que dio origen a la creencia en el pacifismo de mayas y teotihuacanos, por comparación.

Aunque nos acostumbramos a pensar en Mesoamérica como una región que llega al sur prácticamente hasta Nicaragua, y al norte a los ríos Balsas y Pánuco, creo que hay una pequeña exageración que nos ha dificultado entender otra región que los arqueólogos han dado en llamar Oasisamérica. Primero, la región purépecha no parece ser realmente parte de Mesoamérica: tiene un idioma de origen distinto al de las familias uto-azteca y otomangue (otomí, mixteco, zapoteco), además, no tienen el juego de pelota ritual del resto de la región ni hay presencia significativa de la serpiente emplumada; finalmente, hay un desarrollo tecnológico que no está presente en el resto de Mesoamérica: la metalurgia. Se piensa que por influencia de Perú y Ecuador, vía marítima, los purépechas lograron un manejo muy superior del cobre, e incluso llegaron a producir bronce, que no conocieron los mesoamericanos.[7]

A partir de la zona purépecha, hacia el norte, hay un desarrollo cultural importante que no se suele recordar y que llega hasta la región Pueblo, en los actuales estados de Nuevo México, Arizona, Utah y Colorado (las cuatro esquinas).

Fuera de los purépechas, decíamos, los mesoamericanos no conocen el bronce, ni mucho menos el hierro. Por esa razón, podemos decir que hay una desventaja técnica frente a los europeos, pero es una desventaja que tiene explicación.

Se piensa que las migraciones desde Siberia hacia América ocurrieron en algún momento entre la última glaciación, hace 26 000 años, y el período llamado Younger Dryas, uno de frío extremo global que no es parte de las «edades de hielo» y que ocurrió hace 13 000 años. Debido al frío, los glaciares crecieron, lo que provocó una reducción muy significativa del nivel del mar, incluso hasta 120 metros por debajo del actual. Eso abrió el pasaje en el estrecho de Bering, que transitaron varios grupos humanos.

Todavía no es claro cómo se dio el desplazamiento hacia el resto del continente americano. Hay varias hipótesis: a lo largo de la costa (algo sumamente complicado, porque, especialmente en la zona del actual estado de Washington, en los Estados Unidos, hay acantilados que lo hubiesen dificultado), mediante el corredor entre los dos grandes glaciares que cubrían buena parte de los actuales Estados Unidos y Canadá, o tal vez después del Younger Dryas.

Esto significa que la llegada de humanos a la región mesoamericana debió ocurrir más o menos hace 10 000 años, y hay evidencia de domesticación del teosinte (es decir, la invención del maíz) desde hace 8 000 años. Sin embargo, la domesticación de plantas no es idéntica a la agricultura. Esto último requiere un conjunto de actividades grupales que no son fáciles de coordinar.[8] Dicho de otro modo, es necesario que haya antes un proceso social que permita la coordinación entre grupos grandes, que no necesariamente existían hace 8 000 años.

Por eso, la fecha más adecuada para considerar la aparición de la agricultura en México sería hace 5 000 años. Esto es relevante porque significa que el proceso de construcción cultural estaría «desfasado» cerca de 5 000 años en comparación con el ocurrido en el Viejo Continente. Si recordamos que allá hubo un lapso muy grande entre la invención de la agricultura y la aparición de religiones de grandes dioses, ciudades de miles de habitantes, jerarquías y construcciones, la velocidad a la que se movió Mesoamérica es muy razonable.

Los mismos 5 000 años de diferencia en la aparición de la agricultura son los 5 000 de diferencia entre la producción de bronce y el desarrollo de la escritura. Visto de esta manera, Mesoamérica habría alcanzado niveles de desarrollo similares a los del viejo Reino de Egipto, las culturas del valle del Indo o Ur, en Mesopotamia: ciudades, religión de dioses locales en tránsito a convertirse en «grandes dioses», jerarquías, escritura logográfica y la incipiente aparición del bronce.[9] No está de más mencionar que las religiones de dioses locales ponen un peso especial en el ritual, incluyendo el sacrificio humano, y eso será muy importante en el encuentro.

Aunque en el capítulo 11 amplío estas ideas, creo que conviene ahora un paréntesis para evitar que estas afirmaciones produzcan una controversia innecesaria. Al hablar de estos procesos de muy largo plazo, y este desfase de 5000 años entre los dos grupos que se encontraron en 1519, no me refiero en absoluto a la creencia, tan popular, especialmente en el siglo XIX, de la superioridad europea frente a otras «civilizaciones». La idea detrás de mi afirmación del desfase proviene de la manera en que los seres humanos hemos ido construyendo sociedades cada vez más grandes. De forma natural, los humanos construimos grupos de no más de cincuenta o sesenta individuos, porque en grupos mayores nos es muy difícil garantizar la cooperación, es decir, defendernos tanto de abusivos (*bullies*) como de oportunistas (*free-riders*). La existencia de estos personajes destruye las comunidades y por eso es importante identificarlos, y recordarlos. Nuestra capacidad natural está limitada a recordar nuestras relaciones cercanas con un grupo no mayor de 150 personas, y por eso no fue sino hasta hace unos pocos miles de años que logramos construir grupos mayores.

Mi hipótesis al respecto, que no he publicado en papel, pero sí he explicado ampliamente en mi canal de YouTube, y que coincide a grandes rasgos con la que plantea Robin Dunbar,[10] es que hemos podido vivir en grupos cada vez mayores gracias a la construcción de creencias que nos permiten confiar en las personas que las comparten con nosotros. Se trata de las religiones, que no vamos a definir en este momento, pero que le permiten a un grupo humano establecer lazos comunitarios más allá de lo que naturalmente podíamos hacer. Estas creencias religiosas evolucionan, permitiéndonos vivir en grupos cada vez mayores, en una secuencia que se inicia con algo que podemos llamar chamanismo, continúa con la adoración de antepasados, la creación de pequeños dioses locales, después transformados en grandes dioses (moralizantes), y finalmente en la creencia en un solo dios. Ninguna de estas creencias es superior a otras, es diferente, pero sí hay algo que las distingue: permiten construir lazos de cooperación en grupos de diferente tamaño.

Las culturas mesoamericanas habían alcanzado ya creencias religiosas de pequeños dioses y estaban en el tránsito hacia los grandes dioses. Por eso, sus religiones son marcadamente ritualistas y dependientes del sacrificio humano.[11] En lo individual, no hay diferencia alguna entre extremeños, castellanos, mayas o mexicas. En lo grupal, sí hay una diferencia que permitió a los primeros llegar a América, como un subproducto de sociedades con millones de individuos que podían cooperar razonablemente.

Los europeos, pues, traían algunas ventajas, como la producción de bronce, y luego de hierro, pero también que las religiones pasaron del ritual sacrificial (humano) y los dioses locales a los grandes dioses con «enseñanzas morales», y de ahí al monoteísmo, una religión con una gran diferencia respecto a las anteriores: es expansiva. Los dos grandes monoteísmos, el cristianismo y el islam, están convencidos de que deben convertir a todo el mundo, porque su religión es la única verdadera. Eso no ocurre con las religiones de grandes dioses, ni con los monoteísmos iniciales (zoroastrismo, judaísmo). Pero fue precisamente esa característica la que permitió la creación de imperios, desde el Imperio romano (a partir de Augusto, el César es considerado un dios y debe ser adorado por todos, más allá de que además tuviesen otros dioses).

El imperio territorial que comentamos requiere el monoteísmo para existir. Eso representaba Cortés; tal vez eso fue lo que Moctezuma fue capaz de entender y por eso su actitud, que muchos han calificado negativamente desde entonces.

Cortés

Hernán Cortés, que representa al mundo español, llegó a lo que hoy es México de forma poco ortodoxa, digamos. Su expedición será la segunda en ocupar de manera permanente el continente, después de la ocupación del Darién en 1508.

Cristóbal Colón se encontró con América el 12 de octubre de 1492, como se sabe. Había viajado convencido de que el mundo era considerablemente más pequeño de lo que es y por ello podría alcanzar las costas de China y Japón. Hay la duda de si en realidad había cometido ese grave error de cálculo o si tenía noticias de la existencia de tierra, y por ello no solo se atrevió al viaje, sino que pudo convencer a Isabel la Católica.[12]

En cualquier caso, el viaje de Colón fue un gran éxito, que le permitió asumirse como virrey, gobernador y almirante de la Mar Océano, títulos que se le ofrecieron al inicio de sus viajes. Regresó a América en tres ocasiones más, pero sus viajes se limitaron al mar Caribe, donde descubrió islas, y en su cuarto y último viaje tocó las costas de Centroamérica y Venezuela, no más que eso.

Las expediciones a América tenían distintos objetivos. Para los reyes, importaba extender territorios y obtener riquezas; para los *conquistadores*, a las riquezas se sumaban los honores; para todos, pero en diferente grado, importaba también convertir a los habitantes de los nuevos territorios en buenos cristianos. Como se sabe, estos habitantes fueron llamados *indios* de forma genérica, porque si las nuevas tierras no parecían ni China ni Japón, seguramente corresponderían a India.

En las islas, la llegada de los españoles resulta en una tragedia. Encuentran grupos humanos poco organizados y quienes llegan no son particularmente ilustrados. No encuentran oro ni plata, pero, en su afán de hallarlos, someten a la población local, destruyendo su forma de vida, y con ello la producción de alimentos. Muy rápido, las islas quedan prácticamente desiertas. No es despreciable en este proceso la gran incapacidad de Colón como administrador, motivo de su detención y regreso a España encadenado.[13]

Los motivos de viajar a América, entonces, se reducen mucho: ni riquezas ni población para convertir, o para ponerla a trabajar. Después de la emoción inicial, los interesados en viajar a América son cada vez menos. Pero eso no obsta para que las islas tengan su administración y algunos colonos lleguen a hacer fortuna. Después de la desastrosa administración de Colón, Fernando de Aragón designa a Nicolás de Ovando como responsable (1501-1509) y finalmente a Diego Colón, hijo del almirante y heredero de ese título. En 1511, este le encarga a Diego Velázquez la conquista y colonización de Cuba, donde quedará como teniente gobernador.

Velázquez hace fortuna en Cuba, pero no está a gusto como subordinado de Diego Colón, de forma que busca la posibilidad de ampliar sus dominios. Por más de una década recibió noticias de la existencia de tierra al oeste de Cuba: la expedición de Yáñez Pinzón y Díaz de Solís en 1502 o la expedición de Ponce de León, que descubrió Florida y probablemente Yucatán en 1513.[14] Incluso, Diego Velázquez le escribió a Fernando de Aragón, el 1.º de abril de 1514, que sabía que «ciertos indios habían llegado de las islas más allá de Cuba, del lado del norte, navegando cinco o seis días en canoa… y daban noticia de otras islas más allá».[15]

El asunto es que él no podía simplemente lanzarse como expedicionario sin un permiso real y por eso buscó que lo designasen como adelantado, el título que se utilizó en Castilla en el proceso de reconquista, que daba autoridad para ocupar territorios y obtener riquezas, y era heredable. En 1516, Diego Colón es relevado y llamado a España, y en su lugar nombran como autoridad a cuatro frailes jerónimos, acompañados de un juez que haría el juicio de residencia a Colón, Alonso de Zuazo. Esta nueva administración llega a las islas a inicios de 1517, mismo año en el que Diego Velázquez inicia la exploración de Yucatán al financiar (parcialmente) el viaje de Hernández de Córdoba, interrumpido después de una batalla en Champotón.

Al año siguiente, Velázquez envía a su sobrino, Juan de Grijalva, a continuar la exploración, que llega hasta San Juan de Ulúa, donde son bien recibidos por la población local (totonacas). Grijalva, sin embargo, decide regresar porque las instrucciones de su tío no incluían la idea de poblar las nuevas tierras.

Cuando Velázquez se entera de la falta de iniciativa de Grijalva, decide promover una nueva expedición, pero, como aún no tiene el título de adelantado, no puede instruir a estos expedicionarios a poblar —aunque no creo que haya duda de que esa era su intención—, y por eso decide iniciar los preparativos antes de que Grijalva regrese. Quiere un capitán con iniciativa, pero no tanta que lo lleve a traicionarlo. A fin de cuentas, lo que más le importa es cosechar la honra y las riquezas. Se decide por Hernán Cortés, quien ha sido su secretario, ha logrado fortuna en su encomienda y es algo así como pariente político suyo, puesto que las amantes de ambos son hermanas. De hecho, Velázquez obliga a Cortés a casarse con Catalina Xuárez, presionado por la hermana.

Todo indica que Velázquez coincidía con la apreciación de Bartolomé de las Casas, quien afirma que llamaban a Cortés «Cortesillo», por verlo tan poca cosa. Sin embargo, en cuanto Velázquez le comunica a Cortés sus intenciones, este actúa de forma inesperada. En cosa de dos semanas ha logrado construir una flota aceptable, juntar más de trescientos soldados, financiar la adquisición de armamento, alimentos, obsequios para los indios, y esto pone nervioso a Velázquez. Cuando intenta detenerlo, Cortés inicia su viaje e ignora los constantes llamados de Velázquez para detenerse.

Hernán Cortés es oriundo de Medellín, descendiente de la familia Monroy, aunque por línea bastarda, que había sido uno de los principales pilares en la guerra civil castellana entre Isabel y Juana la Beltraneja. Los Monroy jugaron la baza perdedora en esa ocasión, pero el prestigio no lo perdieron. Enfermizo de niño, sus padres lo envían a Salamanca con la intención de que se convirtiese en paje, o notario, pero Cortés prefiere la acción e intenta unirse a las tropas de Gonzalo Fernández de Córdoba, el Gran Capitán, en Italia. Finalmente no lo hace y opta por viajar a las Indias, quizá para aprovechar los lazos familiares. Justamente, Nicolás de Ovando salía para ocupar su puesto como gobernador y Cortés pensaba unirse al viaje. No lo logra debido a un accidente asociado con una de sus grandes pasiones: las mujeres. Se cae desde el balcón de su pretendida y tiene que guardar reposo. Vuelve a pensar en ir a Italia, pero finalmente, en 1506, acaba embarcándose rumbo a América.

Ovando le abre algo de espacio. Luego consigue trabajo en el molino de azúcar de Gonzalo de Guzmán y poco después Ovando lo designa como escribano en el pueblo de Azúa, todo esto en La Española. Aparentemente, también consigue una encomienda en Daiguao. Cuando Diego Velázquez se lanza a la conquista de Cuba, en 1511, Cortés lo acompaña y se convierte en notario en el pueblo de Baracoa. Tiene la suerte de encontrar oro en Cuvanacan. En 1514 tiene un primer enfrentamiento con Velázquez, al encabezar al grupo de conquistadores que exigen más indios para sus encomiendas. Al año siguiente ocurre el conflicto con las amantes, que provoca que detengan a Cortés. Aunque logra escapar, los siguientes años mostrará gran humildad frente a Velázquez y su gente, motivo de la apreciación de Las Casas, que ya comentamos.

Nada especial parece la biografía de Cortés hasta ese momento: un extremeño más en América, con algo de estudios, buen jinete, mejor administrador, pero complicado siempre en lances de amores y en apuestas, su otra gran pasión. Sin embargo, al momento en que Diego Velázquez le comunica que ha decidido enviarlo a explorar las islas del oeste, Cortés se transforma. No solo logra organizar su expedición en un tiempo muy breve, financiando buena parte de ella y consiguiendo créditos para el resto, sino que cambia su apariencia y se convierte en todo un señor. Por eso la preocupación de Velázquez, que sin embargo nunca se decide por completo a detenerlo.

Las habilidades políticas de Cortés se harán evidentes desde el inicio de la expedición, conforme logra que muchos velazquistas que iban con él no se amotinen, e incluso que algunos de ellos vayan cambiando de bando. Un momento muy importante ocurre con la fundación de la Villa Rica de la Vera Cruz, que organiza con sus leales, y lleva a cabo mientras ha enviado a buena parte de sus adversarios a buscar otra bahía más propicia para construir un puerto. Aprovechando la ausencia, se funda la ciudad y, siguiendo las costumbres medievales todavía vigentes, es el cabildo de la ciudad recién fundada, realmente inexistente, el que le da a Cortés facultades para conquistar y poblar las tierras. Tenía razón Diego Velázquez al preocuparse.

Moctezuma

Mientras Cortés es convertido, en la historia oficial, en un desalmado conquistador, sin virtud alguna, Moctezuma es transformado en un cobarde, aterrado por sus mitos e incapaz de enfrentar a los invasores. Pero la historia oficial se escribe para dar sentido a un gran grupo de población y controlarlo, no para otra cosa.

Para entender mejor a Moctezuma conviene recordar que el Imperio mexica era una construcción muy reciente. Según su propia historia oficial, los mexicas llegaron al lago de Texcoco a inicios del siglo XIV y consiguieron instalarse en un islote abandonado en el que, dice la leyenda, estaba el águila devorando una serpiente sobre un nopal. Este símbolo, que aún es nuestra referencia, es en realidad uno de los más comunes en la historia humana[16] y simboliza la lucha entre el sol y la oscuridad. En el caso mexica, además, creo que tiene relevancia al permitirle a ese grupo asociarse con la creencia mesoamericana de la serpiente emplumada, que no parece haber sido una creencia propia.

Todo indica que los mexicas adoptan las creencias en Quetzalcóatl y Tezcatlipoca al asumirse descendientes de los toltecas. Para esa cultura, Quetzalcóatl era la deidad principal, que enfrentaba a Tezcatlipoca. Cuando aquel sucumbió al alcohol y cometió incesto con su hermana, Tezcatlipoca aprovecha para desterrarlo. En su huida, Quetzalcóatl llega al Golfo y se pierde en él. Esta leyenda se asocia también con un gobernante específico de Tula, Ce Acatl Topiltzin Quetzalcóatl, y sirve además para dotar a los toltecas que migraron a Yucatán (o a los *putunes* que transmitieron la cultura, conocidos como *itzáes*) de un mito fundacional.

La mitología mexica entonces afirmaría que el pueblo habría salido de Tollan, un mítico lugar asociable con Tula, o de Chicomoztoc, el lugar de las siete cuevas. Implicaba construirse un pasado glorioso, que les permitiera algún día salir del islote al que los habían obligado a ocupar los más poderosos grupos de la región, también ellos de origen chichimeca.[17]

El gran dios mexica era Huitzilopochtli, pero compartía espacio con los dos ya mencionados, además de con Tláloc, dios omnipresente en Mesoamérica, tan dependiente de la lluvia, y otros dioses probablemente más antiguos. No tiene nada de sorprendente la existencia de un panteón, todavía en formación, considerando lo que ya hemos comentado acerca del desarrollo social alcanzado para esos años.

Decíamos que se piensa que los mexicas llegaron al lago a inicios del siglo XIV y la fecha que se ha utilizado como momento de fundación de su ciudad es 1325, exactamente hace setecientos años, aunque no hay evidencia para confirmarla.[18] La leyenda dice que fueron guiados por Tenoch, una especie de líder y sacerdote. El primer *tlatoani* sería entonces Acamapichtli y todos los demás fueron descendientes suyos. En su época, los mexicas son parientes pobres de los tepanecas y apenas pueden acomodarse en los islotes que se les ofrecieron. Su hijo, Huitzilihuitl, logra casar a una hija suya con Tezozómoc, gran líder tepaneca de Azcapotzalco, con el que pronto lograrán los mexicas una alianza más sólida, ya en tiempos del hijo de Huitzilihuitl, Chimalpopoca. Pero será Itzcóatl quien cambie la fortuna de los mexicas al formar parte de la Triple Alianza: Azcapotzalco, Texcoco y Tenochtitlan, aprovechando una guerra civil en la primera ciudad, hasta entonces la más importante en las márgenes del lago.

El primer Moctezuma, Ilhuicamina, logrará derrotar a Azcapotzalco y convertir a Tenochtitlan en el eje de esa Triple Alianza, con lo que podrá iniciar la expansión de los mexicas. Estamos hablando más o menos de 1460. La expansión continuará durante el reinado de Axayácatl y Tenochtitlan se convertirá en el eje de todo el altiplano. Por cierto, Axayácatl ataca a los purépechas, pero es derrotado con claridad. Estos últimos tres *tlatoanis* contaron, dice la leyenda, con los sabios consejos de un *cihuacoatl* (consejero, tesorero) muy particular, Tlacaélel.

Después del reinado de Tízoc, relativamente breve e inocuo, Ahuízotl va a impulsar la gran expansión mexica por todo Mesoamérica. Esto ocurre en las últimas dos décadas del siglo XV, de forma que cuando su sucesor, Moctezuma II Xocoyotzin, toma el poder, llega como el mexica más poderoso de la historia. Dicen que esto lo transformó en un autócrata, pero también es cierto que tuvo que enfrentar grandes dificultades para poder controlar el inmenso territorio que le heredó Ahuízotl. Dicho de otra manera, para cuando empiezan las noticias de hombres blancos barbados, Moctezuma no tiene el control absoluto de todo el territorio nominalmente mexica.

Sabemos también que Moctezuma fue, además de un destacado guerrero, sacerdote de Huitzilopochtli, y algunas crónicas lo han calificado de extremadamente supersticioso. De ahí se ha construido la idea de que Moctezuma habría tomado muy en serio la posibilidad de que los conquistadores fueran los dioses que regresaban: Quetzalcóatl, blanco y barbado, regresando por el mismo camino por el que se había ido. Hugh Thomas incluso analiza la posibilidad de que Moctezuma los imaginara como otros dioses, y no necesariamente como Quetzalcóatl. Es posible que su miedo inicial consistiera en su convicción de que Quetzalcóatl, dios tolteca reducido en importancia por los mexicas para engrandecer el culto a Huitzilopochtli, su verdadero dios, viniese a tomar venganza.[19]

Regreso a la hipótesis que he presentado antes: no es posible la construcción de un imperio territorial (es decir, que controla a otras culturas diferentes) sin la invención del monoteísmo. La dominación de otras regiones, por la fuerza, no tiene dificultad, pero sí elevados costos. Para gobernar a otros grupos se requiere la legitimidad que solo da una narrativa mítica, y eso es lo que el monoteísmo ofrece: hay un gran dios, frente al cual se subordinan los dioses locales de cada cultura.

El encuentro

La expedición de Cortés llega a Chalchicueyacan el 21 de abril de 1519. Ahí tuvieron contacto con los totonacas, que los recibieron con gusto (como lo habían hecho antes con Grijalva) porque suponían que podrían ayudarlos a deshacerse de los mexicas. Pocos días después recibieron regalos de Moctezuma, con la petición de que se retiraran. En lugar de eso, a inicios de julio, Cortés promovió la fundación de la Villa Rica de la Vera Cruz, cuyo cabildo le encomendó «poblar» las tierras adyacentes, es decir, conquistar México.

Como es sabido, Cortés es capaz de comunicarse con los totonacas, o con los mensajeros de Moctezuma, gracias a la traducción que realiza Jerónimo de Aguilar, del castellano a un dialecto maya, y luego Marina (después malamente llamada Malinche), de ese dialecto a una versión sureña del náhuatl. Gracias a ello se entera del odio que tienen los totonacas por los mexicas y de que hay otros pueblos que comparten ese odio, notoriamente los tlaxcaltecas. Con esa información, Cortés considera que es posible capturar Tenochtitlan, y decide avanzar.

Buena parte de sus compañeros, sin embargo, no coincide con la idea. Algunos porque son gente de Velázquez y saben que aquel no estaría de acuerdo; otros, simplemente porque avanzar en tierra desconocida, con cientos de miles de adversarios, no parecía una gran idea. Para evitar motines, Cortés decide hundir sus barcos, que de por sí ya estaban maltrechos, lo que impide el regreso a Cuba. En la leyenda, nos acordamos de que los quemó, aunque no fue así. Quemar las naves, sin embargo, ya es un tópico.

El cacique de Cempoala, uno de tantos pueblos o señoríos en Mesoamérica,[20] le sugirió a Cortés dirigirse a Tlaxcala, para negociar una alianza con los tlaxcaltecas y contra Tenochtitlan. Para su sorpresa, lo que encontró fue un ataque tlaxcalteca, dirigido por Xicoténcatl el Joven, que encabezaba a una fracción de los tlaxcaltecas que no quería otro grupo que los dominara. Ya sabían de la codicia de los recién llegados por el oro y sobre todo de una peculiar insistencia en convencer a los pueblos que visitaban de abandonar sus costumbres y creencias: terminar con sacrificios y sodomía, destruir a sus dioses, adoptar a un dios que ellos traían y a su madre.

A pesar de contar con menos efectivos, Cortés logró derrotar a Xicoténcatl en varias ocasiones, con lo que este perdió el apoyo de los dirigentes tlaxcaltecas, incluyendo a su padre. Cortés logró la alianza el 18 de septiembre y, por sugerencia de sus nuevos amigos, se dirigió a Cholula, una ciudad que sí formaba parte del imperio náhuatl y era enemiga frontal de Tlaxcala.

Fue bien recibido en Cholula, un mes después, y lo atendieron y alimentaron muy bien por unos días, junto con su ejército. Sin embargo, de pronto dejaron de llevarles alimento y cambió el comportamiento de los cholultecas. Una mujer cholulteca abordó a Marina para sugerirle que dejara a los españoles, que pronto serían ejecutados, y se viniera con ella para casarse con su hijo. Cuando Marina informa a Cortés, este decide atacar de inmediato, reteniendo a miles de personas que él estimó como enemigos listos para acabarlos.

La matanza de Cholula es, desde entonces, motivo de controversia. Según los conquistadores, se trataba de una emboscada, dirigida desde Tenochtitlan; según otros, fue una matanza gratuita de civiles. Lo más probable, sin embargo, es que hayan sido los tlaxcaltecas quienes hayan propiciado el enfrentamiento, concentrados en su intención de consolidar una alianza que pudiese derrotar a Tenochtitlan. Cabe mencionar que, después de esta matanza, los cholultecas se aliaron con Cortés y olvidaron su enemistad con los tlaxcaltecas.

Se dirigió entonces Cortés a Tenochtitlan, adonde arribó el 8 de noviembre de 1519. Ahí se encontró por primera vez con Moctezuma, quien no solo lo recibió bien, sino que le asignó a Cortés y su gente el palacio de Axayácatl como residencia. Dos días después fue muerto Juan de Escalante, muy cercano de Cortés y encargado de la Villa Rica, en un enfrentamiento cerca de Nautla. Cortés consideró que eso había sido una orden de Moctezuma y el 14 de noviembre decide tomarlo como prisionero. La audacia de Cortés merece remarcarse. Con apenas trescientos acompañantes, poco más de una decena de caballos y el apoyo de 3000 o 4000 indios, decide tomar prisionero al emperador, en una ciudad de centenares de miles de habitantes, sitial del ejército más poderoso de Mesoamérica, que además se encuentra a la mitad de un lago, con solo tres accesos a tierra firme que pueden ser anulados de forma instantánea.

Muchos han preferido enfatizar la cobardía o debilidad de Moctezuma, sin considerar las dificultades que este enfrentaba. No tenía forma de derrotar a Cortés en corto, mientras que aquel podía acabar de inmediato con todo el gobierno mexica; no tenía claridad de cuántos pueblos en su menguante imperio preferirían matarlo a él que a Cortés, y no podía todavía entender con claridad lo que representaba este extraño grupo. Esos 5 000 años de diferencia, que olvidamos con tanta frecuencia, él los tenía enfrente.

Conviene aquí tratar de entender mejor el momento. Las hazañas de Cortés fueron publicitadas por él mismo, en sus *Cartas de relación* y en la *Historia de la conquista* que escribió López de Gómara, empleado suyo. Como cualquiera, Cortés buscaba cosechar toda la gloria posible, y de paso lograr el perdón real, además de nobleza y fortuna. Del lado indígena, algunas historias logró conjuntar Sahagún, varias décadas después, y algunas otras se hicieron famosas en la recopilación de León Portilla de traducciones de don Ángel María Garibay, *Visión de los vencidos*. La interpretación de eso que llamamos *conquista* ha oscilado entre esas hazañas de Cortés y los «españoles» de un lado, y los reclamos de abusos y traiciones por parte de los «indios».

Recientemente se ha reconocido algo evidente: la «conquista» no la realizaron los españoles ni Cortés. Fueron el elemento externo que permitió un enfrentamiento entre dos grandes coaliciones mesoamericanas: la Triple Alianza de un lado (Tenochtitlan-Texcoco-Tlacopan), Cempoala-Tlaxcala-Huejotzingo del otro.[21] Como decíamos, la gran expansión de Ahuízotl no era estable, y Moctezuma sabía que no lo era. De ahí su dificultad para encontrar una salida a la crisis que provocó la llegada de los españoles. No eran dioses, pero podían desatar una potencial venganza mesoamericana.

En los siguientes meses, la relación entre Moctezuma y Cortés se profundiza. Muchos creen que Moctezuma desarrolló una especie de síndrome de Estocolmo, admirando cada vez más a Cortés. Tanto las cartas de este como las crónicas más cercanas al momento reflejan que la admiración era mutua. Cortés se convence de que puede lograr que Moctezuma, y el Imperio mexica completo, se conviertan en vasallos de Carlos, lo que para él significaría no solo riquezas en abundancia, sino una posición en la nobleza.

El 19 de abril de 1520, todo se viene abajo. Llega Pánfilo de Narváez a Veracruz, encargado por Diego Velázquez de detener a Cortés y tomar el control de la conquista de México. Moctezuma se entera de inmediato, porque, a pesar de estar detenido, aún es el emperador y mantiene comunicación con Narváez, tal vez esperando que este se lleve a Cortés y él pueda recuperar su mandato pleno. Cortés se entera mucho después y sale rumbo a Veracruz para enfrentarlo.

El 28 de mayo de 1520 ocurre el enfrentamiento entre los ejércitos de Cortés y Narváez. Es el primero entre dos grupos de españoles en el Nuevo Mundo y es fácilmente ganado por Cortés, después de que este hubiese sobornado a la mitad de los efectivos de Narváez.

Desafortunadamente para todos, pocos días antes había ocurrido un gran enfrentamiento en Tenochtitlan. Cortés le había encargado la ciudad a Pedro de Alvarado, hasta entonces su mano derecha. Moctezuma había pedido permiso a Cortés para desarrollar uno de los festivales más importantes en esos días y luego se lo pidió a Alvarado. Aunque ya los españoles habían prohibido los sacrificios humanos, el festival los requería. También era imprescindible la recuperación plena del templo doble de Huitzilopochtli y Tezcatlipoca, ahora conocido como Templo Mayor. Al ver los preparativos, Alvarado se puso nervioso y, a la mitad del mismo, decidió atacar tanto a la población como a los nobles mexicas. Acabó sitiado en el templo, con la ciudad en armas a su alrededor. Como en el caso de Cholula, muchos creen que este enfrentamiento fue promovido por la coalición tlaxcalteca.

Cortés regresa de inmediato a Tenochtitlan cuando se entera, ahora reforzado por los hombres de Narváez. Cuenta ya con 1 300 hombres, casi cien caballos y armamento. Pero la ciudad está perdida y a duras penas logran rescatar a Alvarado. En un intento de tranquilizar a la población, Cortés presiona a Moctezuma para que los llame a la calma. El pueblo, que ya cuenta con la guía de Cuitláhuac, insulta y apedrea a Moctezuma, quien fallece la noche del 29 de junio de 1520. Al día siguiente, los españoles y sus aliados intentan salir de Tenochtitlan por la calzada de Tacuba, pero son atacados por decenas de miles de mexicas y muere ahí buena parte de los españoles y los caballos. Es la Noche Triste del 30 de junio de 1520.

Cortés decide ir a Tlaxcala para recuperarse y evitar que esta impresionante derrota destruya las alianzas con las poblaciones locales. En el camino son atacados por los mexicas cerca de Otumba y, en un lance espectacular, es Cortés mismo quien logra ganar la batalla al atacar directamente a los líderes enemigos y quitarles el estandarte que servía de guía al resto de los combatientes. Esa batalla le da el respiro que necesitaba y recupera su imagen frente a sus aliados indios.

Durante los siguientes meses, Cortés se dedica a fortalecer su posición controlando las poblaciones de los que ahora son los estados de Puebla y México, y a fabricar bergantines que utilizará para atacar Tenochtitlan por todas partes. Pero también en esos meses ocurrirá la primera gran epidemia de viruela, traída a México con la expedición de Narváez, y llevada a Tenochtitlan con el regreso de Cortés. Cuitláhuac, hermano de Moctezuma y sucesor suyo, muere a fines de noviembre de 1520 y su lugar es ocupado por Cuauhtémoc, joven sacerdote, sobrino de los anteriores, siempre opuesto a la idea de recibir a los españoles en Tenochtitlan.

Cuauhtémoc rechazará todos los intentos de Cortés de encontrar una paz negociada. Cortés quería el imperio, y quería Tenochtitlan. Destruir la ciudad era algo que quería evitar a toda costa, pero no lo logró. El 13 de agosto de 1521, después de tres meses de asedio, Tenochtitlan fue tomada por Cortés. Es, posiblemente, el tercer momento en que la coalición tlaxcalteca hace uso de Cortés. Ellos sí querían destruir Tenochtitlan hasta sus raíces.

Cuauhtémoc, que huía en una canoa, probablemente para continuar la lucha, fue entonces apresado. Terminó ahí el Imperio mexica.

• • •

No puede menospreciarse lo inusual del encuentro entre Moctezuma y Cortés. Es el primero entre dos grupos humanos con una trayectoria totalmente distinta, con una diferencia que podemos estimar en cerca de 5 000 años entre ambos. Sin ninguna diferencia individual entre los miembros de los grupos, las construcciones culturales sobre las que vivían sí eran totalmente distintas. El grupo mesoamericano había logrado construir ciudades de cientos de miles de habitantes, contaba con sistemas de creencias desarrollados ya cercanos al nivel de grandes dioses, tecnología adecuada a su entorno, pero sin el avance metalúrgico, y escritura logográfica avanzada.

El otro grupo había pasado ya al monoteísmo, que permitió la creación de imperios territoriales multiculturales de decenas de millones de habitantes, había dominado el hierro y contaba con escritura alfabética e imprenta.

El Imperio mexica, que había alcanzado la extensión con la que llegó al encuentro apenas unas pocas décadas atrás, no había logrado consolidarse aún. Contaba con enemigos que nunca había podido dominar hacia el oeste (purépechas) y varias regiones hacia el sur que a duras penas aceptaban pagar tributo.

Castilla, el reino detrás de los conquistadores, también hacía pocas décadas había recuperado su extensión territorial y su alianza con otros reinos de la península lo convertiría en España en poco tiempo.[22] Su rey, un joven que no hablaba aún español ni entendía las costumbres de sus súbditos, estaba más preocupado por convertirse en emperador del Sacro Imperio y después por defender al catolicismo, frente al moro infiel y frente al hereje europeo.

Moctezuma, el emperador mexica que llevaba casi veinte años intentando consolidar el imperio, sabía que no tenía todo bajo control cuando se enteró de la llegada de los hombres blancos barbados. En su visión del mundo, podían representar la venganza de Quetzalcóatl frente a los dioses que lo habían suplantado, especialmente Huitzilopochtli. No estaba tan errado: al final, la guerra civil mesoamericana no fue muy distinta de eso.

Cortés, audaz emprendedor, llegaba a Mesoamérica sin autorización de la Corona, sin respaldo desde Cuba, con apenas cuatro centenares de hombres, la mitad de ellos a la fuerza, unos pocos caballos y perros. Un hombre de suerte, al menos por unos años, al que acompañaba una mujer excepcional, Marina.

Finalmente, conviene también recordar que eso que después se llamaría España era una sociedad esencialmente medieval, en la que destacaban unos pocos hombres «renacentistas»: Fernando el Católico (a quien Maquiavelo usaba precisamente de ejemplo), Carlos I y, sin duda, Cortés. La transformación de la sociedad no era menor, como lo muestra la Escuela de Salamanca, pero la esencia aún era medieval: corporativa, de relaciones familiares, atados a la tierra, más aplastados que liberados por su religión, repelentes a otros credos.

Considerando lo que está detrás del encuentro, es difícil imaginar un mejor resultado que el que se obtuvo. De él surgió una sociedad de convivencia que en tres siglos dará a luz algo distinto. Incluso en este continente, resulta difícil encontrar algo parecido. En los demás, mucho menos.

PRIMER SIGLO
El acomodo (1524-1648)

En realidad, es más de un siglo. O menos, depende de cuándo coloque uno el énfasis. Podría uno hacerlo con la muerte de Felipe II, en 1598, a quien siguieron tres reyes de mucho menor estatura. En Nueva España, el corte podría establecerse cuando la fuente de legitimidad, es decir, la evangelización, entra en una nueva etapa a partir de 1570, dicen algunos, o en 1585, con el tercer concilio regional.

Con base en el desastre demográfico, podríamos decir que las últimas grandes epidemias ocurren en 1595, o centrarnos en 1640, cuando la población toca el mínimo y empieza a recuperarse. Propongo que nos vayamos hasta 1648 para cerrar esta primera etapa. Por las razones demográficas mencionadas, pero también porque en ese año aparecen las primeras narraciones guadalupanas, se inicia una tercera época en la religiosidad novohispana y ocurre un gran cambio económico, que coloca a este reino como el centro de toda la monarquía.

Hay en este período dos etapas un poco diferentes, pero no tanto como para separarlas. Desde 1524, cuando Cortés es amo y señor de Nueva España, hasta cerca de finales del siglo es la primera etapa, en la que se definen muchos de los procesos que continuarán en los siglos siguientes. La segunda, desde entonces y hasta 1648, tiene menos cambios institucionales, pero la población continúa cayendo. Es también el período en que España pierde su posición global.

1
Construcción de España

El encuentro de Europa y Mesoamérica, o, si gusta, ya podemos hablar de las dos Españas, es el de personas llenas de dudas, profundamente inestables.

Moctezuma no sabe cuántos de los pueblos sojuzgados pueden levantarse en su contra, pero tampoco está seguro de la lealtad de los propios mexicas, incluyendo especialmente a su propia familia, la única que ha gobernado a ese pueblo.

Cortés no sabe si el rey finalmente le perdonará haber conquistado México-Tenochtitlan sin permiso, ni si eso le permitirá gozar de fama y riqueza, o si será enjuiciado y tal vez ejecutado. No sabe con certeza en cuántos de sus hombres puede confiar o cuántos están conspirando a favor de Velázquez. No sabe cuándo vendrá otra expedición a tomarlo preso.

Carlos I no sabe, al momento del encuentro, si tiene o no el control de España, frente a los comuneros, aragoneses y navarros. Tampoco ha podido ser coronado emperador ni tiene garantías del apoyo del papa, al grado que sus hombres saquearán Roma poco después. Ni siquiera el papa tiene certeza, frente al movimiento de Lutero, que en pocos años se convertirá en un alud, y en menos de un siglo, en la serie de guerras más violentas que vivirá Europa.

Y si de ese encuentro tenemos ideas equivocadas, interpretaciones utilizadas para legitimar gobiernos, de los tres siglos siguientes la mayoría de los mexicanos ni siquiera eso tiene. La construcción del discurso nacional alrededor de la Independencia implicó desacreditar esos tres siglos como una época oscura, al grado de llamarla Colonia. Con eso se pudo, poco después, aprovechar la nueva acepción del «imperio» para achacar a España abusos de todo tipo, que todavía hoy algunos incluso llaman genocidio. Un caso más del mal uso de las palabras que les hace perder todo sentido.[1]

En la creación de ese discurso nacionalista, antiespañol, la leyenda negra cayó «como anillo al dedo». Los países europeos que disputaron con España la supremacía en ese período, Inglaterra, los Países Bajos y Francia, en su propia construcción de mitos fundacionales, fueron construyendo una narrativa en la cual España era, digámoslo así, el «enfermo de Europa». Frente al evidente avance de esos tres países, España representaba la insistencia en el pasado, la Edad Media. Afirmarán que el estancamiento español del siglo XVII no era sino resultado del carácter de los españoles, también reflejado en las «colonias americanas», de las que España saqueaba riquezas, a diferencia de la prosperidad que Inglaterra, Francia o los Países Bajos creaban en las suyas.[2]

Nada de esto es cierto, pero, como se ha hecho evidente en años recientes, cualquier narrativa resulta creíble cuando no hay quien se preocupe por verificarla. Así, a la leyenda negra de España sumamos nosotros la de Nueva España y enterramos tres siglos en los cuales se formó lo que somos. Nadie puede entender al México del siglo XXI sin pasar por Nueva España.

Para entender mejor un evento histórico es necesario colocarlo en su contexto adecuado. Al hablar de la conquista como un evento aislado, se puede construir cualquier cuento alrededor de Cortés, Moctezuma o Cuauhtémoc, y sobre él una narración patriotera, en España o en México. Si, en cambio, se sitúa en su contexto, esto nos permite comprender mejor las personalidades involucradas, identificar con más claridad los alcances del evento en sí, no solo en el corto plazo.

Ya hablamos de Moctezuma y Cortés. Ahora hay que tratar de entender mejor a Carlos y sus descendientes, y a quienes ocuparon la sede de san Pedro en ese tiempo.

Puesto que Nueva España forma parte de Castilla, y por lo tanto de España, no puede entenderse lo que ocurre en ella sin atender al reino entero. Hay muy pocos libros acerca de Nueva España para el público en general y menos todavía que consideren el devenir de las dos Españas de forma simultánea. Lo mismo ocurre con textos dedicados a España, que muy poco atienden lo que pasaba de este lado. Sin embargo, la bibliografía especializada del período es muy abundante.

Durante el resto del siglo XVI, Carlos y Felipe, los dos grandes Austrias, lograrán convertir a la monarquía española en potencia mundial. No es un imperio, porque solo podía existir un imperio en la cristiandad, y ese lo gobernó Carlos y lo heredó a su hermano Fernando, pero es el «país» más poderoso del mundo durante todo ese siglo.

Con los Austrias menores (Felipe III, Felipe IV y Carlos II), España se deteriora. Como veremos, son reyes de poca capacidad, y el gobierno recae en otras personas: los validos, para los dos primeros reyes, y las Marianas, madre y esposa, con Carlos II. Suele asociarse con este último la decadencia, pero todo indica que esto es incorrecto.[3] Tampoco la guerra de sucesión, al morir Carlos II, es un punto de inflexión en la historia de España.

Creo que la mejor forma de entender lo ocurrido, especialmente desde la perspectiva de Nueva España, que es la que nos interesa, es tomar como puntos de ruptura las dos grandes guerras de esos siglos: la de los Treinta Años (1618-1648) y la verdadera primera guerra mundial, la de los Siete Años (1756-1763). Como espero poder mostrarle, es alrededor de esos conflictos que cambia el mapa de Europa y se define el destino de Nueva España.

Expansión

El descubrimiento y la conquista de América fue un proceso orientado al este (lo que importaba era la ruta de las especias) y guiado por un ánimo evangelizador. El gobierno de las Indias mantendrá esos dos objetivos. Pero eso ocurre de forma simultánea con la construcción de España, que, ya sabemos, no existía cuando Cortés se encuentra con Moctezuma.

Los viajes de exploración de Castilla y Portugal en el siglo XV son producto de la búsqueda de comercio. Intentan encontrar alguna forma de comerciar con el Oriente (seda, especias) sin tener como intermediarios a los musulmanes o venecianos. Hay también, detrás de estas expediciones, la búsqueda de recuperar el control de la Tierra Santa, un remanente de las cruzadas de dos siglos antes.[4] Sin embargo, cuando estas exploraciones revelan tierras desconocidas, habitadas por no cristianos, la idea cambia. Ya no se trata nada más de buscar rutas comerciales, sino de «poblar» las nuevas tierras.

Y lo que está en la mente de todos, pero especialmente de los castellanos, es la reconquista, el proceso mediante el cual se creó Castilla recuperando la tierra ocupada por los moros. Ese proceso duró varios siglos, conforme los cristianos avanzaban hacia el sur y se hacían fuertes, palmo a palmo, construyendo castillos para defenderse, de ahí el nombre de esta, que será la mayor provincia, o reino, de la península. En fechas recientes se ha discutido si esta idea de reconquista no es sino una construcción cultural para legitimar la ocupación de la península y el desplazamiento de los musulmanes. En el fondo, los reinos visigodos previos a la ocupación islámica no serían exactamente lo mismo que los reinos católicos del siglo XV, de forma que no hay una reconquista, propiamente hablando. Es uno más de los interesantes temas que no podemos cubrir aquí, de forma que nos quedamos con el argumento de que la reconquista se trata de recuperar tierras que habían sido cristianas y que los moros habían tomado por la fuerza en el siglo VIII. Era una guerra legítima, justa, en tanto que el cristianismo, universal, debía prevalecer por encima de otras falsas religiones.

«Poblar» las Indias, sin embargo, no tenía detrás este argumento. Se trataba de tierras que no habían sido ocupadas antes por cristianos (aún sin saber si se trataba de un nuevo continente) y de habitantes cuyas religiones no habían sido confrontadas con el cristianismo. Es decir, no es que lo conocieran y se negaran a aceptarlo, como era el caso de los musulmanes o judíos, sino que eran personas que no habían tenido acceso a la verdadera religión.

Quien dará el respaldo al poblamiento de las Indias será el papa Alejandro VI, valenciano de origen y algún tiempo muy cercano a Isabel y Fernando, mediante la bula de 1493 en la que reparte entre Portugal y Castilla todos los territorios de la Mar Océano. El Tratado de Tordesillas de 1494 entre ambos reinos le da una forma final al reparto, pero la base de legitimidad proviene de la Iglesia. Es legítimo que esos dos reinos «pueblen» las nuevas tierras para llevar a sus habitantes la buena nueva que representa el cristianismo.[5]

Por lo tanto, para la Corona era indispensable evangelizar, por dos razones. La primera es que la única legitimidad en la conquista provenía de las bulas papales mencionadas. La segunda era la posibilidad de que fuesen castigados por no hacerlo. Castigados por la justicia divina, que en el siglo XXI nos puede parecer algo extraño, pero, como ya hemos dicho, en el siglo XVI era parte de la vida cotidiana. Carlos estará siempre preocupado del castigo que puede merecer por no cuidar el bienestar de los indios y su evangelización, y le heredará esa preocupación a Felipe.

El derecho del papa a dividir así medio planeta se basa en un documento apócrifo que ya antes se había utilizado para fines similares en Europa: la «donación de Constantino». Este texto afirmaba que Constantino, antes de morir, había heredado en la Iglesia católica el derecho sobre el Imperio romano (o el Patrimonio de San Pedro, nunca bien definido), que con facilidad podía equipararse a Europa, especialmente en el momento en que se utilizó por primera vez, para imponerse a Carlomagno. El documento es falso, como es fácil de imaginar, y ya en 1440 Lorenzo Valla lo había demostrado, pero cincuenta años después, sin ambages, Alejandro VI (con quien la corrupción papal alcanzó su cúspide, dice Justo González en su *Historia de la cristiandad*)[6] lo aprovecha para darles a sus antiguos empleadores el control sobre el nuevo continente (insisto, aunque aún no sabían que lo era).

Esto significa que, al inicio del siglo XVI, Castilla tiene todo el derecho de ocupar las tierras que se encuentre, con la obligación de educar a sus habitantes en el cristianismo y terminar con las falsas religiones que ellos tuviesen. La forma de hacerlo, como decíamos, provendrá de la reconquista. Las expediciones y el poblamiento serán empresas privadas, que deben tomar posesión de las tierras a nombre de la Corona de Castilla, y que serán recompensadas con parte del botín que obtengan y con mercedes de la Corona en la forma de extensiones de tierra.

No se trata de una conquista dirigida desde España, sino de un conjunto de expediciones financiadas de forma privada y dirigidas por empresarios-militares, que esperan obtener riqueza y nobleza de la misma forma en que les ocurrió a sus antepasados conforme Castilla crecía y el islam era repelido.[7] Pero si en la península era relativamente fácil controlar lo que ocupaban los adelantados y administrar mercedes, botines y castigos, hacerlo del otro lado del mundo era algo totalmente distinto. Mientras las expediciones se quedaran en las islas del Caribe, el problema del control no parecía tan grave, hasta que llegó información de la brutalidad de los conquistadores. A instancias de Antón de Montesinos, quien en 1511 hace pública esta información, se expiden las leyes de Burgos, en 1512, para evitar dichos abusos.

Detrás de este loable esfuerzo iniciado por Montesinos, y seguido luego por Las Casas, no hay nada más la preocupación por el bienestar de los habitantes de las nuevas tierras, sino un conflicto frailesco que veremos más adelante.

Construcción de Europa

La mayor parte de las dificultades para entender otra época proviene de extender a ella lo que conocemos de la propia. Como ya hemos dicho, España está naciendo justamente cuando Cortés llega a lo que hoy es México. Suponer que detrás de él existe ya una nación, con estrategias definidas acerca de la conquista y colonización, y sobre ello construir una interpretación, no tiene sentido.

Para ser más claros, ni siquiera Europa existe, propiamente hablando. Carlos será el constructor del espacio sobre el cual después crecerán otros países que, para negar su origen, inventarán la ya mencionada leyenda negra.

Para ubicarnos mejor, conviene recordar que se acostumbra hablar del fin de la Edad Media en una fecha exacta: 29 de mayo de 1453, la caída de Constantinopla en manos de los otomanos, al mando de Mehmet II. Al día siguiente, 30 de mayo, ya no hay Edad Media sino Renacimiento. Usted, que ha visto pasar «el fin de la historia», «la transición a la democracia», la «Cuarta Transformación», sabe que nada termina en una fecha predeterminada. Un concepto tan arbitrario como *Edad Media*, mucho menos.

Prácticamente al mismo tiempo que cae Constantinopla en manos de los turcos, termina la guerra de los Cien Años entre Francia e Inglaterra, que no eran entonces muy parecidos a lo que son hoy. En el primer país, Inglaterra mantuvo la posesión de Calais por otros cien años. Borgoña era un reino aparte (precisamente gobernado por los antepasados de Carlos), así como lo que ahora conocemos como Benelux: Bélgica, los Países Bajos y Luxemburgo, que entonces incluía a Picardía, hoy también parte de Francia. En Inglaterra, por su parte, comienza en 1455 la guerra de las Rosas, el enfrentamiento entre Lancaster y York, que durará casi treinta años más.

Mientras Francia e Inglaterra no lograban definir su espacio, el Sacro Imperio Romano Germánico, que llevaba dos siglos en desorden, tiene por primera vez a un Habsburgo al mando, justamente a partir de 1453. De Federico III no puede decirse mucho; no guarda parecido con los dos Federicos previos (Barbarroja el primero y Stupor Mundi, es decir, la maravilla del mundo, Federico II), ambos de otra familia, Hohenstaufen, y azote de los territorios papales. Su gobierno, de cuarenta años, tiene la única virtud de haber sobrevivido.

Tal vez por eso algunos prefieren usar como fecha final de la Edad Media el año de 1492, cuando los Reyes Católicos logran la reconquista de la península. No solo eso, sino que para entonces ya han establecido lazos matrimoniales entre sus hijos e hijas y los descendientes de Maximiliano I, sucesor de Federico III como emperador, y con el reino de

Portugal. Fernando el Católico, además, es rey de Sicilia, y pronto lo será de Nápoles. Es alrededor de esta pareja real, Isabel y Fernando, que puede hablarse de cierta unidad europea.

Sin lugar a dudas, los reinos de los Reyes Católicos son medievales, es decir, cuentan con formas de gobierno organizadas alrededor de las lealtades personales y familiares, dependen de decisiones comunales y mantienen ritos apropiados para ello. Sin embargo, Fernando será el ejemplo de Maquiavelo del príncipe renacentista. Por cierto, Fernando nació en 1452.

Se suele pensar en la Edad Media como una época oscura, de atraso, que se habría iniciado con la caída del Imperio Romano de Occidente (476) y terminado con la caída del Imperio Romano de Oriente, como decíamos (1453), mil años que más valdría olvidar. Pero se trata de un grave error. Propiamente hablando, el Imperio Romano de Occidente se va diluyendo conforme aparece la Iglesia católica, su sucesora. Constantino promueve el primer concilio (Nicea, en 325), Teodosio el de Constantinopla (en 381), los dos siguientes ocurren con emperadores ya muy debilitados y es Justiniano (emperador de Oriente) quien cierra con el segundo concilio de Constantinopla (en 553) las bases de la Iglesia, que será el eje de la legitimidad en eso que ahora llamamos Europa, pero que entonces está por llamarse *cristiandad*. En esos dos siglos viven los cuatro grandes padres de la Iglesia: Agustín de Hipona, Ambrosio de Milán, Jerónimo (traductor de la Biblia al latín) y Gregorio Magno.

Como usted sabe, la herencia occidental la toman los merovingios, que ocupan parte de la actual Francia, y que son reemplazados a inicios del siglo VIII por sus mayordomos, los carolingios. Carlos Martell detiene la invasión del islam en los Pirineos y su nieto, Carlomagno, establece el Sacro Imperio y es coronado por el papa en la Navidad de 800. A partir de entonces hay un solo imperio en la cristiandad, encabezado por el llamado «rey de romanos», que nunca reside en Roma. Alrededor de Carlomagno ocurre un primer Renacimiento, que permite la copia de buena cantidad de escritos de la Antigüedad, que son las copias que conocemos. Comienza también un conflicto permanente entre el poder eclesiástico y el terrenal, que alcanzará momentos importantes en el siglo XII, con el conflicto de las investiduras; en el siglo XIII, con Federico Barbarroja, y luego con su nieto, Federico II, Stupor Mundi; en el siglo XIV, con el cisma y el papado de Aviñón. En pocas palabras, nada hay de aburrido en la Edad Media en lo que concierne al poder.

Tampoco lo hay en materia tecnológica. A pesar de la mala fama que tiene el período, hay avances considerables que permiten un cierto crecimiento económico, siempre dependiente de la producción agropecuaria. Algunos avances llegan de Persia o de China, otros son locales. Sin ellos, sería impensable que hubiese sido precisamente la cristiandad la que desafió la navegación en alta mar, como ocurrió en el siglo XV. Lo hicieron aprovechando la brújula y la pólvora chinas, que los europeos no usarán para simples fuegos artificiales. Y pudieron hacerlo gracias al papel y la imprenta, también llegados de Oriente, pero que solo en Europa se convierten en un motor de la transmisión de conocimiento.

Así pues, tampoco hay nada de oscuro y atrasado en la Edad Media. Hay, sin duda, una forma muy diferente de entender el mundo de la que tenemos hoy, como la hay también en cualquier otra sociedad de esa época. Se trata de sociedades mucho más colectivistas, en las que no hay una diferencia clara entre creencias y realidad. La sociedad es estamental, es decir, dividida en tres *estados* o estamentos, que definen la vida de las personas: los que mandan (nobles), los que rezan (clero) y los que trabajan (comunes). No son grupos totalmente cerrados, como es el caso de las castas, otra forma de organización social, y se dan casos de comunes que llegan a ser nobles (a eso aspiraban muchos conquistadores), o, más frecuentemente, trasvase entre nobles y el clero.

Institucionalmente, la sociedad se interpreta como el cuerpo terrenal frente al cuerpo místico de la Iglesia. En ese sentido, la sociedad se organiza mediante corporaciones, es decir, grupos que tienen una función en la sociedad y que corresponden a una parte de ese cuerpo terrenal. La cabeza, el alma de ese cuerpo, es el monarca, respaldado siempre por la Iglesia. Puesto que el eje económico aún es la tierra, su propiedad determina la riqueza y el poder. Quienes controlan la tierra, sin embargo, se estructuran piramidalmente mediante lealtades personales. No tienen «nacionalidad» ni forman parte del «Estado». Son señores en su tierra, asociados con otros iguales a ellos (pares) y comprometidos con alguien en particular, el rey.

Puesto que la forma en que estas relaciones se van organizando es distinta en diferentes regiones, no hay una forma específica de gobierno. Eso hace imposible fusionar territorios de forma arbitraria. Por eso, los Reyes Católicos son en realidad la reina de Castilla, Isabel, y el rey de Aragón, Navarra y Sicilia, y conde de Barcelona, Fernando. Cada territorio (más los que suman después) mantiene sus propias formas de gobierno y no forma parte de una misma Corona.

Eso es lo que recibe Carlos, reinos diversos, cada uno de ellos leal a su persona, pero separado del resto: Castilla, Aragón, Navarra, Cataluña, Sicilia, Nápoles, Borgoña, Flandes, los Países Bajos, el Imperio mismo. Para él, nada es más importante que el Imperio, que no es sino el reflejo terrenal de la cristiandad. Y por lo tanto nada es más importante que defender a la Iglesia de sus enemigos, los de dentro y los de fuera. Va a dedicar su vida a eso.

Gobernar esa decena de *polities*, manteniendo al papado bajo control, enfrentando la amenaza turca, disputando siempre con Francisco I de Francia, y ocasionalmente con Enrique VIII de Inglaterra, y con la amenaza creciente del protestantismo, fue algo imposible. Carlos nunca gobernó una entidad única, sino que aprovechó un instrumento inventado en Aragón: el virrey. Cuando Sicilia se independizó del ducado de Anjou (Vísperas Sicilianas, 1282) y se anexó Aragón, lo hizo como se hacían las cosas entonces: estableciendo lealtad al rey de Aragón, no al territorio. La imposibilidad de estar presente en ambos reinos llevó a Alfonso V a proponer la figura del virrey: un *alter ego* del rey, de ser posible parte de la familia real.

Se crean virreinatos en el siglo XV en Sicilia, Cerdeña y Galicia; en el siglo XVI, Nápoles y Navarra, y, ya con Carlos al mando, Aragón, Cataluña, Valencia, Nueva España, Perú, y con Felipe II, Mallorca y

Portugal. Carlos no creó un virreinato en su lugar de origen (su «patria», le decía él), Borgoña, y su extensión hacia Flandes y los Países Bajos. Ese territorio lo gobernaron su tía y su hermana, pero sin el título virreinal, sino como regentas.

A instancias de su canciller, Carlos va construyendo un conjunto de consejos que lo ayuden a gobernar. Del Consejo Real de Castilla, que existía desde 1480, Carlos construirá el de Cámara (1518), del Estado (1523), de las Indias (1524), de Guerra (1524), de Hacienda (1525) y la Junta de Obras y Bosques (1545). Todos ellos se suman a los que ya existían antes: Santa Inquisición, Órdenes, Cruzada, Aragón. Felipe dividirá el de Aragón al separar a Italia (1559) y agregará el de Portugal (1582) y el de Flandes (1588).[8]

Carlos

El siglo XVI es entonces en el que se construyen las bases de la Europa moderna. Y quien lo hace es Carlos, aunque holandeses, franceses y británicos se imaginen otra cosa. Es él quien detiene definitivamente al islam, consolida América, extiende sus territorios hasta Asia y administra (de mala manera) el cisma católico.

Carlos cuenta no solo con la legitimidad que le da el título de emperador (recordemos, sinónimo de la cristiandad, el equivalente a Europa) y con las riquezas de América, sino con el ejército más poderoso del siglo: los tercios españoles.

El proceso para consolidar España, sin embargo, no fue nada simple. Otra vez, se trata de reinos medievales, con formas de gobierno diferentes para cada uno, pero todas ellas asociadas al respaldo «popular» del rey. Había que conseguir el apoyo de cada reino, y eso no fue siempre sencillo. No faltaron rebeliones (los comuneros, las germanías). Carlos, sin embargo, estaba más preocupado por convertirse en emperador que por ser rey de todos los territorios hispanos. Se entiende, en tanto que el imperio era el equivalente de la cristiandad. Era un puesto mucho más relevante que cualquier reino.

Carlos tuvo que enfrentar a Francisco I de Francia, que se consideraba con derecho al Imperio. Fue el inicio de una disputa de toda la vida. Con Enrique VIII de Inglaterra, que no aspiraba al Imperio, el conflicto tenía que ver con el repudio de este a Catalina, tía de Carlos, de quien Enrique se quejaba que no había podido darle un heredero. Por eso buscaba el divorcio o, más claramente, la anulación del matrimonio. En la lógica de la época, era algo perfectamente normal, porque nada era más importante para un monarca que tener un heredero varón, pero para Carlos era algo inaceptable. Aprovechó su fuerza sobre el papa para evitar la anulación y con ello fue arrinconando a Enrique, que no tuvo más remedio que romper con la cristiandad para construir su propia Iglesia, la anglicana.

Los primeros años de Carlos como rey, y luego emperador, no son ejemplo de buen gobierno. Le costó trabajo ser aceptado por castellanos, aragoneses, navarros, que recordaban los abusos de la corte de su padre en 1506, pero que además le reclamaban no conocer su idioma, como ya comentamos. A Carlos, lo que le interesaba al momento de convertirse en rey era que Castilla le diese recursos para asegurarse la elección como emperador.

El emperador del Sacro Imperio era un puesto que se obtenía mediante el voto de cuatro príncipes (el rey de Bohemia, el conde del Palatinado, el duque de Sajonia y el margrave de Brandemburgo) y tres obispos (Maguncia, Colonia y Tréveris). Como podrá imaginar, una elección entre siete daba un poder inmenso a cada uno de ellos, y había que comprar esos votos, con promesas y dinero. Para mala fortuna de Carlos, Lutero había iniciado ya su revuelta contra el papado el Día de Brujas de 1517, y contaba con el apoyo de Federico el Sabio, duque de Sajonia. Así, la intención de Carlos de convertirse en el gran defensor de la Iglesia tendrá desde su inicio, literalmente, una piedra en el zapato.

Una vez electo emperador en 1519, Carlos debe gobernar su «patria» (Borgoña y Benelux), «España» (que para ese momento ya está creciendo en América), la mitad de Italia y el Imperio mismo. Además de los dos enemigos que ya mencionamos, Francisco I y Enrique VIII, Carlos tiene otros dos adversarios de cuidado. El primero es el Turco, en la figura de Solimán el Magnífico, que tan pronto como en 1526 atacó Hungría, asedió Viena en 1529, regresó a invadir Hungría tres años después y fue una constante amenaza al Imperio. El otro enemigo fue el papado.

Por varios siglos, el territorio más inestable de Europa había sido el norte de Italia. El sur estaba en manos de Carlos, como herencia de su abuelo Fernando. Al igual que Francisco I temía ser rodeado por los territorios de Carlos, así los papas temen que se quede con el control de Italia. El recuerdo de los Federicos Hohenstaufen no los deja dormir. La disputa por el control del norte ocurre esencialmente entre Carlos y Francisco, mientras que los papas intentan participar debilitando al primero.

La primera guerra entre Carlos y Francisco transcurre entre 1521 y 1526, y en ella no solo es derrotado el rey de Francia, sino tomado prisionero y obligado a pactar una especie de rendición absoluta. Una vez liberado, se desdice y continúa su intento de ocupar Italia. La guerra que sigue (1526-1529) es aquella en que las tropas de Carlos saquean Roma y persiguen a Clemente VII, que tiene que esconderse en la fortaleza de Castel Sant'Angelo. Carlos logra que Clemente VII lo corone como emperador en 1530. Cinco años después regresa la guerra cuando Francisco ocupa Saboya, ducado aliado de los Habsburgo. En 1542 tiene inicio el último enfrentamiento entre estos dos personajes.

Mientras que los continuos enfrentamientos entre Carlos y Francisco no tienen un efecto relevante en el largo plazo, más allá de provocarles severos problemas financieros a ambos, la piedra en el zapato que mencionamos antes sí será de gran importancia. Después de publicar sus 95 tesis, Lutero es perseguido por la Iglesia y escondido por Federico el Sabio. Buscando una solución pacífica, Carlos promueve la asistencia de Lutero a la Dieta de Worms, donde su hermano Fernando será confirmado como sucesor al Imperio. Lutero había sido excomulgado por el papa León X el 3 de enero de 1521, mientras que la dieta comenzó el 22 de enero. Lutero tenía un salvoconducto para asistir y se presentó, pero se mantuvo en su posición, especialmente rechazando la autoridad del papa. Salió apresuradamente de la Dieta y desapareció en el camino (secuestrado por Federico el Sabio, para evitar su captura). Carlos ratificó la excomunión papal en mayo, declaró a Lutero prófugo y prohibió la publicación de sus obras.

Las ideas de Lutero, sin embargo, no eran algo extraño. Cien años antes, el checo Jan Hus había impulsado ideas similares y por ello fue quemado en la hoguera. Abundantes pensadores contemporáneos de Lutero proponían reformas a la estructura de la Iglesia e incluso a su doctrina. A diferencia de lo ocurrido con Hus, ahora se tenía la imprenta, que permitirá transmitir estas ideas a una velocidad antes impensable, logrando el apoyo popular que evitó a Lutero correr la misma suerte de Hus.

Sin embargo, Carlos no coincidía con esas nuevas ideas. Por un lado, debilitar la autoridad papal implicaba una pérdida de legitimidad del Imperio, que no por nada era sacro. Por otro, tenía un compromiso personal en la defensa de la cristiandad, que lo había llevado a enfrentar al Turco. No podía sino rechazar tajantemente las nuevas ideas. El poco tiempo que Erasmo había sido su profesor no sirvió de mucho.

Otros nobles, en cambio, aprobaban el rechazo a la autoridad espiritual del papa, que llevaba consigo cierta disminución de la autoridad terrenal del emperador. Dentro del Imperio se forma en 1531 la liga de Esmalcalda, conformada por gobernantes que respaldan a Lutero. Aunque no enfrentan directamente a Carlos, para 1545 no le quedó a este otra opción que atacarlos. Los pudo derrotar, pero no desaparecer.

De forma simultánea, Enrique VIII decidió divorciarse de Catalina y casarse con Ana Bolena a inicios de 1533. El papa respondió excomulgándolo. Enrique relevó a Tomás Moro de su cargo como arzobispo de Canterbury, quien finalmente fue ejecutado en 1535.

Desde 1537, el papa Paulo III había intentado convocar a un concilio para atender el fenómeno que ya se llamaba «protestante». Lo logró hasta finales de 1545, pero para entonces los protestantes decidieron no asistir, y además el concilio no logró realizarse en forma sino hasta 18 años después. El Concilio de Trento, por la ciudad italiana en que se llevó a cabo, terminó en 1563 estableciendo lo que se conoce como *Contrarreforma*: reafirma la autoridad de la Iglesia, los siete sacramentos, el funcionamiento de la Inquisición, y agrega además el índice de libros prohibidos, entre otras cosas. Fue un concilio dominado por españoles e italianos, en el que ya participan de forma relevante los jesuitas, cuya orden fue aprobada por la Iglesia en 1540.

En sus cuarenta años en el poder, Carlos tuvo poco tiempo sin guerra y rara vez se mantuvo en un solo lugar. Tuvo una corte itinerante, como había sido frecuente en los reyes medievales. Curiosamente, abdicó de todos sus cargos pocos meses después de la muerte de Juana, su madre. Antes de ello, sin embargo, tuvo la ocurrencia de considerar heredar a Felipe no solo España, Italia y Flandes, sino también el Im-

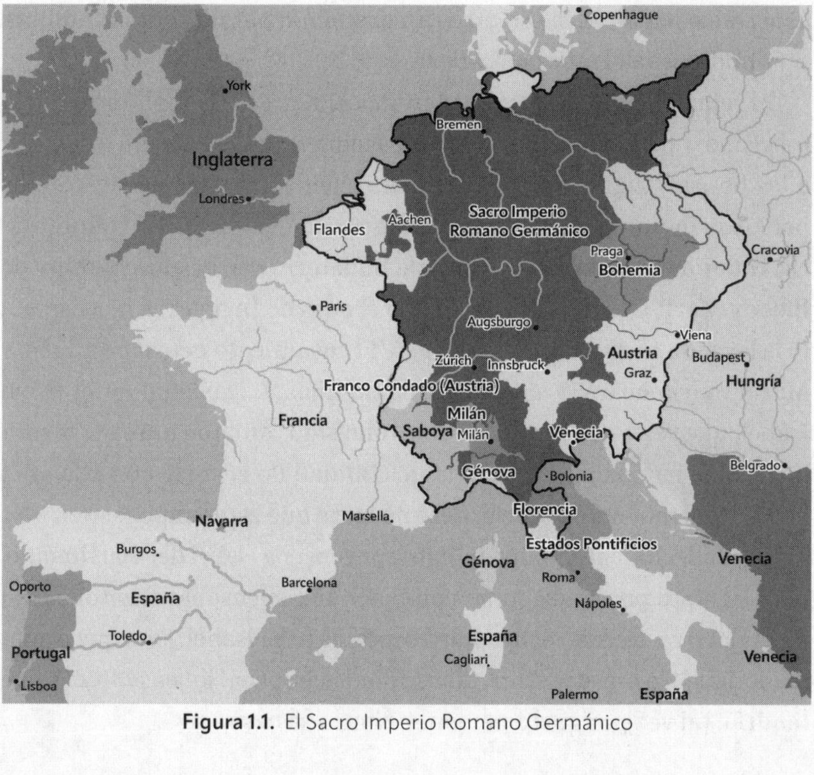

Figura 1.1. El Sacro Imperio Romano Germánico

perio, provocando un grave desencuentro entre este y Fernando. Aunque no pasó a mayores, Carlos corría un riesgo innecesario. Pero genio y figura, como se sabe.

Felipe

Felipe II tuvo mejores condiciones que Carlos en su llegada al poder. Fue nombrado por su padre como regente de Castilla a los 16 años, en 1543, y considerado mayor de edad tres años después. De 1548 a 1551, Felipe viaja a Italia, a Flandes (donde se aprovecha para que se le jure lealtad) y al Imperio, donde ocurre el desaguisado con su tío Fernando. El año anterior había muerto Enrique VIII de Inglaterra y ascendido al poder Eduardo VI, su hijo con Jane Seymour, que sin embargo murió en 1553. La nueva reina sería María, hija de Catalina, y Felipe decide casarse con ella. Esto va a requerir convertir a Felipe en rey y obtener el permiso papal, pero eso no es un obstáculo para el todavía hombre más poderoso del mundo, Carlos.

El reinado de María Tudor significa el regreso de Inglaterra al catolicismo, y nada mejor para ello que Felipe, quien procederá a castigar a los herejes anglicanos con presteza y felicidad. Más de trescientas personas fueron ejecutadas en la hoguera a instancias de Felipe. María Tudor ha pasado a la historia de Inglaterra con el sobrenombre de Bloody Mary, y es muy probable que el odio de Inglaterra por España (y la leyenda negra) tenga ese origen. El casamiento ocurrió en 1554, y María murió en 1558 sin haber tenido hijos. La sucedió en el trono Isabel, que revirtió el tránsito al catolicismo. Aunque parezca increíble, Felipe había considerado la posibilidad de casarse con ella ante la eventual muerte de María, pero no logró que esta lo apoyase en ello. Tras su fallecimiento, Felipe intentó convencer a Isabel del matrimonio, pero siempre poniendo como condición indispensable el catolicismo de Inglaterra. No solo esto era inaceptable para Isabel, sino que el matrimonio no le era atractivo, tal vez por las implicaciones políticas que tendría, tal vez por gusto personal. Nunca se casó.

En 1556, habiendo abdicado Carlos, Felipe es rey de Inglaterra, España, prácticamente toda Italia, Flandes y las posesiones de ultramar. Aunque no es emperador, es ahora el hombre más poderoso de Europa. En 1557 decide atacar a Francia, en represalia por su apoyo a los rebeldes flamencos. Aunque Felipe resulta victorioso, en la guerra Inglaterra pierde Calais, que mantenía desde la guerra de los Cien Años. Antes de que pudiera intentar recuperar el territorio, muere María y la paz se firma hasta 1559, ya con Isabel gobernando Inglaterra. Tres meses después de firmar la paz, muere Enrique II, rey de Francia. Lo sucederán tres hijos suyos con Catalina de Médici, que serán reyes por uno, 13 y 15 años, respectivamente, pero quien gobernará será su madre todo ese tiempo.

Después de firmar la paz, Felipe deja Bruselas y encarga el gobierno de Flandes a su hermana, pero, igual que su misógino padre, la obliga a dejar el gobierno en manos del cardenal Granvela. Los Países Bajos, que habían sido gobernados por Carlos, y por lo tanto se sentían parte del Imperio, ahora estaban bajo el control de España. En términos religiosos, eso hacía una gran diferencia. En lugar de contar con el respaldo, dentro del Imperio, de diversos gobernantes protestantes, estaban ahora en manos del católico por excelencia, que ya había mostrado en Inglaterra su idea acerca de los herejes. La presencia de Granvela no ayudó en nada y los conflictos fueron creciendo. En 1566, la nobleza de los Países Bajos presentó una reclamación formal, exigiendo el fin de la Inquisición y libertad religiosa. La respuesta de Felipe fue enviar al duque de Alba, quien detiene a centenares de nobles, incluyendo al conde Egmont, quien será ejecutado en 1568 en la Gran Plaza de Bruselas. Guillermo de Orange, el otro gran líder, había escapado a Alemania. Inicia ahí la guerra de los Ochenta Años, el principal fracaso de Felipe y, a la postre, de España.

Antes de María Tudor, Felipe se había casado con Manuela de Portugal, con quien tuvo a su primer hijo, Carlos de Austria. Manuela murió días después del parto y Carlos se convirtió en un dolor de cabeza para Felipe. Enfermizo, de comportamiento cruel, el cual empeoró después de un accidente que sufrió a los 17 años, lo que llevó a Felipe a encerrarlo. Murió a los 23. El tercer matrimonio de Felipe, con Isabel de Valois, hija de Enrique II de Francia, fue resultado de la paz firmada en 1559. Con ella tuvo varias hijas, aunque solo dos llegaron a la edad adulta. Finalmente, se casó con Ana de Austria, hija de Maximiliano II, su primo. De sus cinco hijos, solo uno llegó a adulto, su heredero: Felipe III.

En 1578, después de la muerte del rey de Portugal, Felipe se convirtió en posible heredero, gracias a su madre Isabel de Portugal. En 1580 invadió Portugal para evitar otro posible sucesor y se convirtió en rey, aunque rápidamente regresó a Madrid y dejó encargado el reino a un virrey más.

A diferencia de su padre, Felipe rara vez entró directamente en combate y también viajó muy poco. Leía mucho y logró dominar varios idiomas, algo en lo que su padre tampoco destacó. Mantuvo la forma de gobierno desarrollada por Carlos, a través de consejos, pero Felipe se involucró mucho más en la actividad diaria. El primer rey burócrata leía y firmaba centenares de documentos cada día, además de enviar continuamente recados a sus funcionarios.[9]

Carlos heredó a Felipe dos grandes problemas: los Países Bajos y la obsesión por defender la cristiandad. Si en el caso de Carlos eso tenía alguna explicación (lo decíamos, era la fuente de su legitimidad como emperador), lo de Felipe es más difícil de entender. Además de sus excesos de celo en Inglaterra y los Países Bajos en contra de los protestantes, también en España se lanzó a la persecución de herejes. A instancias del arzobispo de Granada, Felipe publicó la Pragmática Sanción de 1567, expulsando a los moriscos, musulmanes que se habían quedado en España después de la reconquista, o bautizándolos a la fuerza, ya que a pesar de no hacer demostración pública de su fe o proselitismo, eran mal vistos por la Iglesia de Granada, donde vivían. El resultado: los moriscos se levantaron en lo que se conoce como la rebelión de las Alpujarras.

En parte, eso provoca el declive de Castilla a partir de 1575, que había sido el gran motor de la monarquía desde el siglo XV. La primera consecuencia fue la (segunda) bancarrota de Felipe, pero no se trataba de un problema de corto plazo. El declive de los Austrias en el siglo XVII, e incluso las dificultades de la primera mitad del siglo XVIII, tiene su origen en la caída demográfica y económica de Castilla.

A principios de 1587, María Estuardo, quien había sido reina de Escocia por 25 años, fue ejecutada en Inglaterra por órdenes de la reina Isabel. María era católica y para muchos ingleses, que no se resignaban a su nueva Iglesia anglicana, María debía ser la reina legítima, lo que para Isabel era una amenaza constante. Nuevamente, Felipe se tomó a pecho la defensa del catolicismo inglés y decidió invadir Inglaterra, para lo cual construyó una armada que ha pasado a la historia con el mote de la Armada Invencible, gracias a la leyenda negra. Efectivamente, por problemas de coordinación con las fuerzas de tierra que debían embarcar en los Países Bajos y por el clima, varias embarcaciones de esa armada se hundieron y la invasión no pudo llevarse a cabo, pero eso no determinó un resultado favorable para Inglaterra. Durante los siguientes 15 años, ambos países continuaron enfrentándose sin que alguno de ellos fuese claramente victorioso.

Sin embargo, con las dificultades económicas de Castilla, le fue imposible a Felipe mantener la posición de España como el país más importante de Europa. Tampoco había mucha competencia entonces: ni Isabel podía convertir a Inglaterra en el reemplazo ni Francia estaba en condiciones de hacerlo en ese momento. Habrá que esperar a la guerra de los Treinta Años para que el mapa de Europa se redefina.[10]

Austrias menores

Felipe muere en 1598 y su lugar es ocupado por Felipe III, de quien su padre opinaba: «A este me lo van a gobernar». No estaba equivocado. Con él inicia una nueva forma de gobierno en la que el rey delega en una persona de su confianza prácticamente todo el poder. No se trataba formalmente de un primer ministro, porque no era una monarquía constitucional ni había un parlamento, pero puede equipararse a esa figura moderna. El primer acto de Felipe III como rey fue recibir el juramento de Francisco de Sandoval, quien pronto sería nombrado duque de Lerma, y ordenó que su firma valiese tanto como la de él.[11] Lerma será quien gobierne España por los siguientes veinte años, pero en 1618 pierde el favor real, en buena medida por acusaciones de corrupción, aunque no es algo tan claro, porque esos señalamientos empezaron 15 años antes.

En 1618, sin embargo, ocurre la defenestración de Praga, en la que los enviados del emperador a esa ciudad fueron arrojados por la ventana, lo que dio inicio a la guerra de los Treinta Años, la confrontación más violenta de la historia, hasta la Segunda Guerra Mundial, medida por la proporción de muertes (cerca de 5% de la población europea, pero hasta 50% en algunas zonas del Sacro Imperio). La guerra es el enfrentamiento pendiente entre católicos y protestantes que llevaba un siglo posponiéndose. O, si lo quiere ver de otra forma, es el ataque conjunto de diversos reinos en contra de la construcción de Carlos y Felipe. Francia, Inglaterra, Suecia, Dinamarca y la mitad septentrional del Imperio enfrentando en distintos momentos a Austria y España, que además llevaba para entonces cincuenta años de guerra contra los Países Bajos.

Ni los emperadores del momento, Fernando II y Fernando III, ni los reyes de España, Felipe III y Felipe IV, tenían el tamaño de Carlos y Felipe II, ni mucho menos los recursos. Como veremos, justamente en esos años es cuando menos plata llega desde América, y menos recursos genera Castilla. La guerra de los Treinta Años termina con la paz de Westfalia, en 1648, en la que, dicen los especialistas, aparecen por primera vez los Estados nacionales. Se cierra así la época de los reyes medievales, producto del consenso de los nobles del reino, y se abre una nueva época, en la que el rey es la cabeza de un aparato burocrático-militar, el Estado moderno.

En consecuencia, es probable que Felipe III dudase de la capacidad de Lerma para guiar a España en la guerra que comenzaba y haya decidido por ello retirarlo. Lo reemplazó su hijo, el duque de Uceda, quien cubrirá los últimos tres años del reinado, porque Felipe muere en 1621.

Dicen que antes de morir se quejaba de que iría condenado al infierno, por haber sido negligente como rey. En su lecho de muerte convocó a su hijo, Felipe IV, acompañado de su ayo, Baltazar de Zúñiga, y de Gaspar Guzmán, conde de Olivares (sobrino del anterior), frente a quienes se lamentó de haber dejado el gobierno en otras manos.[12] Si buscaba con ello que su hijo actuase de manera distinta, logró lo contrario. De inmediato, Zúñiga recibió de Uceda el manejo del gobierno, aunque en poco más de un año fue desplazado por su sobrino Gaspar de Guzmán, quien pronto será conocido como conde-duque de Olivares.

El mismo año en que muere Felipe III se crea la Compañía Holandesa de las Indias Occidentales,[13] como una muestra de lo que vendrá y analizaremos más adelante. Para enfrentar la grave situación de España, Olivares impulsa una reforma general del gobierno, que podríamos imaginar como el primer intento de modernización de la monarquía para convertirla en una nación. Eso incluía, entre otras cosas, construir un ejército único y una hacienda pública bien financiada. Las cortes de los diversos reinos se opusieron a la reforma y, cuando la situación económica se complicó, y Olivares intentó recaudar más, hubo enfrentamientos armados en Cataluña y Aragón. Por otro lado, en 1640 Portugal se declara independiente de España con el ascenso de la dinastía Braganza. Al mismo tiempo, como veíamos, España debe continuar su guerra en los Países Bajos y respaldar al Imperio. En 1643, Olivares es reemplazado por su sobrino (justicia divina) Luis de Haro.[14] Felipe IV ya lo nombra primer ministro, aunque hay que insistir en que no se trata de un puesto equivalente al que ahora tiene ese nombre, por las razones ya mencionadas.

Luis de Haro será quien gobierne España hasta su muerte en 1661 y no habrá reemplazo por los cuatro años que le restaban a Felipe IV. A la muerte de este, Carlos II se convierte en rey. Conocido como *el hechizado*, es la suma de las enfermedades propias de la endogamia de los Habsburgo: débil y, lo que es peor, impotente, no se hace cargo del gobierno ni es capaz de engendrar descendencia. El gobierno de España queda en manos de su madre, Mariana de Austria, aunque con la continua amenaza de don Juan (José) de Austria, hijo ilegítimo de Felipe IV (casi con el mismo nombre de otro hijo ilegítimo, pero de Carlos I, que es más famoso, con justa razón), quien logra hacerse del poder en 1677, pero muere dos años después.

El gobierno de España recae en el duque de Medinaceli, como primer ministro, desde entonces y hasta 1685, cuando es reemplazado por el conde de Oropesa. Dice Tomás y Valiente que estos dos no pueden ser considerados propiamente validos, porque Carlos no tenía nada que hacer valer: simplemente no era capaz ni de gobernar ni de delegar el gobierno.[15] Los últimos años de Carlos II, es su esposa, Mariana de Neoburgo, quien tiene cierto control del gobierno. A su muerte, en 1700, sin descendencia, llega Felipe V de Anjou a la Corona de España, el primer Borbón. Los Habsburgo de Austria se inconforman y serán necesarios 13 años de guerra para convencerlos. La guerra de sucesión, entre otras cosas, implicará para España la pérdida de Gibraltar. Pero hablaremos de ello después.

2
Construcción de Nueva España

Hernán Cortés será, por tres años, gobernante absoluto de Nueva España (por cierto, nombre que él sugirió en sus *Cartas de relación* a Carlos I). Prácticamente sin contrapeso alguno, decidirá el botín de cada uno de sus hombres, el futuro de los señores indios, las rutas de expedición y conquista, y la entrega de encomiendas. Cuando Cortés le informa a Carlos I acerca del reparto de estas, reconoce que no son del agrado real, pero argumenta que no encuentra otra forma con la cual evitar los abusos de los conquistadores. Para fortalecer su dicho, le pide al rey que envíe misioneros a evangelizar, lo que empieza a ocurrir a partir de 1523.

En 1524, Cortés le encarga a Cristóbal de Olid una expedición a las Hibueras (Honduras), que zarpa de Veracruz. Poco después se entera de que Olid está en tratos con Velázquez y, enfurecido por la traición, decide él mismo dirigirse a las Hibueras, pero por tierra. La expedición que organiza, sin embargo, ya no es la de un capitán en busca de fortuna, sino la de un sultán: cocineros, músicos, peluqueros acompañan a los soldados. También lleva consigo a Cuauhtémoc, prisionero. En el camino, según él alertado de un complot, decide matarlo. La expedición será un desastre, aún más porque quienes quedaron a cargo de administrar Tenochtitlan provocaron graves problemas.

A su regreso, Cortés intenta poner orden, pero casi al mismo tiempo se entera de la llegada de Luis Ponce de León, que llega a hacer el «juicio de residencia» de Cortés. Ese proceso se llevaba a cabo cuando una persona dejaba un puesto, para revisar su actuación e informar a la Corona. De manera sorpresiva, Ponce de León muere después de una comida con Cortés. Su segundo, Marcos de Aguilar, también muere muy pronto. Considerando que la esposa de Cortés, Catalina Xuárez, había muerto también en circunstancias extrañas, en su cama, apenas tres meses después de haber llegado, en noviembre de 1522, la posición de Cortés no era muy buena.

En marzo de 1528 decide ir a España para presentar su caso a Carlos I, quien lo recibe, lo nombra marqués del valle de Oaxaca y le asigna una inmensa encomienda, pero ya no lo confirma como gobernador. El rey ha decidido nombrar una Real Audiencia para hacerse cargo del gobierno de Nueva España.

En cosa de un sexenio, como le decimos ahora, Cortés pasa de la gloria al purgatorio, porque infierno realmente no fue. No logró la gloria y nobleza a las que aspiraba, pero algo de fortuna sí juntó, que luego serviría para la vida de *junior* de su hijo Martín. Cortés todavía ayudaría a la Corona en la expedición a las Molucas y sería «descubridor» de Baja California, pero jamás recuperaría lo alcanzado en 1522.

Estas líneas acerca de Cortés nos sirven, además de como una idea de su suerte posterior a la conquista, para identificar tres elementos fundamentales de la convivencia: Iglesia, propiedad y gobierno. Tres procesos distintos, pero claramente relacionados, con los que se fue construyendo Nueva España: la imposición, y deformación del cristianismo castellano; la imposición, vía el despojo, de la propiedad privada, y la imposición de una estructura de gobierno que a veces apenas puede evitar el desastre, a veces logra conciliar esfuerzos y tal vez alguna vez fue la salvación del reino entero, como veremos.

Los tres procesos van a seguir la ruta que entonces se conocía y que nosotros genéricamente llamamos *medieval*, aunque corresponden al período 1200-1500. La evangelización se les encarga a los frailes, como había ocurrido en Europa desde el siglo XIII; la propiedad queda en manos de la Corona, que la distribuye a privados a su antojo; el gobierno lo llevará un virrey. En los detalles, como se sabe, está el diablo.

Más continuidad que ruptura

Dice Bernardo García: «Usualmente se considera que la conquista implicó una ruptura con el pasado, lo cual es cierto, pero esa ruptura no fue tan radical como podría parecer a primera vista».[1] Muy cierto. Los pocos españoles instalados en lo que pronto se llamará Nueva España, en los primeros años, son absolutamente incapaces de controlar el territorio y gobernar. No lo hacen. Lo que ocurre, siguiendo la intuición de Cortés, es que van a mantener las estructuras locales, reemplazando únicamente lo que puedan. Por eso la idea de reconstruir Tenochtitlan, para mantenerla como centro de los pueblos tributarios, resulta útil. Y por eso Cortés reparte encomiendas entregando a cada uno de los quinientos conquistadores que tuvieron suerte un pequeño grupo de pueblos.

La palabra náhuatl para designar un pueblo es *altepetl* (plural, *altepeme*), que significa 'cerro-agua'. Se refiere a un lugar ocupado por un grupo de personas, distribuidas en *calpultin* (singular, *calpulli*), con un *tlatoani*. Estas palabras las convertirán los españoles en *pueblo* (señorío), *barrios* y *cacique*, un término traído de las islas caribeñas. Los caciques serán determinantes en la construcción de Nueva España, puesto que su carácter de «señores naturales» les daba derecho a impartir justicia. A su lado, los nobles nativos (*pipiltin*) mantendrán por un tiempo algunos privilegios.[2]

Así, los españoles se convertían en herederos del «imperio» mexica, manteniendo las estructuras tributarias que, antes, recibía la Triple Alianza.[3] La evangelización encargada a los frailes seguirá exactamente el mismo camino, de manera que se creó una nueva triple alianza, ahora de encomenderos, frailes y caciques, que definirán las primeras décadas de Nueva España.[4]

Sin embargo, para España hay un riesgo importante: la posibilidad de que alguien intente separarse y convertirse en monarca de los nuevos territorios. No era una amenaza inverosímil, porque el antecedente de Colón queriendo gobernar los territorios que había descubierto, la rebelión que ocurrirá en 1542 en Perú y el complot de Martín Cortés en Nueva España evidenciaban la debilidad del control de la monarquía.

Por ello, desde España se jugará con los equilibrios entre los nuevos tres participantes y se les ofrecerán o quitarán privilegios para beneficio de la monarquía. Hacia 1565, las encomiendas empiezan a desaparecer; para 1570, las órdenes mendicantes empiezan a perder el control contra el clero secular; para fines de siglo, la mayoría de los caciques ha desaparecido.

Frailes y encomenderos

La primera institución que se crea en Castilla para controlar las nuevas tierras es la Casa de Contratación, en Sevilla, en 1503. Al centralizar el comercio y el tránsito, se buscaba fiscalizar adecuadamente la relación con las Indias y Canarias. Antes de eso, quien estaba a cargo de esos temas era Juan Rodríguez Fonseca, confesor de Isabel la Católica, quien posteriormente se convertiría en obispo de Burgos y sería enemigo declarado de Cortés.

Sin embargo, después de las malas experiencias en las islas del Caribe, donde los abusos y las crueldad de los conquistadores destruyeron no solo a la población que encontraron, sino incluso a los ecosistemas, como señaló Antonio de Montesinos en 1511, se creó en 1524 el Consejo de Indias, separado del Consejo de Castilla. Estos consejos eran grupos de personas que atendían temas a nombre del rey, a quien aconsejaban al respecto. Frecuentemente, la mitad o más de los consejeros eran hombres de la Iglesia.

Uno de los problemas más serios que enfrentaba la Corona en las nuevas tierras era la extensión de la figura de la encomienda. Su uso en las Canarias, poco tiempo antes de la llegada a América, llevó a los recién llegados al Caribe a aplicar la figura sin control. Como hemos dicho, los abusos destruyeron la población local. Cortés, en la misma carta en que le sugiere a Carlos que los nuevos territorios sean llamados Nueva España, le informa que está repartiendo encomiendas, aunque sabe que el rey no gusta de ellas, porque de otra manera, dice, los abusos de los conquistadores serían mucho peores. Carlos no tiene forma de impedirlo, puesto que no hay entonces más autoridad en Nueva España que Cortés mismo.

El primer intento de institucionalizar la conquista es la instalación de la primera Real Audiencia, en 1528, con tan mal tino que dos de los miembros fallecen antes de tomar posesión y el encargado principal, Nuño de Guzmán, resulta un criminal como pocos. Dos años después se nombra una segunda audiencia, con órdenes de detener a Guzmán, pero este ya se ha lanzado a la conquista de Occidente, donde actuará con toda la crueldad que asociamos a la generalidad de los conquistadores. En él sí era cierto.

El punto de inflexión es el nombramiento del primer virrey, Antonio de Mendoza, en 1535. De familia de alcurnia, Mendoza va a ser un excelente virrey, tanto en Nueva España como en Perú, a partir de 1550. A él le envía Carlos la Real Cédula de 1536 (también dirigida al obispo Zumárraga, que ha tomado posesión en 1533), argumentando en contra de los abusos de los encomenderos y solicitando un censo de los pueblos indios tanto para que se les asigne un tributo justo como para poner término a los abusos mencionados.[5]

Puesto que la situación no mejoraba de forma notable, Carlos decide promulgar las Leyes Nuevas en 1542. En ellas se declara el fin de las encomiendas. La respuesta en América fue desigual. En Nueva España, el virrey Mendoza aplica la fórmula castellana «acátese, pero no se cumpla», que es malentendida hasta el día de hoy. Se trata de una fórmula medieval de respuesta social a ordenamientos de la Corona que no pone en entredicho la autoridad de la misma, sino su pertinencia.[6] Me parece que podemos compararla con las suspensiones que otorga un juez en México para que una ley no se aplique en tanto es revisada por el legislador. No es un desacato al rey ni mucho menos una forma de hacer caso omiso de las órdenes reales.

En Perú, en cambio, el virrey que fue nombrado de forma simultánea con la promulgación de las Leyes Nuevas, Blasco Núñez, decidió aplicarlas de inmediato, provocando una reacción violenta por parte de los conquistadores que, encabezados por Gonzalo Pizarro, no solo rechazaron las Leyes Nuevas y tomaron prisionero al virrey, sino que muy pronto convirtieron su revuelta en una especie de intento de independencia. En 1548, la llegada de un nuevo virrey, además sacerdote, Pedro de la Gasca, terminó con la revuelta en la batalla de Cuzco. Pizarro y varios de sus seguidores fueron ajusticiados de inmediato.

En Nueva España, la habilidad de Mendoza para equilibrar fuerzas permitió que la encomienda fuese llegando a su fin de manera pacífica.[7] No se eliminaron las existentes, pero se autorizó solo heredarlas por una ocasión. La tercera generación de encomenderos, donde la hubo, realmente no tenía ni habitantes ni tierras, sino solamente rentas. Por cierto, conviene mencionar que también hubo encomenderas, algunas de ellas de gran importancia, como fue el caso de Leonor de la Peña o Marina Montesdoca, tal vez la mujer más rica de Michoacán a mediados del siglo XVI.[8]

El lugar de la encomienda lo fue ocupando el repartimiento, también una figura de la reconquista. A diferencia de la encomienda, no había en el repartimiento una conexión directa entre la tierra y sus ocupantes. Las tierras las podía otorgar la Corona, por servicios prestados o por merced, y los trabajadores debían obtenerse vía el repartimiento, que, aunque pudiera ser aprovechado para trabajo forzado, en el caso de Nueva España se convierte pronto en un mecanismo de trabajo asalariado. No hay, en el repartimiento, la obligación del terrateniente de evangelizar, trabajo que para entonces ya está encabezado por los frailes que han ido llegando a América.[9]

Como habíamos adelantado, en 1524 llegan a México los «doce apóstoles», 12 franciscanos encargados de bautizar y evangelizar. Lo primero lo hicieron mucho; lo segundo, menos. Con frecuencia celebraban bautizos colectivos de miles de personas, pero la educación cristiana no podía hacerse al mismo ritmo. En consecuencia, cada grupo de indios va a adaptar las exigencias de los misioneros a sus propias creencias, lo que da como resultado el fenómeno que Luis

Weckmann calificó de *herencia medieval*: las instituciones medievales de «España», al trasladarse a América, se fortalecen y son aún más medievales.

Yo insistiría en lo comentado antes: el desarrollo social en Mesoamérica equivalía a lo que en Levante había ocurrido entre 3000 y 1000 a. C. Es el proceso de pasar de dioses locales a grandes dioses, que en Mesoamérica no había concluido. Frente a ello, la imposición del monoteísmo no es comprensible, de manera que se adaptan ambas formas de pensar en un sincretismo en el que hay pequeños y grandes dioses disfrazados de santos y vírgenes. Algo aceptable para los misioneros e inteligible para los indios. El cristianismo americano no es nada parecido al castellano, en el fondo. Pero no había otra cosa que hacer.

La evangelización encargada a los frailes va a provocar algunas dificultades. Por un lado, están convencidos de que los indios son naturalmente buenos y de que lo que puede dañarlos es la interacción con los españoles, de manera que proceden a aislarlos. En esta misma dirección, intentan construir comunidades utópicas, que rápidamente derivan en una especie de encomiendas monásticas, en las que no falta el abuso a los indios. Conforme la población empieza a caer, producto de epidemias, pero también de abusos, el conflicto entre los frailes y los conquistadores crece. Conviene conocer el origen de las órdenes y la forma en que llegaron a Nueva España.

A fines del siglo XII surgieron diversos grupos dentro de la Iglesia católica que promovían la idea de que solo a través de la pobreza podía llegarse a Dios. Personajes como Joaquín de Fiore, Pedro Valdo y Francisco de Asís, e incluso amplios movimientos como los cátaros o albigenses, reclaman a la Iglesia su acumulación de riquezas. De todos ellos, Francisco es quien corre con más suerte y, a partir de 1209, el papa acepta la creación de la orden de frailes menores, mejor conocidos como *franciscanos*. Los demás son considerados herejes, e incluso se lanza una cruzada en contra de los albigenses. Poco después de que Francisco logra constituir su orden, Domingo de Guzmán convence a otro papa de aceptar la suya, los dominicos. Estas dos órdenes, ambas con una opción «terciaria», es decir, para laicos, van a ser muy importantes en la Iglesia. Se cierra el tercio de órdenes mendicantes con los agustinos, creados por orden de Inocencio IV al conjuntar varias comunidades de la Toscana.[10]

En el siglo XV, los franciscanos apoyan a Colón (franciscano terciario, es decir, laico) en su esfuerzo por impulsar su expedición y son los primeros en llegar a las Indias.[11] Los dominicos, que llegan después, consideran que los franciscanos están más interesados en quedar bien con los conquistadores que en cuidar el bienestar de los indios, y al menos en parte debemos entender los esfuerzos de Montesinos y Las Casas en esa pugna histórica entre dominicos y franciscanos.

También a Nueva España, los primeros en llegar son los franciscanos. En 1523 hay tres flamencos, entre ellos Pedro de Gante, posible familiar de Carlos I. Al año siguiente, los «doce apóstoles», incluyendo a Toribio de Benavente, «Motolinía». El primer obispo de México, Juan de Zumárraga, es también franciscano. Por su formación, los franciscanos entienden su trabajo en Nueva España no solo como parte de la evangelización, sino como la construcción de utopías no muy alejadas de Joaquín de Fiore. Los indios, para ellos, son inocentes que no deben conocer la maldad que viene con los europeos, de manera que hay que mantenerlos alejados. En buena medida, la creación y el mantenimiento de las dos repúblicas, la de indios y la de españoles, se debe a ellos.[12]

Zumárraga es quien trae la primera imprenta y quien inicia las gestiones para la creación de una universidad. Son los franciscanos los creadores del Colegio de la Santa Cruz de Tlatelolco, primer centro de estudios que funciona en ambas direcciones. Permite a los españoles entender a los mesoamericanos (como es el caso de Bernardino de Sahagún) y a los mexicanos (como Antonio Valeriano) aprender de los europeos.

Pero a Zumárraga le siguió en el arzobispado Alonso de Montúfar, dominico. Bajo su gobierno se cerró Santa Cruz de Tlatelolco y se persiguió a franciscanos, especialmente en México y Michoacán.[13] Para los dominicos, la idea de enseñar a los indios no era muy aceptable. Por otra parte, es importante tener en cuenta que los franciscanos, como decíamos, enseñaban a los indios, pero manteniéndolos alejados de los españoles. Si los dominicos tenían una baja opinión de los indios, los franciscanos también. Para unos no eran sujetos de aprendizaje; para los otros, su lugar era siempre subordinado. Los agustinos, la tercera orden en llegar a Nueva España, establecieron una alianza de largo plazo con los franciscanos, por lo que estuvieron frecuentemente enfrentados a los dominicos.

Sin embargo, la disputa por la evangelización (o por el control de los indios) tendrá tres partes. Franciscanos y agustinos de un lado, dominicos del otro, y, con fuerza creciente, el clero secular o diocesano.[14]

Un primer participante de este conflicto es Vasco de Quiroga, primer obispo de Michoacán. Se le recuerda por sus utopías paternalistas, similares a las de los franciscanos, y no por el enfrentamiento constante con estos, en el que abundan los abusos y la violencia.[15] Se trata de un fenómeno muy extendido: las historias de esos primeros evangelizadores, narradas por otros frailes y religiosos, se centran en las bondades que, no hay duda, deben haber tenido, pero olvidan que, al final, evangelizar era poblar, es decir, conquistar.[16]

La ventaja de los frailes en las primeras décadas desaparece con el Concilio de Trento. Como hemos visto, este concilio fue convocado por Pablo III en 1537, a instancias de Carlos, para buscar una solución a las herejías protestantes, y concluyó en 1563. El resultado fue una Iglesia mucho más conservadora, que comienza su tránsito a Nueva España en el primer concilio regional de 1555, continuado por otros dos, en 1565 y 1585.

En esos años, todos bajo el gobierno de Felipe II, los frailes pierden el control de la evangelización, que queda en manos del clero secular. En su análisis del proceso, Antonio Rubial identifica cuatro etapas: entre 1524 y 1570 es el clero regular el que tiene el control, mientras que a partir de entonces y hasta 1640 debe competir con el clero secular.

Para entonces, sin embargo, hay un cambio relevante, que es la participación ya relevante de sacerdotes locales, criollos. Eso da lugar a una nueva etapa que dura, dice Rubial, hasta 1750.[17] Las fechas son siempre una aproximación, porque no se puede establecer con claridad el momento de cambio. Por ejemplo, Mazín prefiere cerrar la primera etapa en 1560 y la segunda en 1650.[18] Como le decía, prefiero utilizar 1648 y 1763 para identificar los puntos de inflexión, porque, para entonces, España ya no es el país más importante de Europa (o del mundo) y tiene que acomodarse a lo que dictan otros.

Durante la primera etapa, los frailes aprovecharon las estructuras sociales vigentes, *altepeme* y *calpultin*, para construir comunidades utópicas. Eso implicó un ataque feroz a las creencias de los locales, que no estuvo exenta de ejecuciones y destrucción. Convencer a los nativos de que cambiasen de religión no era nada sencillo, y de hecho no se logra por completo. Al final, la versión del cristianismo novohispano será diferente, modificada y enriquecida por las diferentes creencias a las que tuvo que enfrentarse.[19]

Vacas y bichos

Aunque la Conquista haya sido un evento grave para las poblaciones mesoamericanas, los enfrentamientos directos con españoles no fueron la norma. Tanto la conquista de Tenochtitlan como las ocurridas en todo el sur y oeste del territorio que hoy es México fueron esencialmente guerras entre distintos grupos de mesoamericanos, algunos de los cuales llevaban como aliados a los españoles. Hay especialmente funestos, con criminales como Pedro de Alvarado o, peor, Nuño de Guzmán, pero lo que realmente destruyó la región fue la biología.

Como sabe usted, la mayoría de las enfermedades contagiosas son resultado de la convivencia de humanos con animales, algo que ocurrió en el transcurso de los últimos 10 000 años. En ese período, los grupos mesoamericanos convivieron con animales muy diferentes de los que se pueden encontrar en el continente euroasiático. En consecuencia, quienes vivían acá no tenían defensa alguna contra las enfermedades que empezaron a llegar a México con la expedición de Pánfilo de Narváez. En su viaje para detener a Cortés, entre los 1 000 soldados que lo acompañaban venía un esclavo negro, enfermo de viruela. El virus acompañó a las huestes de Cortés en su regreso a Tenochtitlan para resolver el desaguisado de Alvarado y, aunque los españoles fueron expulsados de la ciudad en pocos días, el virus ahí se quedó. En seis meses, Tenochtitlan era presa de una epidemia de viruela que, entre miles, se llevó a Cuitláhuac.

Diez años después, la epidemia fue de sarampión. Entre 1545 y 1547 hubo una nueva epidemia de algo que incluía fiebre, hemorragia y cólico sangriento. Recientemente se ha descubierto que se trató de fiebre paratifoidea.[20] Nuevas epidemias ocurrieron en 1563, 1570, 1576 (parvovirus B19),[21] 1590 y 1595. Ahora se cree que buena parte de la transmisión ocurrió entre la población africana y la mesoamericana. Tiene lógica, puesto que también para los africanos muchas enfermedades eran relativamente nuevas, y eran por ello portadores más eficientes. Gisela von Wobeser sugiere que, en parte, el mestizaje fue una respuesta a las epidemias: la población local buscaba emparentar con los europeos, que parecían inmunes a las enfermedades.[22] Haya sido con esa intención o no, hoy puede encontrarse cómo se fue haciendo inmune la población.[23]

Sigue sin haber consenso acerca de lo ocurrido con la población en esos años. Gisela von Wobeser apoya las estimaciones de Cook y Borah: habría cerca de 11 millones en Mesoamérica antes de la llegada de los españoles, que se redujeron a la mitad (seis millones) para 1550. En 1600, la población apenas llegaría a tres millones y tocaría fondo en 1650, con 2.3 millones de habitantes. La recuperación paulatina habría llevado la población a 2.8 millones de habitantes en 1700 y a poco más de cinco millones en 1800.[24] Por su parte, García propone que en 1519 había 15 millones en la región, que para 1550 se habrían reducido a poco menos de 3.6 millones, ya considerando 40 000 llegados de fuera (europeos y africanos). La cifra caería a 2.2 millones (con 271 000 extranjeros) y tocaría fondo en 1650, con 1.9 millones, casi medio millón de ellos llegados de otra parte.[25] Se trata de una caída de 75% de la población, con la estimación de Von Wobeser, y de 90% siguiendo a García, para el caso de los oriundos de Mesoamérica.

Junto con las enfermedades, Mesoamérica sufre una invasión de plantas y animales traídos por los españoles. Además de acelerar los contagios, por la ahora obligada convivencia con estos animales, la agricultura local se vio seriamente trastornada para abrir espacio a vacas, borregos, puercos y gallinas, además de trigo, ajo, cebolla, caña de azúcar, etcétera.[26]

El efecto combinado de vacas y bichos fue diferenciado. Las costas quedaron prácticamente abandonadas, porque, además de las epidemias mencionadas, llegó con los europeos la malaria, que seguiría matando gente en las costas hasta inicios del siglo XX. Buena parte de Campeche quedó deshabitada, lo que permitió una recuperación de vegetación notable. Por el contrario, vacas y ovejas pudieron aprovechar los pastos que hasta entonces no se usaban, lo que llevó no solo al gran crecimiento de los hatos, sino a la destrucción de ecosistemas, como por ejemplo en el Mezquital.[27]

Por otra parte, para el manejo de animales, especialmente vacas, los indios no resultaron muy buenos, de forma que los españoles preferían traer esclavos negros, igual que lo hacían para las labores domésticas. En las minas ocurría al revés: los locales resultaban mucho mejores que los africanos. Aunque la llegada de estos a Nueva España es considerablemente menor que la ocurrida en el Caribe, no fue algo pequeño.[28]

En parte, la importación de esclavos africanos era un intento de compensar la caída poblacional, pero por el costo se concentró en las actividades que comentamos.[29] Los indios se quejarán continuamente de los abusos que sobre ellos cometen estos africanos, que llegan a posiciones de cierto poder relativo (capataces, domésticos) y lo aprovechan.

Además de la caída poblacional, muchos grupos de indios abandonaron sus tierras para moverse a los cerros, donde ellos podían seguir cultivando lo conocido, que no les servía a los españoles, quienes necesitaban terrenos planos. Por la caída poblacional, sumada a esta huida a los cerros, las autoridades intentan juntar a los sobrevivientes para no quedarse sin mano de obra y para continuar con su obligada evangelización. A eso se le da el nombre de congregaciones.[30]

Aunque en teoría comienzan en 1530, en realidad habrá un gran esfuerzo de congregar hacia 1565, que se detuvo porque las tierras que dejaban los indios eran ocupadas por españoles. Sin embargo, la caída poblacional continuaba y para 1593 se elaboró un programa oficial para consumar la idea. Dice Bernardo García: «Con el apoyo de un equipo de ejecutores que estudió caso por caso con eficiencia ejemplar, el programa logró sus metas de manera relativamente ordenada hacia 1605».[31]

A mediados del siglo XVI había cerca de 1 000 pueblos (*altepeme*) que incluían además comunidades sujetas a ellos. La mitad estaba en encomienda, pero otros ya estaban bajo el control de corregidores, que fue el instrumento que implementó la Corona para eliminar las encomiendas sin perder el control. Dos terceras partes eran atendidas por los frailes y el resto dependía del clero secular.[32] Esta proporción irá cambiando conforme se reduce la población indígena y aumentan los inmigrantes europeos, cuyas comunidades serán atendidas por los seculares. Como hemos visto, para fines del siglo la disputa entre ambos grupos será ya abierta.

Más que plata

Así como la historia de los bondadosos frailes y los malvados conquistadores es, al menos en parte, una creación de los cronistas de la época, ellos mismos frailes o partidarios, las leyendas sobre la economía deben también revisarse. Primero, los españoles no llegaron a un paraíso terrenal en el cual fueron ellos quienes sembraron la discordia, la desigualdad y la pobreza. Llegaron a una región con múltiples grupos, todos ellos profundamente desiguales a su interior, y en la que recientemente uno de esos grupos había logrado dominar a varios otros con base en la violencia.

Segundo, no está claro que la violencia ejercida por los españoles haya sido peor que la que antes sufrían múltiples grupos por parte de los mexicas. Lo que más nos molesta hoy, el aperreamiento, no sé si haya sido un castigo peor que la extracción del corazón, estando todavía vivo, en medio de un sacrificio. Dudo que alguien lo sepa.

Tercero, no hay en los españoles interés alguno en acabar con los indios. Por el contrario, lo que buscan es vivir de su trabajo, y en ello no creo que haya una diferencia muy grande con la forma en que vivían, antes de su llegada, los nobles de cada grupo o la familia «imperial» mexica. La facilidad con la que ahora se utiliza la palabra *genocidio* lleva a académicos a suponer que algo así ocurrió en el encuentro de europeos y mesoamericanos. No creo que puedan demostrarlo. Lo que sí hubo, especialmente en las primeras décadas, fue esclavitud, que, aunque estaba prohibida, tenía la excepción de aquellos capturados en guerra, que fue utilizada arbitrariamente para obtener trabajo forzado.[33]

Sin embargo, lo más frecuente fue el aprovechamiento de los españoles de las estructuras ya existentes, especialmente de parte de aquellos que tuvieron la suerte de obtener una encomienda o, años después, alguna merced real. El tributo que antes cosechaba la Triple Alianza, o quien haya sido *tlatoani* en la región, y que ahora debía enviarse a la Corona, esta lo cedió a los encomenderos, que podían vivir a cuerpo de rey.[34]

Aunque lo que más se recuerda de la época es la extracción de oro y plata por parte de los españoles, esta imagen debe moderarse mucho. Por un lado, después del saqueo original de metal precioso que ya los pueblos indígenas tenían, Nueva España produjo relativamente poca plata (y mucho menos oro) durante un siglo entero. Es hasta mediados del XVII cuando los flujos hacia España empiezan a ser importantes y, como veremos después, son muestra más de la riqueza de Nueva España que de la codicia española.

Por otra parte, visto en el largo plazo, la presencia de los europeos produce un cambio muy acelerado. De pronto hay propiedad privada, hay mercado, hay circulación de dinero y con ello trabajo asalariado. De golpe, una economía propia de la Edad de Bronce salta hasta lo que algunos llaman capitalismo comercial.[35] No es solo la plata, aunque haya sido el producto más exportado. Es también la grana (cochinilla) y, por un breve período, incluso la seda.[36] Junto con esos productos de exportación se desarrolla un mercado interno que desde 1573 se complementa con el comercio asiático. En unas cuantas generaciones, Nueva España cuenta con una economía diversificada, integrada al comercio global, con actores relevantes, y no es nada más una «colonia» de la que se extrae oro y plata, como veremos a continuación.

Decíamos que las exportaciones de oro y plata, el principal objetivo de los españoles, se redujeron notablemente después del saqueo de lo que ya existía. Las primeras minas se empiezan a explotar desde 1530, pero su producción no es comparable con lo que se obtiene en Perú (Potosí).[37] Aunque para 1548 se descubren vetas muy ricas en Zacatecas, por el resto del siglo, y hasta mediados del XVII, Nueva España no compite con Perú.[38]

De acuerdo con los cálculos de Te Paske, entre 1591 y 1650 Perú envía a España poco más de noventa millones de pesos de a ocho (lo que también

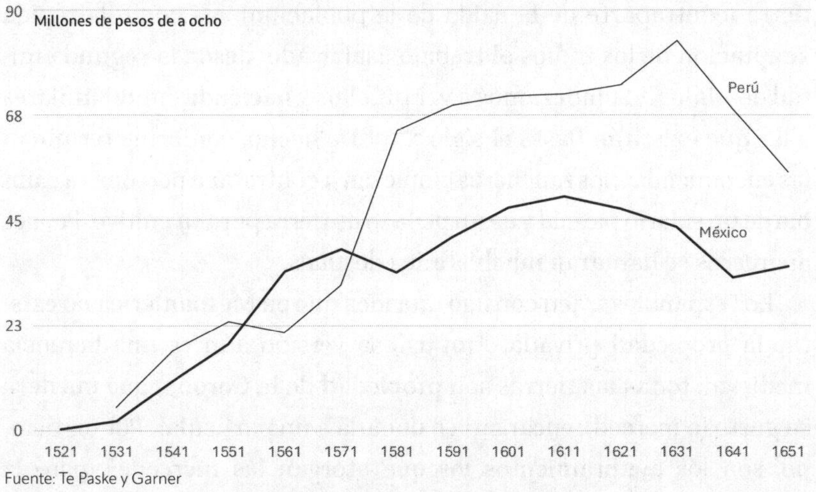

Figura 2.1. Envíos de plata a España

se llamó *peso fuerte*, o *dólar español*, cuyo símbolo original es el que hoy usa el dólar estadounidense [$] y equivale aproximadamente a 27.5 g de plata pura). En ese mismo período, Nueva España envió poco más de 41 millones, pero transfirió poco más de 13.5 millones a Filipinas, para un total de 55 millones de pesos de a ocho. En el siguiente siglo, los números se invierten. De 1651 a 1749, Perú solo envía 21.4 millones, mientras que Nueva España genera 73.3 millones, 58.3 de ellos enviados a España.[39]

Por cierto, estas cantidades de dinero, en metales preciosos, que correspondían al quinto real (es decir, la quinta parte de la producción, que la Corona cobraba como derecho), solo durante el siglo XVI tienen importancia para España. Con base en los datos que ya mencionamos, Arroyo Abad y Van Zanden estiman que, en 1600, los envíos de oro y plata desde América representaban cerca de 7% del PIB de España, pero apenas 3% para 1650, y hacia 1700 eran casi irrelevantes.[40] Después será distinto, pero lo veremos más tarde.

La gran transformación, sin embargo, es que hay que cubrir las necesidades de quienes trabajan en las minas, y se van creando ranchos y haciendas para ello. Además, tener tierras es algo que aún es atractivo para los españoles, que al final siguen asociando la propiedad de la tierra con la nobleza y el honor.[41] Aprovechando la abundancia de tierra (contraparte de la caída de la población), así como la rápida adaptación de los indios al trabajo asalariado, desde la segunda mitad del siglo XVI empezamos a ver ranchos y haciendas muy similares a las que existirán hasta el siglo XX.[42] De hecho, conforme terminan las encomiendas, los rancheros empiezan a contratar a personas a cambio de un salario parcial y de un pedazo de tierra para su cultivo. Peones aparceros se llamarán muchos años después.[43]

Los españoles traen consigo una idea que en Mesoamérica no existía: la propiedad privada. Aun así, su versión aún es una herencia medieval: todas las tierras son propiedad de la Corona, que puede, a su gusto (o merced), encargarla o donarla a un particular. Por un tiempo, son los ayuntamientos los que otorgan las mercedes, pero la Corona los desplaza rápidamente.[44]

Por otra parte, crece un grupo de personas que, ya sea de esas mismas haciendas o del comercio, tienen los recursos para financiar la actividad minera. Puesto que la nueva tecnología (amalgama en patio) requería grandes cantidades de mercurio, que debían importarse de España (y por un tiempo de Perú), las necesidades de financiamiento no eran menores.

Paulatinamente, los encomenderos son reemplazados por los hacendados, pero también por comerciantes, que se convertirán en los financieros de los mineros y en el centro del poder en Nueva España.[45] En 1561, un grupo de esos comerciantes solicita a la Corona la creación de un consulado, una corporación de comerciantes, como había en algunas ciudades españolas.[46] Para 1580, este grupo ya era el principal financiador de los centros mineros y finalmente, en 1592, Felipe II dio su licencia al Consulado de México.[47]

En 1565, Andrés de Urdaneta logra encontrar el camino de regreso (tornaviaje) de Filipinas hacia México, viajando al norte de California y costeando desde ahí hasta Acapulco, un recorrido de cuatro meses, pero que permite establecer un viaje anual desde Nueva España. La Nao de China, o Galeón de Manila, se convertirá en un «episodio único en la historia del comercio global».[48] Los comerciantes chinos llevaban seda y porcelana a Manila, donde la intercambiaban por la plata americana. Este comercio, sumado a la caída poblacional que ya comentamos, prácticamente destruyó la incipiente industria de la seda en Nueva España, iniciada por Cortés.

Formalmente, Nueva España se hará cargo de Filipinas y será responsable de financiar la operación de su gobierno, mediante el pago conocido como *situado*, que es justamente a lo que corresponden los flujos de plata que comentábamos antes.[49] Ahora bien, el comercio con Asia provocará una gran transformación en Nueva España. Por un lado, lo que Dobado llama la «revolución del consumo»,[50] haciéndose eco de la manera en que Vries califica el período de los siglos XVII y XVIII a escala global, la revolución industriosa: una revolución en el consumo que no necesariamente se refleja en una transformación industrial.[51]

Por otro, las riquezas que ese comercio producía, así como las que provenían del comercio entre Nueva España y Perú, se convirtieron en un objetivo de la Corona. En 1582, Felipe II prohíbe el comercio entre Perú y Filipinas, así como la venta de productos asiáticos en Perú. En 1589 se impone la alcabala a las mercaderías que llegaban a Acapulco.[52] En 1607 se reduce el comercio entre Nueva España y Perú a solo dos navíos (de los tres iniciales), prohibición reiterada en 1620, y para 1634 lo que se prohíbe es el comercio entre los dos virreinatos.[53] Lo interesante es que poco se acatan las órdenes de la Corona, e incluso los virreyes intentan convencer al rey de buscar otras salidas.[54]

En un artículo muy reciente, Guido Alfani y Alfonso Carballo se atreven a estimar la distribución del ingreso entre los mexicas[55] y encuentran una desigualdad muy superior a la que en ese mismo momento había en Castilla, o la que se tiene estimada para el Imperio romano. Sin duda, mucho mayor que la que México viviría en otros momentos.

En términos de actividad económica, estimaciones recientes apuntan a un crecimiento notable en Nueva España durante este período. Entre 1550 y 1650, Nueva España habría duplicado el PIB por habitante, un crecimiento anual de 0.7%, no muy común en esa época en ninguna parte del mundo. Perú, por ejemplo, crece a un ritmo menor, 0.5% anual, mientras que Castilla tiene una contracción.[56] El crecimiento económico importante, propio de la era moderna, ocurrirá en el siguiente período, como veremos.

Domar al jaguar

En 1521 cayó Tenochtitlan y Cortés pudo mantener buena parte de los tributos que esa ciudad cobraba. Sin embargo, la «conquista» de Nueva España es un proceso mucho más largo que eso. La ocupación de Yucatán, encabezada por la familia Montejo, ocurrió de 1529 a 1546.[57] La brutal conquista de Michoacán, y de ahí hacia el norte, fue encabezada por Nuño de Guzmán, a quien se le concedió el privilegio de formar un gobierno separado: el reino de Nueva Galicia, en 1531.

Resultado de la violencia de Nuño de Guzmán, ocurre la llamada Guerra del Mixtón (1540-1542), posiblemente el enfrentamiento más violento del período.[58] Más al norte no se pudo replicar el poblamiento de lo que llamamos Mesoamérica, sino apenas establecer algunas fundaciones, que se mantuvieron amenazadas por los llamados chichimecas durante todo el siglo XVI.[59] En toda la región se instalan presidios, pequeños fuertes que permitían cuidar los caminos.[60]

En 1562 se crea una nueva gobernación, Nueva Vizcaya, en lo que hoy es Durango.[61] En cierta forma, se convertirá en el obstáculo para que Nueva Galicia alcance el desarrollo suficiente como para considerar una vida independiente, como lo veremos después.[62]

Ya hemos hablado de la importancia que tuvo Antonio de Mendoza, primer virrey de Nueva España. Ocupó el cargo de 1535 a 1550, cuando fue reemplazado por Luis de Velasco, quien también fue virrey por largo tiempo, hasta su muerte en 1564. Le sucedió Gastón Peralta, marqués de Falces, quien duró poco en el cargo, tal vez debido a la presión que desde 1563 había ejercido la Corona para incrementar la recaudación, lo que provocó disturbios, y la llegada de un visitador en 1567, quien destituyó al marqués y lo envió a España, donde fue reivindicado, o tal vez porque le toca enfrentar la primera conspiración novohispana, como veremos.[63]

El cuarto virrey, Martín Enríquez de Almansa, fue también longevo en el cargo, que ocupó de 1568 a 1580. Con la excepción de Falces, quien duró un año en el cargo, los demás están entre los más longevos en el virreinato, y entre ellos suman más de cuarenta años dirigiendo los destinos del nuevo reino en construcción. Nueva España no era una *colonia*, especialmente con el sentido que le damos a ese término a la luz de los «imperios coloniales» que comenzaron en el siglo XVIII. Estrictamente, tampoco fue un reino equiparable a Nápoles o Sicilia, ni mucho menos a Aragón o Castilla, pero eso lo comentaremos más adelante.[64]

Este reino en construcción de Nueva España tenía tres implicaciones para la España que también estaba en construcción. Por un lado, fue, junto con Perú, la fuente de recursos que Carlos y Felipe necesitaban para cumplir con su papel de líderes de Europa y adalides del catolicismo. En segundo lugar, y debido a ese papel religioso, había una obligación de evangelizar que, si no se cumplía, ponía en entredicho la legitimidad con la cual España se había hecho del continente. Finalmente, para la Corona era de la mayor importancia evitar que hubiese tentaciones independentistas, pretensiones de monarquías locales, movimientos utópicos o cualquier otra cosa que pusiese en riesgo los nuevos dominios.

En consecuencia, lo que esos virreyes deben hacer es pastorear la nueva construcción política cumpliendo las tres obligaciones: enviar recursos, promover la evangelización y evitar disturbios. Ya comentamos el sabio proceder de Mendoza frente a las Leyes Nuevas, que evita una rebelión franca, como la ocurrida en Perú, y el desempeño de Luis de Velasco, casi igualmente bueno. El tercer virrey, Falces, duró poco en el cargo, tal vez por lo comentado antes, pero también debido a que a él le toca desarticular un evento similar al de Perú años antes: un grupo de hijos de conquistadores que tiene la ocurrencia de separarse de la monarquía para crear su propio lugar. La conjura fue organizada por Gil González de Ávila y Alonso de Ávila, quienes aseguraban que era dirigida por Martín Cortés, hijo del conquistador. Hubo dos hijos de Hernán Cortés del mismo nombre: el que tuvo con Marina y este, el heredero, marqués del valle de Oaxaca. En realidad, todo indica que no estaba involucrado, pero su carácter de *junior* facilitó que usaran su nombre. El nuevo virrey acabó con la conspiración, envió a Martín Cortés a España para que fuese procesado y ejecutó a los Ávila.[65]

Ya en tiempos de Almansa, cuarto virrey, en 1575, seguramente presionado por la bancarrota de las finanzas en España, Felipe II decide implantar en Nueva España la alcabala, un impuesto de 2% al movimiento de bienes.[66] Además de ello, y también como resultado de la Junta Magna del Consejo de Indias, se establece la Inquisición, en 1571, y la primera casa de los Jesuitas, en 1572.

El quinto virrey fue Pedro Moya, además arzobispo, quien estuvo un año en el cargo, pero le tocó llevar a cabo el tercer concilio provincial.[67] Le sucedieron, por cinco años cada uno, Álvaro Manrique de Zúñiga y Luis de Velasco hijo, que dieron fin a la guerra con los chichimecas. Con ellos prácticamente llega a su fin el gobierno de Felipe II.

No continúo la lista de virreyes, pero sí es necesario mencionar a Diego Carrillo de Mendoza y Pimentel, quien ocupó el cargo entre 1621 y 1624 y es conocido como el marqués de Gelves, porque fue en ese tiempo que el conde-duque de Olivares impulsó sus reformas en España (que comentamos en el capítulo anterior). Gelves las intentó aplicar sin tacto alguno, provocando que las «fuerzas vivas» de la época se lanzaran en su contra: la audiencia, el cabildo de Ciudad de México, el Consulado, la jerarquía eclesiástica. El conflicto llegó a su punto máximo cuando Gelves se enfrentó con el arzobispo, a quien pretendió apresar y enviar a España. El arzobispo lo excomulgó y ocurrió un tumulto en la ciudad que terminó con el incendio del Palacio Virreinal. La audiencia decidió deponerlo y el arzobispo incluso se declaró virrey. La llegada de Rodrigo Pacheco, decimoquinto virrey, terminó con el sainete. El arzobispo fue retirado, Gelves se convirtió en virrey por un par de días (para enfatizar el poder real) y finalmente regresó a España.[68]

Este encontronazo dejó claro que Nueva España no era una dependencia cualquiera. Había ya poder local. O, más bien, poderes en competencia, pero locales.[69]

Y es que en el transcurso del siglo XVI van llegando a Nueva España nuevos inmigrantes, que no son descendientes de los conquistadores y por lo tanto no son encomenderos. Además crece el número de los nacidos en Nueva España con raíces europeas.[70] Esto produce nuevas relaciones. Por ejemplo, mientras que los frailes están encargados de atender a los indios, para los europeos eso corresponde al clero secular, por lo que, conforme crece el número de pobladores, se hace más necesaria la presencia de estos últimos, y eso ocurre conforme la población indígena disminuye, lo que hace menos necesarios a los frailes.[71]

Algo similar les ocurre a conquistadores y encomenderos, que paulatinamente van perdiendo presencia. Bernardo García sugiere que su gran error fue no crear una corporación, como sí lo hicieron los comerciantes. En esa época corporativa, la defensa individual estaba condenada al fracaso.[72]

Conforme pasa el tiempo, y crece el número de nacidos en Nueva España, empieza a ser importante la diferencia con quienes llegan de Europa, especialmente aquellos que solo lo hacen por un tiempo. Son diferencias que tienen que ver con la alimentación (por ejemplo, la adopción del maíz), pero también con la religión. Es entonces cuando se presenta una competencia entre dos lugares de adoración en la zona del Tepeyac, uno dedicado a la Virgen de los Remedios, el otro a la de Guadalupe. Aunque en su origen esta diferencia parece haber estado asociada a castellanos frente a extremeños, con el tiempo la primera se convirtió en la virgen de los españoles y la segunda de los criollos. Fue Montúfar, el segundo obispo, dominico, quien en 1555 adoptó el santuario de Guadalupe, todavía como lugar de adoración indígena, sin que hubiese aún referencia alguna a las apariciones; ya hablaremos más de esto.[73]

No parece haber existido conflicto racial alguno en esa época entre criollos y mestizos, pero sí con los negros y mulatos, más por sus labores como capataces y domésticos, lo que les daba privilegios.[74] Sin embargo, durante este período hay una continua discusión acerca de la mezcla de españoles e indios. Por un lado, los frailes continuaban con sus ideas utópicas de los indios y el riesgo que implicaba acercarlos a españoles. Las Casas incluso llegó a crear una provincia especial, Vera Paz, ubicada entre Yucatán y Guatemala, para aislar a sus «perpetuos infantes». Fracasó, como era de esperarse. De esta discusión viene la idea de las dos repúblicas, la de indios y la de españoles, que fue tema de amplios argumentos de tratadistas, y en los hechos era la forma en que los pueblos indios se mantenían separados de aquellos de españoles, ambos con su cabildo, pero el de indios además con su gobernador, el cacique.[75]

Los pueblos de indios paulatinamente se incorporaron en los circuitos económicos novohispanos. Muchos de ellos se formaron mediante el proceso de congregación, a través del cual se agrupaban personas de muy diversos *altepeme* y *calpultin*, y si acaso mantenían alguna referencia mesoamericana, pero antecedida del nombre de algún santo, como hasta la fecha se siguen llamando muchos de ellos.[76]

• • •

En este siglo, de 100 o 120 años, se construyeron simultáneamente España y Nueva España. La primera transitó de varios reinos medievales a un reino que suelen llamar renacentista, porque va dejando atrás las estructuras corporativas y el consenso de los gobernados, pero no es todavía un Estado moderno, con un aparato burocrático impersonal. La segunda, Nueva España, vivió un proceso muy diferente.

En estas décadas perdió entre 70 y 90% de su población, y pasó de golpe de sociedades propias de la Edad de Bronce a esa premodernidad española. En ese tránsito, lo que llegó de España tuvo que transformarse: la religión, la propiedad, el gobierno.

Nueva España no era una *colonia* española, en el sentido que hoy le damos a esa palabra. Tampoco lo era formalmente: era un reino más de los asociados a Castilla. Sin embargo, en los hechos, eso no era totalmente cierto. No era ninguno de los dos.

Al menos en parte, la población perdida (esencialmente debido a los bichos y las vacas) se compensó con la llegada de españoles buscando fortuna y de africanos esclavizados. En este siglo, muchos de ellos se transformaron en algo distinto: novohispanos, americanos, mexicanos.

SEGUNDO SIGLO
Convivencia (1648-1763)

En 1648 termina la guerra de los Treinta Años con la paz de Westfalia. Culmina ahí la época de los reyes medievales, es decir, aquellos que requieren legitimidad divina, pero también consenso de su pueblo. No me refiero con ello a algo parecido a la democracia, sino al consenso de los grupos corporativos que definían entonces a la sociedad. A partir de ese momento, esos grupos corporativos irán perdiendo terreno frente a un nuevo grupo social: la ciudadanía. No fue un evento inmediato ni universal, fue un proceso que tuvo un ritmo diferente en distintos lugares, pero que implica la transformación a lo que llamamos *modernidad*.

Podríamos tomar otra fecha. Por ejemplo, la ejecución de Carlos I de Inglaterra, en 1649, que dará lugar al único «jefe de Estado» no miembro de la realeza que ha tenido ese país, Oliverio Cromwell, lord Protector de 1653 hasta su muerte, ocurrida en 1658. O la rebelión de La Fronda, las guerras civiles francesas que comenzaron en 1648 y terminaron en 1653, con la derrota de los levantados y la confirmación de Luis XIV en el poder (que tenía 15 años cuando terminaron las guerras).

Como es evidente, es precisamente alrededor de 1648 cuando se recompone Europa. El Imperio está derruido, España sumamente débil e Inglaterra y Francia en el proceso de consolidación de la nueva forma de gobierno. En el primer país, con la preeminencia del parlamento; en el segundo, con un rey que ya no depende del consenso de sus gobernados: el Estado es él.

Pero también en Nueva España, el año de 1648 es de gran importancia. Es entonces cuando se publican, por primera vez, las narraciones de las apariciones de la Virgen de Guadalupe, que triunfa sobre su contrincante, la Virgen de los Remedios, y con ello les da símbolo y sentido a los americanos, como veremos.

3
El derrumbe de España

El motor de España durante los siglos XV y XVI fue Castilla, la región más poblada y la más rica, que se encarga de la reconquista, de las expediciones a América y de sostener los esfuerzos de Carlos y Felipe en su intento de ser líderes de Europa y adalides del catolicismo. En esto último contó con el oro y la plata de América, pero ese flujo se fue secando y, al sumarse a la catástrofe demográfica de Castilla, y a su menor importancia económica, puso a España en una situación difícil.

Ya veíamos que esto era evidente desde 1575, con la segunda bancarrota de Felipe (aunque la primera se debió a Carlos, pero le tocó a Felipe en sus primeros años), que se agrava con el intento de enfrentar a Isabel de Inglaterra. Al cierre de su reinado, Felipe sufre la tercera bancarrota (1596). La menor capacidad de sus herederos no ayuda en nada, aunque hay que decir que los problemas de Castilla eran estructurales y tardarán más de un siglo en resolverse. Felipe III y Felipe IV poco hacen para enfrentarlos, y es curiosamente bajo el reinado de Carlos II, el más incapaz de todos, que España deja de caer, e incluso puede hablarse de una pequeña recuperación.[1]

Las guerras

Las guerras de España preceden al período que analizamos, pero preferí incluirlas aquí, porque me parece que son más útiles para comprender el siglo que se inicia en 1648. Como veíamos antes, Carlos I y Felipe II colocarán a España como el país más importante de Europa. Esto no se debió directamente al oro y la plata de América, como se suele pensar. En realidad, Castilla, el gran motor de España en esa época, era realmente una región poderosa, apenas superada por algunas zonas de Italia, o por Flandes y Borgoña. Curiosamente, también de esas regiones eran soberanos Carlos y Felipe, de forma que, aun sin los metales americanos, podían aspirar al predominio. Ciertamente, mucho ayudó el poblamiento de América y la obtención de recursos. No solo para gastarlos, sino para «hipotecarlos», es decir, para conseguir créditos respaldados por envíos futuros.[2]

Pero esos envíos, como también hemos visto, se van reduciendo a fines del siglo XVI y sobre todo a inicios del XVII, conforme se agota el Potosí (Perú), y Nueva España todavía no puede compensarlo. Es importante insistir en que el oro y la plata americanos no eran el ingreso más importante de la Corona, ni cerca de ello. Eran un ingreso adicional, sumamente útil para las guerras, y fueron garantía de créditos, como decíamos, pero frente al hundimiento de los ingresos normales, es decir, los impuestos de los reinos europeos, destacadamente Castilla, lo de América simplemente no alcanzaba.

La guerra más importante es la que libra España al querer asegurar el control de la «patria» de Carlos, que, desafortunadamente, decidió heredar a Felipe y no a Fernando. Hubiera sido mucho más lógico que los Países Bajos y Borgoña pasaran al Imperio, no solo por una cuestión geográfica, sino en especial por el tema religioso. Pero tal vez, precisamente por eso, Carlos prefirió que fuese su hijo quien cuidara su lugar de nacimiento.

Ya hablamos de la violencia desatada en los Países Bajos por el duque de Alba, en 1566, que puede considerarse el inicio de la guerra de los Ochenta Años. Como otras guerras que tienen nombre similar, en realidad no duró ese tiempo (la guerra de los Cien Años duró bastante más que eso, por ejemplo). Si tomamos ese año como referencia, y la paz de Utrecht (que fue parte de la paz de Westfalia de 1648), este conflicto duró 82 años, con períodos de grandes enfrentamientos, pero también años de paz. Como ha ocurrido con muchos temas y eventos que hemos mencionado, tampoco en estas guerras vamos a profundizar. Nos distraería del objeto de este libro.

Baste mencionar que este largo enfrentamiento, que en su etapa final forma parte de la guerra de los Treinta Años, tuvo como resultado la pérdida definitiva de los Países Bajos para España. Al final, se conformó una nueva nación: las Provincias Unidas de los Países Bajos, que es ya muy parecida a lo que hasta hace unos años en México llamábamos Holanda. Eso significa que hubo una ruptura de las 16 provincias que formaban parte de los territorios de Carlos y Felipe. Siete de ellas conformaron esa nueva nación, mientras que las otras nueve se mantuvieron como los Países Bajos españoles por un tiempo. Para 1714, Luxemburgo se anexó al Imperio y en 1830 estas provincias se convirtieron en Bélgica.

Aun antes de separarse, las provincias del norte ya eran una potencia económica, y lo serían por casi todo el siglo XVII. En 1602 se creó la Compañía de las Indias Orientales (conocida por sus siglas VOC en holandés), la primera sociedad por acciones en la historia. Para comerciar esas acciones, se creó la bolsa de valores de Ámsterdam, también la primera de la historia. El objetivo de la compañía era coordinar el comercio con Oriente, que en los hechos significaba la construcción de un imperio, pero no uno como el español, el cual, hemos visto, era un imperio geográfico, una especie de reedición del romano. El Imperio holandés es el primero de los imperios extractivos que Europa construirá en los siguientes tres siglos.

El objetivo inicial de la VOC fueron las islas Molucas, que fueron parte de un conflicto entre España y Portugal, e incluso Hernán Cortés intentó lanzar una expedición desde Nueva España para conquistarlas. Aquel conflicto se resolvió cuando Portugal aceptó pagar una suma a cambio de que Carlos reconociese su soberanía en las Molucas. Sin embargo, desde 1580 Portugal es un reino más de España, de manera que, cuando llegan los holandeses a las islas, y se quedan con ellas, resulta en un agravio adicional a la guerra que España libraba con los Países Bajos. Durante el siglo XVII, la VOC irá tomando el control del archipiélago que ahora conocemos con el nombre de Indonesia. Aunque la compañía desapareció a fines del siglo XVIII, ese país fue colonia holandesa hasta después de la Segunda Guerra Mundial.

Visto el éxito de la VOC, los Países Bajos crearon una nueva compañía, pero ahora dirigida a las Indias Occidentales, es decir, América. La WIC (también por sus siglas en holandés) se fundó en 1621, apenas tres meses después de la muerte de Felipe III y la ascensión de Felipe IV. A diferencia de la VOC, la WIC tenía como objetivo inicial el comercio de esclavos, que hasta entonces era controlado por los portugueses. Sin embargo, todavía Portugal era parte de España, y lo sería hasta 1640, de manera que también esta nueva compañía haría mella en el poder español.

Los primeros lugares donde se estableció la WIC fueron en lo que ahora son los Estados Unidos (Nueva Ámsterdam, hoy Nueva York, las costas de Connecticut, Delaware y Nueva Jersey) y Brasil (Recife). Para controlar el tráfico de esclavos, se ubicó en África, en lo que ahora son Ghana, Benín y Angola. Poco después, ocupó Curazao y Aruba, en el Caribe. El control de los mares por parte de los neerlandeses no fue algo menor. Incluso llegaron a capturar la flota de Nueva España en 1628, con lo que pudieron financiar la ocupación de Brasil que mencionamos, además de saquear con cierta frecuencia los puertos de la América española, tanto en el Caribe como en el Pacífico, e incluso el puerto de Veracruz.[3]

Además del conflicto entre España y los Países Bajos, en 1618 dio inicio la guerra de los Treinta Años, que es el conflicto más violento que ha sufrido Europa, en proporción a su población, hasta la Segunda Guerra Mundial. Se estima que murió cerca de la mitad de la población del Imperio durante la serie de conflictos que se agrupan bajo ese nombre.

El origen de esta guerra también hay que atribuirlo al deterioro de los Habsburgo, como es el caso de la decadencia española. Como ya hemos visto, el Sacro Imperio era algo muy complicado de gobernar, y no se parece en nada a las naciones modernas. Era un conjunto de principados, ducados y territorios que tenían poco en común, más allá de la subordinación que cada uno de los gobernantes locales asumía frente al emperador. Ya también comentamos que este puesto no era hereditario, estrictamente hablando, sino que dependía del voto de siete personajes, cuatro príncipes y tres obispos.

Cuando se inicia la reforma, prácticamente al mismo tiempo que Carlos busca heredar el trono de su abuelo Maximiliano I, crece la dificultad de mantener unido al Imperio. El crecimiento de los grupos protestantes, y el respaldo que algunos gobernantes locales les ofrecen, implica enfrentamientos internos, como fue el caso de la guerra de Carlos contra la liga de Esmalcalda, mencionada ya. En el proceso de heredar sus posesiones, Carlos encargó a Felipe con España (que incluía a América) y los Países Bajos, lo que, ya veíamos, fue una mala idea. A su hermano Fernando le dejaba el Imperio, y además el reinado directo en Austria, Bohemia y Hungría. A su vez, se anulaban todas las ligas entre príncipes, salvo la de Suabia, que se transformó en la Liga Imperial, para asociar todas las regiones del Imperio al control de los Habsburgo. Al hacerlo, Carlos permitió que todos esos príncipes pudieran unirse en su contra, haciendo uso del Reichstag, una especie de parlamento creado en 1490 por Federico III y Maximiliano I. El resultado fue la Rebelión de los Príncipes, en 1552, que pudo contenerse con la paz de Augsburgo en 1555, en la cual se establece el criterio *cuius regio, eius religio*, es decir, la religión de una región debía ser la que eligiese su soberano.[4]

En 1560, el elector del Palatinado se convirtió al calvinismo. Brandemburgo, la tierra de los Hollerzollern, se había convertido al luteranismo desde hacía veinte años. Por lo tanto, la decisión de Bohemia de mantenerse católica era de gran importancia. De otra manera, tres de los siete electores serían protestantes y se ponía en riesgo el catolicismo del Imperio.

Rodolfo II, emperador del Sacro Imperio desde 1576, era un personaje extraño, por decir lo menos. Posiblemente sufría de bipolaridad y jamás quiso casarse. Como usted ya lo sabe, eso ponía en riesgo la dinastía, aunque teóricamente el cargo de emperador no fuese hereditario. Después de la Guerra Larga (1593-1606) contra los turcos, el Imperio tuvo que declararse en bancarrota y con ello creció la preocupación por la sucesión de Rodolfo.

Su hermano Matías, con el apoyo de España, hizo todo lo posible por quitar a Rodolfo y ello implicó que ambos, para sostener su disputa, tuvieran que entregar concesiones a los príncipes protestantes. En 1611, Rodolfo fue detenido en Praga y murió al año siguiente, con lo que Matías pudo convertirse en emperador.[5] Pero no solo era ya de edad avanzada (para la época, 55 años), sino que tampoco tenía hijos.

En mayo de 1618, cuando Matías estaba cercano a morir, la Dieta de Bohemia eligió como rey a Fernando, sobrino del emperador y potencial heredero del Imperio. Sin embargo, la mayoría en Bohemia no profesaba el catolicismo y, como el rey debía ser electo, decidieron ofrecerle el título a Federico V, del Palatinado. La amenaza de tres electores protestantes en el Imperio se hacía realidad. Matías envió dos consejeros a Praga para impedirlo. A su llegada, los consejeros fueron apresados por los calvinistas y lanzados por la ventana. Así se conoce el evento que detonó la guerra de los Treinta Años: «la defenestración de Praga».

Esta guerra sí dura treinta años, y en ella estuvieron involucrados prácticamente todos los países europeos, e incluso los turcos, que al inicio apoyaron a Federico V en su lucha contra el Imperio. En apoyo a este, durante los treinta años, estuvo España y, por algún tiempo, el papa y Polonia. En su contra, los Países Bajos desde 1621, Suecia y Francia poco después, y por algunos años incluso Dinamarca, Inglaterra y Rusia. Las regiones del Imperio a veces lo apoyaron y a veces lo desafiaron.

Como hemos dicho, la guerra termina con la paz de Westfalia, a partir de la cual se reconocen los Estados como entidades abstractas y ya no a los reyes. Por eso decíamos que aquí termina la etapa medieval, en lo que a la soberanía se refiere. A partir de entonces, veremos una creciente participación de los congresos, como contrapeso de los monarcas, en toda Europa. Claro, a ritmos diferentes. En Inglaterra, al año siguiente, con la decapitación de Carlos I y el ascenso al poder de Oliverio Cromwell pocos años después, el poder se concentra en el parlamento, que para 1688 será capaz de retirar a un monarca y reemplazarlo con otro. Ese nuevo monarca inglés, casado con Mary, hija de Jacobo II, es Guillermo de Orange (descendiente de aquel que perseguía el duque de Alba). Con «William and Mary», único caso de una pareja real en Inglaterra, se transfiere también la batuta del poder global de los Países Bajos a Inglaterra, que veinte años después se convertirá en Gran Bretaña, al fusionarse con Escocia.

Mientras que estos dos países, los Países Bajos e Inglaterra, resultan claros triunfadores del proceso, el Imperio es el gran perdedor. La parte norte, totalmente arrasada, tardará un siglo en recuperarse, y lo hará como un nuevo jugador: Prusia. La parte sur, los territorios de los Habsburgo, se convertirán en Austria y serán un jugador de bajo nivel desde entonces. Los nuevos participantes en la historia europea son Dinamarca, Suecia y Rusia.

Para nuestro tema, lo más interesante es que Francia y España no terminan la guerra junto con los demás. Como hemos visto, España estaba en guerra con los Países Bajos y, a pesar de una larga tregua, las hostilidades regresaron en 1621, ya con Felipe IV como rey de España. Hasta entonces, para poder atacar los Países Bajos, España hacía uso de algo que se conoce como el Camino Español, una ruta que permitía mover recursos humanos y materiales por territorios controlados por España o sus aliados. Se navegaba de Barcelona a Génova, se seguía por tierra hasta Milán, todo ello territorio español. Había que atravesar el ducado de Saboya para llegar al Franco Condado (Borgoña), y de ahí trasladarse a Luxemburgo y, finalmente, a los Países Bajos. Esa ruta se viene abajo durante la guerra de los Treinta Años, cuando Saboya decide aliarse con Francia. Hubo intentos por reemplazar la ruta, pero, para 1635, es claro que el camino se ha perdido. Viene entonces un ataque español desde los Países Bajos hacia Francia, que les permite llegar cerca de París, pero deben replegarse pronto ante las dificultades logísticas.

Ahora bien, al término de la guerra de los Treinta Años, Francia entra en un conflicto interno: la Fronda. Se le llama así a una rebelión de los nobles en contra de la Corona, que entonces tenía Luis XIV, quien contaba con 10 años en 1648. La regencia la llevaba su madre, Ana de Austria (hija de Felipe III de España). Tampoco es posible entrar al detalle en este evento, que llega a su fin en 1653 con el triunfo de los realistas. Luis XIV guiará su vida con el recuerdo de esa guerra y por eso mantendrá siempre bajo control a la nobleza. De hecho, para eso construyó Versalles, una mansión inmensa en la cual mantenía siempre a los nobles, bajo su atenta mirada, evitando que pudieran conspirar como lo habían hecho cuando era niño. Por eso su famosa frase: «El Estado soy yo», es decir, el rey con poder absoluto, sin depender del consenso de los nobles como había sido antiguamente. Insisto, ya son Estados modernos.

Cuando terminaba la Fronda, Inglaterra tuvo una primera guerra con los Países Bajos (1652-1654), pero para 1656 pudo aliarse con Francia para terminar con España, por lo que la guerra franco-española terminó en 1659. Como puede imaginar, con España totalmente inutilizada. Apenas seis años después muere Felipe IV y el trono queda en manos de Carlos II, el hechizado, de quien ya hemos hablado, así como de su incapacidad para gobernar, o siquiera para permitirle a alguien más hacerlo.

La crisis de Castilla

En estos años, el motor de España, Castilla, se viene abajo. Hay diversas razones que proponen los historiadores para explicar la crisis, pero no parece existir todavía consenso en cuanto a las causas: el inicio de la «pequeña edad de hielo», un par de brotes de peste y el rebrote de la Muerte Negra, la caída poblacional producto de guerras y emigraciones, una pésima política fiscal y el endeudamiento que venía desde el siglo anterior.[6]

Hay una caída en el comercio entre España y América, más allá de que el flujo de plata también se redujo. Entre 1600 y 1650, los envíos de plata caen en 25%.[7] Quien sostenía a la Corona era Castilla, gracias a su producción de lana y textiles, así como a una población de buen tamaño. La caída poblacional, junto con una gran migración a Madrid, que pasa de 30 000 habitantes en 1561 a 130 000 un siglo después, extrayendo recursos del campo, parece ser el factor más relevante, al que se agrega la mala política fiscal.[8]

Sin saber exactamente las razones, los resultados sí se conocen, en buena medida gracias a investigaciones recientes. Prados de la Escosura y Álvarez Nogal han estimado tanto la población como el comportamiento de la economía, con datos anuales, para un amplio período que se inicia en el siglo XIII y termina a principios del XIX.[9] De ahí extraigo la información necesaria para entender este período. En la primera figura aparece la población en la península y es muy claro el punto de inflexión en 1620. Cabe mencionar que la proporción de habitantes que vivían en las ciudades cae desde antes, a partir de 1580.

Entre 1460 y 1620, la población crecía a un ritmo de 0.2% anual, nada mal para la época. Sin embargo, entre 1620 y 1650 hay una caída de 0.4% cada año, lo que reduce la población en casi un millón de habitantes. La recuperación inicial es lenta, porque el crecimiento anual es

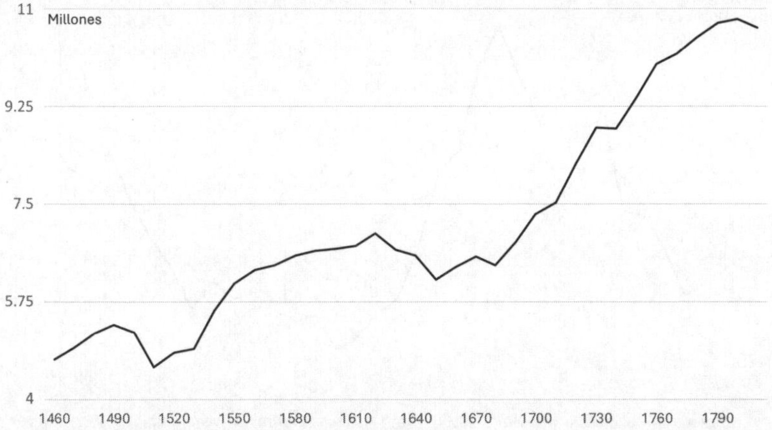

Fuente: Leandro Prados de la Escosura y Carlos Álvarez-Nogal, «Growth recurring in preindustrial Spain?», Cliometrica (2022) 16:215-241.

Figura 3.1. Estimación de la población en España, 1460-1800

de 0.3% hasta el año 1700. En el siglo XVIII, el crecimiento anual promedio es de 0.4 por ciento.

Puesto que la economía de entonces dependía mucho de la cantidad de personas, las consecuencias son considerables. La figura 3.2 muestra el PIB per cápita estimado por Prados de la Escosura y Álvarez Nogal.[10] Aquí, el punto de inflexión ocurre en la década de 1560, con la llegada de Felipe II. Antes de eso, el crecimiento había sido de 0.4% anual (que se suma al crecimiento poblacional que habíamos visto), para dar un crecimiento económico anual de 0.6%, uno de los más importantes del mundo en esa época. Desafortunadamente, los años de los tres Felipes son de una caída anual de 0.4% en el PIB per cápita, que toca fondo hacia 1650, y de ahí se recupera lentamente: 0.2% anual hasta 1760. Por eso la insistencia en que la época de Carlos II no fue de deterioro, fue una recuperación muy lenta después de una caída muy pronunciada.

La crisis de Castilla coincide con el inicio de una época excepcional en la economía europea. Antes de mediados del siglo XVI, el crecimiento económico era algo poco común. En el siglo XV, por ejemplo, España, Francia e Inglaterra promedian un crecimiento anual de cero y apenas los Países Bajos logran crecer algo: 0.1% cada año. En el siglo XVI, la

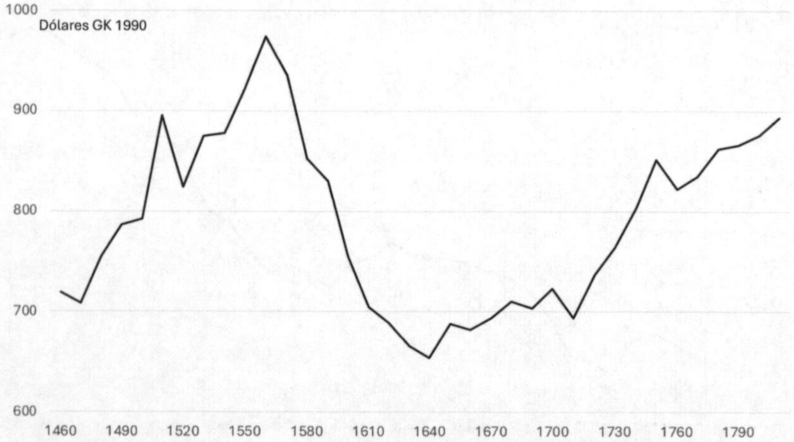

Fuente: Leandro Prados de la Escosura y Carlos Álvarez-Nogal, «Growth recurring in preindustrial Spain?», Cliometrica (2022) 16:215-241

Figura 3.2. Estimación del PIB per cápita, 1460-1800

monarquía hispánica se convierte en el país más poderoso de Europa, y tal vez del mundo, conforme se le incorporan los Países Bajos, América, buena parte de Italia, además de que solo en sus terrenos hay crecimiento económico, como puede ver aquí:

	España	Francia	RU	Italia	Países Bajos	Portugal
1451-1551	0.1%	-0.1%	-0.1%	-0.1%	0.5%	n.a.
1551-1651	-0.3%	0.2%	0.0%	0.0%	0.4%	0.0%
1651-1751	0.2%	0.1%	0.5%	0.0%	0.0%	0.5%

Fuente: Bolt y Van Zanden (2024)

Cuadro 3.1. Tasa de crecimiento per cápita, promedio anual

Sin embargo, alrededor de la crisis de Castilla, la bancarrota de Felipe y sus guerras cada vez menos útiles, España se contrae, mientras que otros empiezan a crecer. Es muy interesante el comportamiento de los Países Bajos, que se convierten en un motor económico a pesar de estar en continua guerra con España justamente en ese período. En menor medida, Francia también logra crecer. A partir de mediados del siglo XVII, justamente el período que cubrimos ahora, España tiene un crecimiento pequeño, tal vez ligeramente mayor que el de Francia, pero ya con una brecha importante entre ambos. La gran novedad será Inglaterra, que empieza a tener tasas de crecimiento de hasta 1% anual, para esa época, extraordinarias.

Así, la gran potencia del siglo XVI, bajo Carlos y Felipe, se convierte en un mero testigo de la historia moderna, es decir, de la iniciada en 1648 y definida en 1763.

Llegada de los Borbones

Como ya hemos comentado, Carlos II era débil y enfermizo, y no logró tener descendencia, de manera que había una gran preocupación acerca del futuro de España. Por esa razón, en 1696 Carlos II hizo un testamento en el que legaba el reino a José Fernando de Baviera, sobrino suyo e hijo del emperador Leopoldo I. En ese momento, José Fernando tenía cuatro, pero murió tres años más tarde, de viruela. Poco antes de la muerte del niño ya había problemas con los Austrias, que empezaron a pensar cómo repartirse los diversos reinos españoles. Aunque España no tenía ya mucha importancia, aún era la sede monárquica de América, de los Países Bajos españoles y de buena parte de Italia.

En marzo de 1700, frente a la inminente muerte de Carlos II y sin un sucesor definido, Inglaterra, Francia y los Países Bajos firmaron un acuerdo, conocido como el Segundo Acuerdo de Partición, en el que se dividían los reinos: España para Carlos de Austria; Guipúzcoa y todas las posesiones italianas para Francia. El emperador Leopoldo se opuso al tratado, porque quería tener toda la herencia para su hijo Carlos. Sin embargo, en octubre de 1700, Carlos II hizo un nuevo testamento, en el que elegía como sucesor a Felipe V de Anjou.

Aunque tanto Felipe de Anjou como Carlos de Austria eran biznietos de Felipe III, representaban a dos familias distintas, y no era un asunto menor quién tuviese el trono español. Para Inglaterra era muy

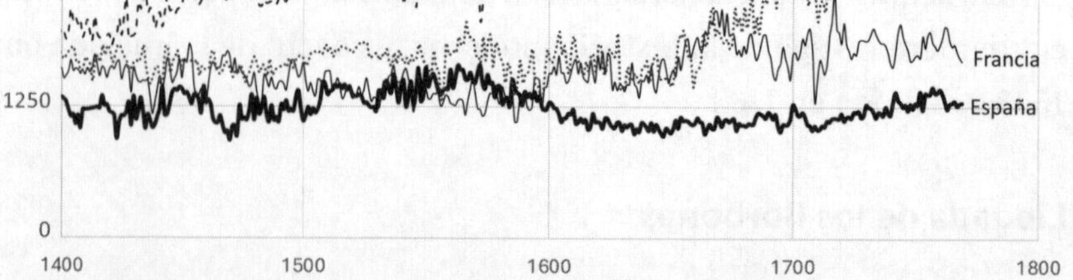

Fuente: Bolt, Jutta y Jan Luiten van Zanden (2024), «Maddison style estimates of the evolution of the world economy: A new 2023 update», Journal of Economic Surveys, 1-41. DOI: 10.1111/joes.12618.

Figura 3.3. Estimación del PIB per cápita, países seleccionados importante evitar que Francia, es decir Luis XIV, pudiese ampliar su dominio, de manera que se decidieron a apoyar a los Austrias. No lograron su cometido y en el transcurso de los siguientes años, en la llamada guerra de sucesión, se impusieron los Borbones. Del lado de Felipe estaba obviamente su abuelo Luis XIV, pero también Castilla, mientras que del lado de Carlos iban Austria, Inglaterra y Aragón. Es decir que, además de ser una disputa entre las nuevas fuerzas europeas, tuvo también su conflicto interno. Cuando Carlos se convierte en emperador, en 1711, los ingleses cambian su preferencia, pero no sin antes haber ocupado Gibraltar, que desde entonces es posesión británica. Esto será fundamental para la dominación marítima que Gran Bretaña ejercerá por los dos siglos siguientes.

La guerra de sucesión termina con la paz de Utrecht (1713). Además de perder Gibraltar, España debe renunciar a todas las posesiones en los Países Bajos e Italia, así como dar concesiones marítimas a los británicos, especialmente en el tráfico de esclavos.[11]

Para desgracia de España, los Borbones salieron igual de malos que los últimos Habsburgo, aunque sin la excusa de la endogamia extrema. La madre y abuela de Felipe V eran Austrias, hijas de Felipe IV y Felipe III, respectivamente, pero del lado paterno era otra familia. Igual, Felipe V salió abúlico y melancólico, al extremo de que prefirió abdicar cuando su hijo Luis alcanzó una edad razonable para ocupar el cargo, en 1724. Desafortunadamente, la viruela volvió a atacar a la familia y Luis murió antes de un año, de forma que Felipe tuvo que regresar a reinar y lo hizo hasta su muerte en 1746. Quitando el breve período de Luis, Felipe V gobernó España (es un decir) por más de 45 años.

Como había ocurrido con Carlos II, cuando gobernaron su madre y su esposa, con Felipe V serán la princesa de Orsini y su segunda esposa las que tomen el control del gobierno que el rey no sabe o no puede tomar. María Ana de la Trémoille, viuda en segundas nupcias del príncipe de Orsini, fue enviada por Luis XIV para cuidar de Felipe V, y ella promoverá el nombramiento de ministros que medio ordenen las finanzas durante la guerra de sucesión.

En 1714, a la muerte de María Luisa de Saboya, primera esposa de Felipe V, este se casa con Isabel de Farnesio, que en cuanto llega a España expulsa a la princesa Orsini y toma el mando del reino. Es ella quien promueve a los ministros que le darán cierta estabilidad a España, especialmente el último de ellos, el marqués de la Ensenada, que sobrevivirá al reinado de Felipe V.[12]

Lo sucedió su hijo Fernando VI, el único varón sobreviviente de su primer matrimonio (con María Luisa de Saboya), hermano del ya fallecido Luis. Lo primero que hizo Fernando fue deshacerse de su madrastra, Isabel de Farnesio, quien, como vimos, había ocupado mucho del espacio que Felipe V no llenaba. Puesto que el siguiente rey de España será Carlos III, hijo de Isabel, conviene hacer un paréntesis para hablar de esta familia tan importante durante el período de los Austrias. La familia Farnesio ocupó el ducado de Parma en el siglo XV y varios de sus miembros alcanzaron puestos muy relevantes. El más famoso, supongo, es Paulo III, el papa que tantas veces se enfrentó con Carlos I en su intento de equilibrarlo con Francisco I de Francia. Fue el papa que convocó al Concilio de Trento, como usted recordará. Era la época en que los papas tenían hijos, de forma que una de las ramas de la familia desciende de él. Uno de sus biznietos, Alejandro, hijo de Margarita de Parma (hija a su vez de Carlos I), fue uno de los militares más importantes para Felipe II, en Lepanto y en Flandes. Su hijo Ranuccio era el sucesor más próximo al trono de Portugal a la muerte del cardenal Enrique en 1580, pero, como vimos, quien se quedó con el reino fue Felipe, muy posiblemente gracias a que Alejandro Farnesio prefirió no enfrentarlo.

De esa familia proviene Carlos III, quien ocupará el trono a la muerte de Fernando VI, su medio hermano. Fernando gobernó durante 13 años y en los primeros ocho dependió del marqués de Ensenada, su secretario de Hacienda, quien promueve las primeras reformas orientadas a modernizar España en la lógica de lo que había hecho Luis XIV en Francia, y que llegarán a su pleno desarrollo con Carlos III, como veremos. Sin embargo, Ensenada terminó enfrascado en un pleito con un protegido suyo, José de Carvajal, que ocupó la Secretaría de Estado. Carvajal era más proclive a una modernización estilo británico, con libertad de comercio, y como parte de su encargo negoció con Portugal la ocupación de Brasil.

Como usted recordará, desde el Tratado de Tordesillas se había repartido América entre España y Portugal, usando como referencia una línea situada 370 leguas al oeste de Cabo Verde. Cuando ambos reinos son gobernados por los Habsburgo (1580-1640), los conquistadores portugueses consideraron que ese límite ya no era relevante. Cien años después, Carvajal negocia establecer nuevos límites, intercambiando territorio, para dar lugar al Brasil actual. El tratado se firma en 1750 e incluye la entrega a Portugal de una región donde los jesuitas habían construido comunidades utópicas al estilo de las que veíamos en Nueva España en el siglo XVI. Muy probablemente usted recuerda la película *La misión* (Ronald Joffe, 1986), que narra este episodio.

Como resultado de esa negociación, y de la destrucción de las misiones jesuitas, el conflicto entre Ensenada (projesuita) y Carvajal crece, y a la muerte de este, en 1754, Ensenada también es desplazado del gobierno. En 1758, cuando muere su esposa, Fernando VI pierde la razón, pero todavía seguirá vivo un año más. Es hasta 1759 cuando lo sucede Carlos III, su medio hermano, como hemos dicho, y quien impulsará de forma definitiva el proceso de cambio iniciado por Ensenada y que conocemos históricamente como las *reformas borbónicas*. Lo veremos en el siguiente siglo.

Es importante enfatizar la gran transformación que significa la llegada de los Borbones, aunque hayamos hablado de la desidia común a los Austrias menores y a los primeros de la nueva dinastía. La llegada de esta nueva familia, proveniente de Francia y respaldada por Luis XIV, implica el fin definitivo de la Corona que respondía al consenso de los Estados medievales, es decir, la nobleza, la Iglesia, las hermandades, gremios, cofradías, consulados. Ahora, todo el poder se concentraba en el rey, que no respondía a nadie más. Es lo que llaman *monarquía absolutista*. Esto, para Nueva España, será un grave problema en la segunda mitad del siglo.

4
La gran Nueva España

Para mediados del siglo XVII, Nueva España ya existe. No solo en nombre, que había sugerido Cortés en 1522, ni solamente como una extensión más de Castilla. Mucho más grande que la península Ibérica, conforme la población dejó de caer y la proporción de españoles se hizo mayor, Nueva España desarrolló una forma política propia, con una economía sólida que, frente al deterioro español, la colocó como la provincia más importante de toda la monarquía.[1]

En el período que ahora analizamos, 1648-1763, Nueva España es el centro del comercio con Asia, tiene una producción creciente de plata, ha logrado construir un mercado interno (muy complicado por cuestiones orográficas), pero, más importante, tiene una identidad propia, que podemos llamar «nacional», aunque sea un poco anacrónico. No demasiado, como veremos.

Todavía en los años previos, España había intentado sujetar su creación, incorporando los virreinatos americanos en las reformas impulsadas por el conde-duque de Olivares. Como vimos, la respuesta de los novohispanos, haciendo uso de las instituciones (audiencia, cabildo, arzobispado), pero también del motín popular, lo impidió, logrando incluso la expulsión del virrey, el marqués de Gelves.[2]

Veinte años después se repite el enfrentamiento entre el virreinato y España, ahora con las figuras de Juan de Palafox, obispo de Puebla, y el virrey, el conde de Salvatierra. Palafox había sido enviado a Nueva España como visitador y obispo de Puebla, junto con Diego López Pacheco, duque de Escalona, como virrey. Escalona era la persona de más alto rango que había llegado al virreinato, pero, prácticamente cuando llegaba, su primo Juan de Braganza se levanta en Portugal, lo que da inicio a la dinastía de ese apellido. Escalona fue pronto relevado y ocupó el cargo de virrey el obispo Palafox. Este, en el ánimo reformista del conde-duque de Olivares, se enfrentó muy pronto con las órdenes regulares, especialmente porque secularizó parroquias y obligó a los frailes a pagar los diezmos vencidos de sus haciendas. Cuando el pleito alcanzó a los jesuitas, el nuevo virrey, el conde de Salvatierra, se puso del lado de estos y finalmente lograron expulsar a Palafox de Nueva España, en 1649. Años después serán los mismos jesuitas los que obstaculicen la canonización de Palafox.

Para 1640, cuando Portugal comienza su separación de España y hay revueltas en Cataluña, Nápoles y Sicilia, queda claro que la monarquía ha perdido mucho de su poder. Seguirá como el centro, pero cada región o virreinato ganará autonomía.[3]

A mediados del siglo XVII, después de la caída demográfica de siglo y medio en América y la de medio siglo en España, la población en ambas partes se equilibra: había entre seis y siete millones de habitantes en los dos lugares. Para 1700, América casi duplica a España, y así seguirá durante todo el siglo XVIII.[4] En Nueva España, esta población ha empezado a tomar conciencia de sus diferencias con la península y, aunque mantiene su lealtad a la Corona y la religión, ya lo hace de manera diferente.

Economía

Mientras que la producción de plata en Perú empezó a caer en 1630, Nueva España se movió en sentido opuesto a partir de 1660. Es posible que esto ocurriera antes, pero desde España se había decidido que el mercurio que se producía en Huancavelica (Perú) se concentrara allá, e incluso el que se enviaba desde España se dirigía preferencialmente a ese virreinato.[5] En 1631 se descubrió plata en Parral, lo que provocó una mayor expansión minera en el norte, incluyendo Sombrerete, Álamos, Santa Rosa, Chihuahua, en las siguientes décadas. El caso de Bolaños (Jalisco) es importante, porque a partir de su descubrimiento en 1748 aportará casi 20% de la producción total de Nueva España en la siguiente década.[6]

De esta forma, Nueva España se convierte en el principal productor de plata del mundo, que además no solo exporta a España, sino a Asia a través del monopolio del comercio con Filipinas. Nueva España es «la joya más preciada de la Corona».[7]

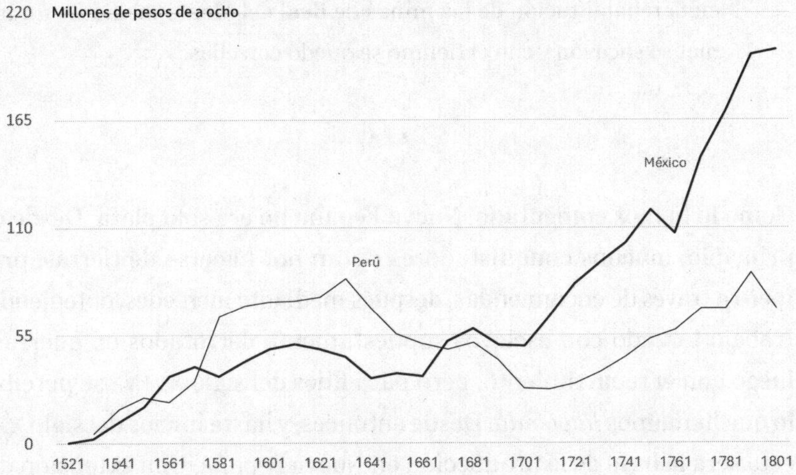

Fuente: Te Paske y Garner

Figura 4.1. Envíos de plata a España

El auge platero trajo consigo una nueva dinámica económica. Estos nuevos centros mineros se encontraban fuera de los territorios en que había indios sedentarios, por lo que hubo que atraerlos. Primero con repartimientos, sin duda, pero cada vez más mediante salarios atractivos, que, aunque parezca raro, no eran fáciles de cubrir para los empresarios. Para la primera mitad del siglo XVIII no faltan los conflictos laborales por esa razón.[8]

Por otra parte, la necesidad de mercurio para el beneficio del mineral, así como el capital de trabajo van a crear un mercado para el avío de las minas, que aprovecharán los hacendados y sobre todo los comerciantes acaudalados. Dice Mazín:

> Así surgió también una nueva clase de empresarios como los Fagoaga, quienes financiaron muchas explotaciones mineras. El representante más destacado fue Manuel de Aldaco, colaborador estrecho del minero más activo de la época, José de la Borda, quien extrajo plata de las minas de la Nueva España central, como las de Taxco, Sultepec y Tlalpujahua. Fue, sin embargo, Pedro Romero de Terreros el más acaudalado; como transportista, comerciante y "aviador" participó en la rehabilitación de las minas de Real del Monte mediante un inmenso socavón y con el tiempo se quedó con ellas.[9]

• • •

Como lo hemos comentado, Nueva España no era solo plata. Desde el principio, muchos conquistadores optan por hacerse de tierras, primero a través de encomiendas, después mediante mercedes, obteniendo trabajo forzado con esclavos supuestamente derrotados en guerras, luego con el repartimiento, pero para fines del siglo XVI ya se percibe lo que llamamos *hacienda*. Desde entonces, y hasta inicios del siglo XX, esta será la base de la producción en Nueva España. Una extensión de tierra obtenida de alguna de las maneras mencionadas, o por ocupación de lo que quedó vacío conforme desaparecían los pueblos gracias a las epidemias y al ganado, en la que trabajaban peones a los que se les otorgaba un pedazo de tierra para su propia producción o un salario, y a veces ambas cosas. Para mediados del siglo XVII, prácticamente todo el trabajo (salvo en las plantaciones, donde siguen existiendo esclavos) es de este tipo.[10] El crecimiento de este sector permitió tener una economía cada vez más monetizada y la aparición de manufacturas para su abasto.[11]

Las haciendas se ubicaron cerca de sus mercados: las ciudades y, a veces, las minas. Las plantaciones, donde el clima les era propicio. Paulatinamente, el paisaje de Nueva España se fue transformando. Las regiones centrales, con mayor población, y en las que se habían instalado en su mayoría los frailes, ahora también concentraban las haciendas.

Al sur y sureste, de mayor dificultad para las plantas y los animales traídos de Europa, los indios se habían retirado hacia la selva del Petén, formando una barrera al avance español.[12]

Al norte, las expediciones habían buscado plata, y la encontraron en Sinaloa, Sonora, Chihuahua, Zacatecas, pero no más allá. En consecuencia, hubo muy poca ocupación en Luisiana, Florida, Texas e incluso California. En casi todo este territorio, más allá de las minas, solo había misiones o presidios, que a veces eran ambas cosas. Los jesuitas convencen a la Corona de que se les permita instalar misiones en el noroeste, concretamente en Baja California, a partir de 1697.[13] Hacia el este, los intentos de colonizar no fueron fructíferos, especialmente debido a la presencia de franceses en Luisiana e ingleses en Florida.[14]

En el norte, los indios fueron una amenaza constante. En 1680 se rebelan los indios pueblo en Nuevo México, provocando el abandono de la región. Lo mismo ocurrió con los tarahumaras durante todo el siglo XVII. En Baja California, la rebelión ocurrió en 1734, y seis años después, en Sinaloa y Sonora. Para 1751, fueron los pimas y los mayos, con lo que el esfuerzo misionero de los jesuitas quedó en entredicho.[15] Pero si los misioneros fracasaban, con toda buena voluntad, los presidios lo hicieron debido a la corrupción de sus responsables, que frecuentemente saqueaban los recursos destinados al funcionamiento de los puestos.[16]

Bloqueada al norte por indios violentos y al sur por su retiro a las zonas altas de la selva, Nueva España ocupa un territorio concentrado en el altiplano, con una presencia relativamente menor en el occidente (Nueva Galicia), norte (Nueva Vizcaya) y Yucatán. Según Bernardo García, en 1650 había casi 1.9 millones de personas en el virreinato, de los cuales 446 000 eran no nativos, prácticamente la cuarta parte.[17] La población se repartía de manera muy desigual. En el altiplano estaba más de 70%, mientras que Yucatán y Nueva Vizcaya casi llegaba cada uno a 10% del total. Nueva Galicia, en cambio, apenas alcanzaba 7%. Tampoco los no nativos estaban igualmente representados; mientras que en Nueva Galicia casi eran la mitad de la población, en Yucatán o Nueva Vizcaya a duras penas eran uno de cada veinte.

	Total	No nativos	No nativos/total	Por región
Centro	1 360	360	26%	72%
Yucatán	168	8	5%	9%
Nueva Galicia	130	62	48%	7%
Nueva Vizcaya	166	7	4%	9%
Resto	68	9	13%	4%
	1 892	446	24%	100%

Fuente: *Nueva historia general...*, p. 341.

Cuadro 4.1. Población de Nueva España en 1650, por región (miles de personas)

Pero lo más importante es que el desarrollo de Nueva España, alrededor de esas minas y haciendas, convierte al virreinato en la provincia más rica de la monarquía. Como puede observarse en la figura 4.1 (véase p. 113), la combinación de la caída de Castilla, que veíamos en el capítulo anterior, y el ascenso de Nueva España que ahora vemos, significa que desde 1630, y prácticamente hasta fines del siglo XVIII, el PIB por habitante fue más elevado en Nueva España que en la península. Aunque se seguía enviando 20% de la producción de plata a España (el quinto real), como pago por el derecho que la Corona les otorgaba a los mineros, la mayor parte de la riqueza se quedaba aquí. La idea de que durante siglos hubo un saqueo es errónea. De hecho, los habitantes de Nueva España pagan menos impuestos que los de Castilla, que fueron quienes soportaron la mayor parte de las finanzas de la Corona. Igual que otros virreinatos, Nueva España aportaba, pero no tanto. Esto cambiará con los Borbones, como veremos.

Más aún, al convertirse en el centro del comercio con Asia, y su desviación hacia Perú, Nueva España tiene una economía de razona-

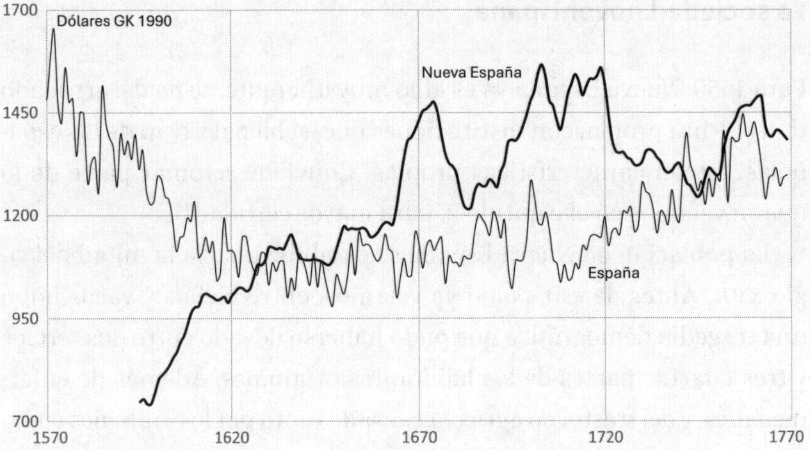

Fuente: Bolt, Jutta y Jan Luiten van Zanden (2024), «Maddison style estimates of the evolution of the world economy: A new 2023 update», Journal of Economic Surveys, 1-41. DOI: 10.1111/joes.12618.

Figura 4.2. Estimación del PIB per cápita, países seleccionados

ble desarrollo considerando el inicio de la época que analizamos en esta parte. De acuerdo con las estimaciones del proyecto Maddison, desde 1630, y prácticamente por siglo y medio, el PIB per cápita en Nueva España supera al de la península.

Sin embargo, ya en la primera mitad del siglo XVI, los Países Bajos han logrado convertirse en el centro de una economía mercantil (con las compañías que mencionamos al inicio del capítulo anterior), que paulatinamente se transforma en manufacturera. Ese mismo camino seguirá Inglaterra y, en menor medida, Francia, con lo que la monarquía se va quedando rezagada. Así, aunque fuésemos la joya de la corona, era una corona que perdía lustre.

Precisamente por esa razón, España va a intentar modernizarse en la segunda mitad del siglo XVIII, pero repetirán los errores de las reformas del conde-duque de Olivares, y sumarán la mala idea de convertir el imperio geográfico de los Austrias en un imperio extractivo como el de holandeses y británicos, provocando una respuesta de Nueva España que analizaremos en los próximos capítulos.

La sociedad novohispana

Para 1650, Nueva España ya es algo muy diferente: se ha desarrollado una cultura propia, con instituciones que, si bien derivan de las españolas, tienen características propias. Conviene retomar parte de lo que ya veíamos en el capítulo 2, para mayor claridad.

La población en Nueva España se estabiliza hacia la mitad del siglo XVII. Antes de eso, como ya veíamos, entre bichos y vacas hubo una tragedia demográfica que pudo haberse llevado entre dos tercios y tres cuartas partes de los habitantes originales. Además de enfermedades, y del trastorno agrícola causado tanto por los animales como por las plantas traídas por los españoles, en las primeras décadas hubo abusos que a duras penas podían detener los frailes y eventualmente las autoridades. Invasión, enfrentamientos, esclavitud con la excusa de ser indios rebeldes, si bien no son la causa principal del derrumbe poblacional, tampoco pueden ser omitidos.

En la segunda mitad del siglo XVI veíamos que ocurren transformaciones tanto en la propiedad (o, mejor dicho, posesión) de la tierra como en la distribución de la población. Por un lado van terminando las encomiendas, que son reemplazadas por mercedes, y poco a poco por propiedad privada, propiamente hablando. Se ocupan los territorios que los pueblos abandonan, ya sea por la mortandad o por su migración fuera del alcance de los invasores. Al terminar las encomiendas, la administración de la mano de obra ocurre vía repartimientos que, como veíamos, no incluyen la obligación de evangelizar, que recae esencialmente en los frailes.

Los repartimientos serán la base de una mano de obra asalariada, pero es un proceso de largo plazo. Al principio se aprovecha la existencia de trabajo comunal en las sociedades indígenas para, sobre ello, exigir algo similar, como tributo en especie. Había repartimientos para el campo, las minas, pero también para obras públicas, destacadamente las obras hidráulicas necesarias para México-Tenochtitlan, que sufrió varias inundaciones, hasta llegar a la que ocurrió en 1629, la más grave. Como podría esperarse, las obras públicas eran de lo peor que podía tocarles a los trabajadores, a diferencia del campo o las minas, donde poco a poco fue generalizándose el pago de salarios.

Por otra parte, la creciente escasez de mano de obra, y la necesidad de evangelizar, lleva a la congregación de las poblaciones. Se agrupan personas de distintos *altepeme* en pueblos que estén al alcance de los frailes, y que les permitan a los habitantes trabajar en lo que ya podemos empezar a llamar haciendas.

Los españoles se instalan en unas pocas ciudades indígenas, pero más frecuentemente lo hacen en despoblado, ocupando terrenos que sean útiles para los cultivos que ellos prefieren y para sus animales. Cuando la ciudad española se crea sobre una indígena anterior, el pueblo de indios queda al lado. En los otros casos, para alejarse, los indios suelen moverse hacia los cerros, que a los españoles no les interesan.

Los pueblos de indios son la transformación del *altepetl* en un municipio, con su cabildo. Con eso se evita destruir una sociedad que ya funciona, y al mismo tiempo se va convirtiendo en algo compatible con la legislación hispana. Puesto que los *altepeme* tenían a su *tlatoani*, se decide que el cabildo municipal tenga un «gobernador». Al ser diferentes, en eso y otras cosas, del municipio español, estos pueblos son considerados como una «república de indios» y gracias a ello tienen personalidad jurídica que con gran frecuencia van a utilizar. Como dice Úrsula Camba: «La sociedad novohispana en general era muy pleitista y los indígenas, que pronto se adaptaron a esa nueva forma de defensa y de hacerse escuchar, no quedaron al margen de dicha realidad».[18]

Finalmente, llegan a Nueva España esclavos negros, que suelen dedicarse al servicio doméstico o la ganadería, que, ya veíamos, no era del agrado de los locales, exactamente lo opuesto a lo que ocurrió con la minería. Estos esclavos tenían conciencia de su costo y por lo tanto se sentían superiores a los indios, que con frecuencia se quejan de abusos de parte de ellos.

Conforme la población indígena se reduce, llegan más europeos y africanos (e incluso un puñado de asiáticos, gracias al Galeón de Manila), y todos los grupos se mezclan. Para 1650, veíamos hace un momento, ya una cuarta parte de los habitantes de Nueva España se considera «no indígena». Cien años después, los dos grupos serán del mismo tamaño.

Guadalupe

Mientras van cambiando tanto el escenario como las relaciones de propiedad y trabajo, cambia también la religión. Los frailes, franciscanos, dominicos y agustinos, en ese orden, se dan a la tarea de bautizar mucho y evangelizar lo que se pueda. Construyen centenares de conventos aprovechando el proceso de congregación y también las habilidades de los nativos, que ya habían sorprendido a Cortés y Bernal por su facilidad para adaptarse a las tecnologías europeas, y después sorprendieron a los religiosos por su habilidad artesanal, que persiste en algunos de esos conventos.

Para la segunda etapa, que se inicia hacia 1570, los frailes tienen menos fuerza, conforme va creciendo la iglesia secular. Para el Tercer Concilio Regional, en 1585, ya incluso han llegado los Jesuitas, que serán otro polo en la disputa por el control religioso de Nueva España. Para 1650, las órdenes han quedado completamente subordinadas a la Iglesia diocesana, e incluso tienen que pagarle los diezmos por la producción de sus haciendas (que no son pocas).[19] En esta etapa, lo que se construye son catedrales, los asientos del poder de las diócesis.

Pero hay, además de la organización eclesiástica, una faceta más importante: la configuración de una nueva religiosidad, resultante del catolicismo que se ha impuesto a los nativos, pero modificado por la esencia de las creencias de estos, la cual, como hemos dicho antes, corresponde al período en que aparecen los grandes dioses, opacando a la multitud de pequeños dioses locales y la adoración de los antepasados. No que esto desaparezca. Se refleja en los nombres de las repúblicas de indios que resultan de la combinación de algún santo católico y el nombre del *altepetl*. Incluso hasta hace poco, la adoración de antepasados era una costumbre en comunidades remotas en México.

Es importante tratar de ubicarnos en la época, totalmente distinta de la nuestra en lo que a la religiosidad se refiere. Entonces, las personas no diferenciaban por completo el mundo físico del «espiritual». Recordemos que la legitimidad de la conquista se basa en el permiso papal otorgado a cambio de la evangelización, pero también en que tanto Cortés como Carlos I asocian su fortuna en el campo de batalla, o en la construcción política, a una señal del respaldo de la Providencia.[20]

Por otra parte, el catolicismo que se impone en México es el que proviene de Castilla, que no es igual a otras versiones de la época, ni al que resultará del Concilio de Trento años después. El catolicismo castellano se construyó frente a la invasión musulmana durante siete siglos, que terminaron el mismo año del descubrimiento de América, como se sabe. Se trata de una religión muy local, centrada en la vida rural y de las villas, más orientada a la devoción que al dogma, al extremo de que, cuando Trento establece la misa dominical como obligación, la gente lo consideró una afrenta. El culto se dirigía a devociones locales, especialmente a la virgen y al santo del pueblo.[21] Para los indios, las creencias católicas eran extrañas, empezando por la idea de un solo dios, o el concepto del pecado. Como fuese, a la imposición respondieron con resignación, criptopaganismo o, en el extremo, franca oposición.[22]

No es de extrañar que la sociedad que se va construyendo en las décadas previas a la época que ahora revisamos sea entonces profundamente religiosa, pero de esta religión construida combinando creencias. Uno de los trabajos más duros de los frailes había sido evitar que el proceso se les fuese de las manos y por eso los franciscanos obstaculizaron por un buen tiempo el crecimiento de la devoción por las vírgenes, especialmente las dos del Tepeyac: la de los Remedios y la de Guadalupe.[23] Las apariciones de vírgenes en España durante el siglo XVI fueron algo común, con una fórmula más o menos parecida: la aparición a un individuo (siempre pobre) y la solicitud de construir un santuario. Esas apariciones podían ser de vírgenes o santos, pero no de Dios mismo.[24]

Entre tantas apariciones en España, hay dos vírgenes especialmente relevantes para Nueva España: Remedios y Guadalupe. Esta es patrona de Extremadura y su santuario era cuidado por los Jerónimos en el siglo XVI. No es de extrañar que una de las islas descubiertas por Colón haya tomado el nombre de Guadalupe, ni que Carlos I, cuando intenta resolver las dificultades del gobierno en el Caribe, poco antes de que Cortés salga hacia México, les encargue precisamente a los frailes Jerónimos ese gobierno. La Virgen de los Remedios, también extremeña, pero de Badajoz, se convirtió en la principal devoción de los peninsulares en Nueva España, tal vez porque se pensaba que fue la imagen de esa virgen la que Cortés colocó en el templo de Huitzilopochtli.

En el cerro del Tepeyac se construyeron santuarios para ambas vírgenes poco tiempo después de la caída de Tenochtitlan. El santuario de Guadalupe fue impulsado por Montúfar en 1555. La ermita del Tepeyac estaba dedicada a la Guadalupe extremeña y su fiesta patronal era el 8 de septiembre.[25] Hacia la mitad del siglo XVII, los peninsulares preferían la devoción por la Virgen de los Remedios, mientras que los criollos habían adoptado a Guadalupe. Eran las vírgenes gachupina y criolla.[26] Sahagún es quien identifica al Tepeyac como un lugar de devoción indígena, pero no se sabe mucho de Tonantzin, que en ocasiones es identificada con otras dos deidades: Coatlicue y Cihuacóatl, que es la que Sahagún menciona. Es la única fuente histórica de esa conexión y su carácter negativo la hace dudosa, a la luz de la animadversión franciscana por los cultos a las vírgenes.[27]

En 1648 aparece «Imagen de la Virgen María, Madre de Dios en Guadalupe, milagrosamente aparecida en la ciudad de México», escrita por Miguel Sánchez, párroco de la diócesis de Ciudad de México.[28] Se trata de la narración de las apariciones de Guadalupe, ocurridas supuestamente en 1531, de las que hasta entonces no había noticia. Pero sí había ya una devoción profunda de parte de los criollos (hay que insistir en que eran todos aquellos que no caían en las definiciones más claras: peninsular o indio). Al año siguiente, Luis Lasso de la Vega publica el *Nican Mopohua*, atribuido a Antonio Valeriano, y que O'Gorman estima que se escribió hacia 1556, en parte gracias al debilitamiento de los franciscanos provocado por el arzobispo Montúfar.[29]

Para entonces ya se había ido construyendo una historia propia de los criollos, cuyo inicio atribuye Jorge Alberto Manrique a Fernando de Alva Ixtlilxóchitl, que la escribe a finales del siglo XVI,[30] de manera que Guadalupe tiene cómo convertirse en el símbolo de este nuevo y pujante grupo. Nueva España había intentado contar con santos propios, como Gregorio López, los mártires de Tlaxcala, el obispo Palafox, Catalina de San Juan «la China Poblana», pero la Iglesia no lo había permitido, en parte gracias a la oposición interna: los jesuitas en el caso de Palafox, Aguiar y Seixas en el de la China Poblana.[31] En compensación, habían canonizado a Felipe de Jesús en 1626, el único santo mexicano hasta el inicio del siglo XXI, no muy conocido en Nueva España en su tiempo, y no produjo mayor devoción.

Frente a ese proceso de devoción local, mezcla del catolicismo castellano y las creencias indígenas, las ideas del Concilio de Trento no van a ser muy populares, aunque se apliquen. Trento fue una respuesta al protestantismo, de manera que no tenía relación alguna con lo que pasaba en Nueva España.[32] Me parece que Guadalupe se convierte en la respuesta novohispana a Trento, además de ser el símbolo de su sociedad.

En términos simbólicos, dice Poole, México se fundó en 1648, con la aparición de una leyenda de culto, europea en sustancia y forma, pero con un indio como protagonista, de quien nada se había registrado previamente. Fue rápidamente adoptada por los criollos, que encontraron en ella una confirmación de sus aspiraciones e identidad. Ahora tenían la aprobación divina como el pueblo elegido a quien Dios ha seleccionado por medio de la virgen. Guadalupe podía unir a criollos, mestizos e indios, que encontraban diferentes significados en ella.[33]

Autónomos

Como hemos visto, ya no resulta fácil para España imponer reformas en el virreinato y, aunque tanto los habitantes como las autoridades locales aún son leales a la Corona, tienen ya intereses propios que cuidar. Como ocurría en muchos países europeos, también España vendía en esa época los puestos de gobierno, un mecanismo adicional para financiar a la Corona. Pero en Nueva España los grupos que han conseguido hacerse de dinero, especialmente el Consulado, aprovecharán para instalarse en el gobierno. Adicionalmente, hubo presión continua para exigir que los puestos fuesen ocupados por locales y no por peninsulares, que solo venían por un tiempo.[34]

Se ha creado la idea de un enfrentamiento entre la población de criollos y las autoridades españolas, que sería la base del conflicto que alimentará la Independencia. La realidad era diferente. Conforme algunos puestos pudieron ser comprados, y las elecciones de otros fueron controladas, el gobierno se convirtió en el espacio de un grupo de familias ricas e influyentes, que ocupaban especialmente los gobiernos locales, en la figura de los corregidores. De manera más importante, controlaban el cabildo de Ciudad de México, que desde el principio reclamó una posición de privilegio frente a los cabildos de otras ciudades. Este cabildo apoyaba la causa de los criollos, y recordaremos su papel en el desastre del virrey Gelves. De hecho, desde entonces los virreyes van a sufrir para dominar al cabildo.[35]

Desde fines del siglo XVI ha ido creciendo entre los novohispanos un sentido de diferencia con los peninsulares. Este fenómeno se conoce como *criollismo*. Aunque en los libros escolares se insiste en que el criollo es un hijo de españoles nacido en Nueva España, la realidad es que se entendía entonces por criollo a quien era americano, fuese hijo de españoles, mestizo o alguna de las mezclas que aparecerán con el tiempo. Criollo, dice Pietschmann, es aquel cuya vida social y económica estaba en América.[36] No hay un tema racial en Nueva España, pero sí lo hay de «calidad»: prestigio, honorabilidad, capacidad económica, reconocimiento es lo que diferencia a los novohispanos.[37]

La división entre gachupines y criollos no fue tan dramática como se interpretó después en beneficio de la historia fundacional de México. Había enfrentamiento por partidos, que, aunque tenían mayoría de uno de esos grupos, no correspondían exactamente con el lugar de nacimiento. El grupo dominante en Nueva España era el de almaceneros, agrupado en el Consulado de México. Los miembros de ese grupo no solo se dedicaban al comercio, sino a financiar las minas, impulsar haciendas y mantener las relaciones con España.[38]

La sociedad novohispana tiene como características, a ojos de Hausberger y Mazín, «el arraigo acendrado, especificidad territorial y un hondo sentido de sacralidad y piedad religiosa». La organización social tuvo como base la familia y, siguiendo el ejemplo de la península, las élites pensaban en términos familiares y le incorporaban hijos naturales, expósitos, esclavos, criados y jornaleros. En términos de patrimonio, se impone el mayorazgo y con ello una fuerte tendencia a enclaustrar a las hijas (para evitar dispersar la riqueza en dotes, aunque también había dote en el convento). Se sumaban a las relaciones familiares sanguíneas aquellas del parentesco espiritual, por lo que padrinazgo y compadrazgo resultaron importantes. Finalmente, estas relaciones se convierten en casi la única vía de acceso al poder, político o eclesiástico.[39]

Cabe mencionar aquí otro camino para la posición social, que es la universidad, elemento muy relevante en la vida citadina que empieza a ser importante a partir de mediados del siglo XVII.[40] La primera universidad en América se fundó en Lima, pero la primera en la que hubo clases fue la de México, y por eso sigue la disputa entre ambos países al respecto.[41] Este camino, sin embargo, estuvo prácticamente cerrado a los indígenas. En los más de dos siglos de universidad virreinal, de 22 882 alumnos graduados, apenas una veintena fue de origen indígena.[42]

El honor se convirtió en el elemento determinante. Se construyó un ideal nobiliario en el que seguía pesando la hidalguía, es decir, la limpieza de sangre, cuya pérdida se asociaba con antepasados moros o judíos, pero no indios. A eso se sumaba lo que se ganaba por méritos, en el servicio a la Corona, en la caridad y observancia religiosa, y también en la obtención de títulos universitarios. En la época que ahora analizamos ya se construyen linajes novohispanos, e incluso se buscaba la admisión en las órdenes tradicionales de caballería (Santiago, Alcántara y Calatrava), en las que llegaron a participar caciques indios, como fue el caso de don Nicolás de Montañez, cacique otomí de Tula y Jilotepec.[43]

Para las élites novohispanas, la inclusión de los indios se convierte en parte del proceso de construcción de identidad. Sin dejar de ser indios, eran también parte de Nueva España.[44] Aunque en el siglo XVIII aparecen las pinturas de castas, que son muy conocidas, en realidad los grupos étnicos eran españoles, mestizos, indios, negros y mulatos, sin que hubiese una división entre ellas, como la que existió en las colonias extractivas de británicos u holandeses. Por el contrario, como recuerdan Hausberger y Mazín, ya desde 1680 fray Juan de Meléndez afirmaba que una gota de sangre española asimilaba a las demás, «como el mercurio purifica la plata».[45]

De esta forma, el criollismo adquiere un dinamismo que se nutre de todos estos grupos multirraciales.[46] Esto no significa que no hubiese conflictos, ni explotación o desigualdad, pero no tenía un origen racial e incluso ni siquiera hay esa gran disputa entre españoles nacidos allá y nacidos acá, como dicen los libros escolares. Lo que hay son élites que se van construyendo en este proceso secular, que replican las estructuras de desigualdad españolas, porque de ahí se nutren.[47] Junto con esas estructuras se transmiten costumbres, como el gusto por los pleitos judiciales, que aparece muy rápidamente en Nueva España (el mismo Cortés, los encomenderos) y pronto es aprendido por los indios, que usan el sistema judicial en su beneficio, hasta donde pueden.[48] La mayor crisis social de este siglo ocurre en 1692, cuando estalla el descontento por una serie de malas cosechas que dejan a la población sin sustento. Hubo tumultos en México, Tlaxcala y Guadalajara, pero el de la capital fue particularmente grave y terminó con el incendio del palacio del virrey, en el que se perdió una multitud de documentos.[49]

Laxos

Una característica adicional en esta gran Nueva España es la aplicación laxa de las leyes y los ordenamientos reales. Después del episodio del marqués de Gelves, quedó claro que había que encontrar mecanismos de negociación y arreglos entre la Corona y las sociedades coloniales, tema que correspondió a la burocracia, la cual se hizo cada vez más independiente, en parte por la compraventa de cargos públicos. Esto, a ojos del siglo XXI, nos parece corrupción, un fenómeno que, dice Pietschmann, es sistemático desde entonces.[50]

Es así que en este siglo tenemos una fase de relativa autonomía en la sociedad criolla, que funciona mediante la interpretación laxa de la legislación para adaptarse a los intereses locales y regionales, en ocasiones mediante el «soborno y el cohecho de individuos o grupos de la burocracia imperial».[51] Es tanta la autonomía que va creciendo la idea de construir una nobleza novohispana, que siempre tiene orígenes oscuros, dice Manrique, y, frecuentemente, corta duración.[52]

Pero no existe solamente esta mentalidad criolla «oligárquico-estamental», sino también una mentalidad más bien «criolla-competitiva», compartida por grupos sociales en ascenso, de composición racial mixta y una mentalidad más de afirmación indígena.[53] Son tres formas distintas de entender a Nueva España, que se relacionan mediante reglas cuya aplicación es laxa y sujeta a la presión, el soborno o, finalmente, el tumulto.

Barrocos

La sociedad novohispana construye entonces una cultura que Hausberger y Mazín llaman *arcaizante*:

> con la mirada puesta en el pasado y profundamente marcada por la herencia cultural mesoamericana. Partícipes del barroco, sus exponentes recamaron, engastaron y engalanaron hasta la hipérbole toda suerte de expresiones. Vertieron el néctar de las civilizaciones autóctonas en los odres viejos del saber europeo, de tal manera que el estímulo ejercido por el Nuevo Mundo y sus indios sobre la imaginación y la creatividad fungió como incentivo para el surgimiento de un pensamiento original.[54]

Porque ocurre la coincidencia de que Nueva España se ha terminado de definir en el momento en el que el barroco aparece, es decir, mediados del siglo XVII. Para Nueva España, se convierte en la «manera de vivir, de estar en el mundo».[55] Así como la devoción por Guadalupe se construye en los cien años previos, así el arte novohispano tendrá un proceso que se inicia con el arte monástico de los conventos de las órdenes, se transforma a partir de 1570 en el *manierismo* y para mediados del siglo XVII está listo para abrazar el barroco.[56]

El manierismo es un paso intermedio entre el renacimiento y el barroco en el que, sin perder la esencia del primero, los artistas empiezan a alejarse de la perspectiva tradicional, las líneas definidas y las formas tradicionales. Y como su nombre lo indica, es un amaneramiento propio de las cortes, que son también las responsables de promoverlo en Nueva España.

Una de las manifestaciones artísticas de la época es la construcción de arcos para celebrar la llegada de un nuevo virrey. En 1680, para recibir al virrey marqués de la Laguna, Carlos de Sigüenza y Góngora diseña un arco en el que, por primera vez, aparecen referencias aztecas en lugar de mitología clásica. El arco debía ser, para Sigüenza, un espejo que recordara al virrey las virtudes que de él se esperaban. Su listado de virtudes inicia con Huitzilopochtli mismo. También sor Juana diseñó un arco para esta ocasión, en el que enfatizaba las virtudes religiosas.[57]

Tal vez porque el barroco es el estilo que coincide con la consolidación de la sociedad novohispana, el carácter de esta es así: expansivo, lujoso, excesivo, tanto en el comportamiento como en la comida y el vestido (y, destacadamente, las joyas).[58]

Entre 1648 y 1763, porque esas fechas pusimos como referencia, Nueva España es la joya de la Corona hispánica. Es la gran Nueva España: rica, autónoma, laxa y barroca. Es México.

TERCER SIGLO
Ruptura (1763-1821)

Después de la guerra de los Treinta Años, la organización política empieza a ser distinta. Los monarcas ya no están dispuestos a responder al consenso de los «estados» (estamentos), sino a dirigirlos. De hecho, irán paulatinamente debilitando las corporaciones que habían sido el asiento del poder durante siglos. Esto es posible gracias al crecimiento de las ciudades, al desarrollo de burocracias y, en el fondo, a un cambio de mentalidad, que relega a la religión.

La ruptura del catolicismo, detonada por las tesis de Lutero, mina la legitimidad que hasta entonces brindaba la Iglesia a los gobernantes, de forma que estos deben buscar una nueva razón para su existencia. Dos experimentos crecen durante estos años: la tradición dinástica, cuyo mayor exponente es Luis XIV, y la legitimidad democrática, invento holandés transferido a Inglaterra en 1688. Se enfrentarán en varias ocasiones, empezando con la guerra de los Siete Años, que debería ser considerada como la primera guerra mundial, puesto que se peleó en todos los continentes, y culminando con la que conocemos como Primera Guerra Mundial, en la que el modelo dinástico tradicional, que sobrevivía en la Europa central y del Este, llegó a su fin.

En este siglo, España ya no es un jugador de primera línea, sino más bien uno subordinado a Francia. Al cierre, la decadencia es completa, con los dos peores reyes que ha tenido ese país en su historia. En la caída, España intenta explotar a Nueva España, provocando una brecha que llevará a la separación definitiva y al sufrimiento de ambas.

5
El cambio global

En la segunda mitad del siglo XVII se inicia un proceso de transformación en la organización política, que los especialistas suelen fechar con la paz de Westfalia, es decir, el fin de la guerra de los Treinta Años, en 1648. A partir de entonces se empieza a hablar de Estados, o incluso Estados-nación. Como siempre, no se trata de un momento exacto, sino de un proceso que transcurre durante décadas, y que ya es perfectamente claro en el período que analizamos ahora. Las estructuras medievales, en las que la sociedad se organizaba mediante corporaciones y estamentos, o «estados», subordinados a señores que, a su vez, se someten a uno entre ellos, el rey, van desapareciendo y su lugar es ocupado por ciudadanos, que, mediante otro tipo de intermediación, se subordinan a un Estado impersonal. Ese proceso puede identificarse en Inglaterra entre sus dos revoluciones, la de 1642 y la de 1688, mientras que en Francia se asocia al larguísimo reinado de Luis XIV. Otras regiones tienen una dinámica diferente.[1]

En el siglo XVIII, especialmente en la segunda mitad, hay dos modelos claros de organización política en Europa, que compiten por suceder a los reinos medievales y renacentistas. Uno es el iniciado en los Países Bajos desde el siglo XVII, en el que los ciudadanos organizados eligen a sus gobernantes de entre ellos mismos y le imponen límites a lo que puede decidirse. No es coincidencia que este desarrollo político fuese acompañado de mercados cada vez más estructurados, incluso mercados de capitales.

El otro modelo es una evolución de la figura del rey medieval, que, en lugar de ser *primo inter pares*, se ubica ahora por encima de todos. El sojuzgamiento de la nobleza por parte de Luis XIV no fue solo una venganza por la Fronda, sino la transformación del reinado del consenso a la imposición. Por eso se le llama a esa época el *absolutismo*. Los monarcas del siglo XVIII ya no viajan por sus reinos conciliando posiciones o cumpliendo viejos ritos, como lo hizo Carlos I. Ahora gobiernan mediante estructuras burocráticas y ejércitos profesionales. Muchos de ellos tienen veleidades artísticas o intereses científicos, y por ello se les llama déspotas ilustrados.

Estos dos modelos competirán entre sí, mientras desplazan las estructuras medievales, hasta la Primera Guerra Mundial, cuando el tradicionalismo dinástico y la aristocracia en general llegan a su fin.

Imperios coloniales

La guerra de los Siete Años puede considerarse la primera guerra mundial, en el sentido de que hubo enfrentamientos en todos los continentes. Sin embargo, también puede pensarse como una combinación de dos grandes enfrentamientos, que serán determinantes por los siguientes tres siglos. Por un lado, Reino Unido se enfrenta con Francia, especialmente en América, Asia y África; por el otro, Prusia lo hace con Austria. El resultado será el inicio del Imperio británico y la hegemonía prusiana en Europa, aunque esta tendrá una breve pero sustancial derrota a inicios del siglo XIX.

Para entender mejor esta guerra es indispensable hablar de los imperios coloniales europeos, que no son como el que construyó España en los siglos anteriores, como ya hemos dicho. España se lanzó al este buscando comercio y, al encontrarse tierras nuevas, decidió poblarlas, creando reinos que eran parte de la misma monarquía, y en los que los habitantes contaban con los mismos derechos. Era todavía una construcción política medieval o, si gusta, renacentista, pero para nada moderna.

En cambio, a partir del siglo XVII, Francia, los Países Bajos e Inglaterra se lanzan a la expansión, pero no para comerciar o poblar, sino para establecer colonias que puedan ser una fuente de riqueza mediante el saqueo. Este tipo de colonialismo es el que tanto se critica (con razón) y del que con frecuencia se extraen características que se imponen a la monarquía española, provocando serios errores de interpretación que, como usted sabe, se reflejan en ideologías y políticas en el presente.

Ya habíamos hablado de las compañías holandesas creadas para el «comercio», que en realidad fueron el instrumento con el que los Países Bajos intentaron crear un imperio colonial, con mucho éxito en Asia, pero menor en América. En este continente llegaron a instalarse en el noreste brasileño y algunas islas del caribe (Curazao, por ejemplo), pero no pudieron mantenerse en la parte continental. También alcanzaron el norte, donde fundaron Nueva Ámsterdam, ahora Nueva York, como capital de Nueva Holanda, que ocupaba parte de los actuales estados de Pensilvania, Nueva York y Nueva Jersey. Las colonias norteamericanas de los Países Bajos no fueron muy exitosas y las guerras con Inglaterra llevaron a su ocupación por colonos británicos.

Francia, por su parte, había llegado a Canadá desde 1534, pero no logró establecer colonias duraderas por prácticamente un siglo. A inicios del siglo XVIII lograron hacerlo en la desembocadura del Misisipi y fueron construyendo presidios por todo el río, hasta llegar a los Grandes Lagos, con lo que pudieron conectar con las colonias iniciales, instaladas en el actual Quebec. Ese larguísimo territorio es lo que se llamó Luisiana, que será particularmente importante para México, como veremos.

Los británicos van a fundar dos tipos de colonias en Norteamérica. Aunque hubo intentos previos, la colonización comienza propiamente a inicios del siglo XVII con la fundación de Jamestown, hoy en el estado de Virginia. En la ruta desde Inglaterra, ocuparon también la isla de Bermuda, que resultará la primera colonia realmente exitosa, a pesar de que Jamestown era el objetivo original. Inglaterra coloniza las islas que puede y poco después las posesiones continentales, repitiendo su experiencia en Irlanda: instalan plantaciones, que aprovechan los recursos naturales al máximo, pero que requieren abundante mano de obra. Esta forma de colonización, la plantación con esclavitud, será la base del primer tipo de colonia británica norteamericana.

Hay un segundo tipo de colonia, que es el resultado de las guerras religiosas en Europa. Como usted recuerda, en un intento por evitar esas guerras se había llegado a la solución *cuius regio, eius religio*, es decir, de acuerdo con el gobernante, la religión de la sociedad. Aunque eso sirvió por un tiempo para evitar conflictos entre católicos y las denominaciones protestantes más grandes (luteranos, anglicanos, calvinistas), dejó a muchas otras sin un lugar en el cual establecerse. Varios de esos grupos deciden probar suerte en el nuevo continente, para instalarse en un lugar en el que pudieran profesar su culto sin interferencia del Estado.

Los primeros en llegar son los «peregrinos» del *Mayflower*, en 1620, que en realidad era un grupo que había abandonado Inglaterra años antes para buscar su libertad religiosa en los Países Bajos. Como tampoco pudieron convivir con los calvinistas, aunque tenían más en común con ellos que con los anglicanos, decidieron convertirse en peregrinos. Después de ellos llegarían los puritanos y más tarde los cuáqueros, y varios grupos de anabaptistas (menonitas, amish, Hermanos de Moravia, etc.). Todos ellos se instalan en el norte, en lo que poco después se llamará Nueva Inglaterra.

Este fenómeno migratorio llevará a algo muy curioso: los Estados Unidos son el único país con un mercado libre de religiones. A diferencia de los demás, donde el Estado determina la religión, a lo que hoy son los Estados Unidos llegaron primero las religiones, sin que hubiese en realidad alguna forma de autoridad con la fuerza suficiente para imponer alguna de ellas. Creo que eso es lo que explica que los Estados Unidos sean, entre los países más ricos del mundo, el más religioso, y por mucho.

Por otra parte, la existencia de estos dos tipos de colonización, una para extraer riqueza, propia del colonialismo europeo de esa ola, y la otra para escapar de la persecución religiosa, va a ser determinante en la historia de ese país. La gran diferencia en desarrollo que tienen las regiones colonizadas para el saqueo con aquellas que fueron ocupadas por comunidades religiosas ha sido explicada por Engerman y Sokoloff como resultado de las instituciones (es decir, reglas) que cada región desarrolló en respuesta a la forma en que producía, es decir, plantaciones con esclavitud frente a agricultura de pequeños productores.[2] Dejo la pregunta de si, antes de la forma de producción, hay una diferente mentalidad, que sería también parte de la explicación de la diferencia.

Conviene enfatizar que tanto las plantaciones como las colonias de peregrinos están apenas iniciando cuando Nueva España es ya la joya de la Corona, es decir, hacia la mitad del siglo XVII. Serían entonces cerca de 50 000 inmigrantes, que un siglo después superarían apenas el millón. Compare con el medio millón que había en Nueva España en 1650 y los cerca de cinco millones un siglo después. Cabe mencionar que las estimaciones para los Estados Unidos no incluyen a los indígenas, porque en eso también habría una gran diferencia con España. Mientras que la monarquía los incluyó como súbditos, en condiciones iguales, aunque con visión paternalista, la colonización británica los consideró siempre diferentes, inferiores.

La primera guerra mundial: 1756-1763

A mediados del siglo XVIII hay entonces tres imperios coloniales en lo que hoy son los Estados Unidos. Uno de ellos, de la primera ola, es el español, que ocupa la Florida, Texas y buena parte del suroeste estadounidense actual (California, Nevada, Colorado, Utah, Arizona, Nuevo México, Texas). El segundo es Francia, que se instaló en todo el Misisipi, en parte de las riberas de los Grandes Lagos y sobre el San Lorenzo (actual Canadá). Finalmente, los británicos ocupan Nueva Inglaterra, la antigua Nueva Holanda, y las colonias del sur: Virginia, las Carolinas y Georgia. Las famosas 13 colonias estaban rodeadas. Al sur por España, al este por Francia.

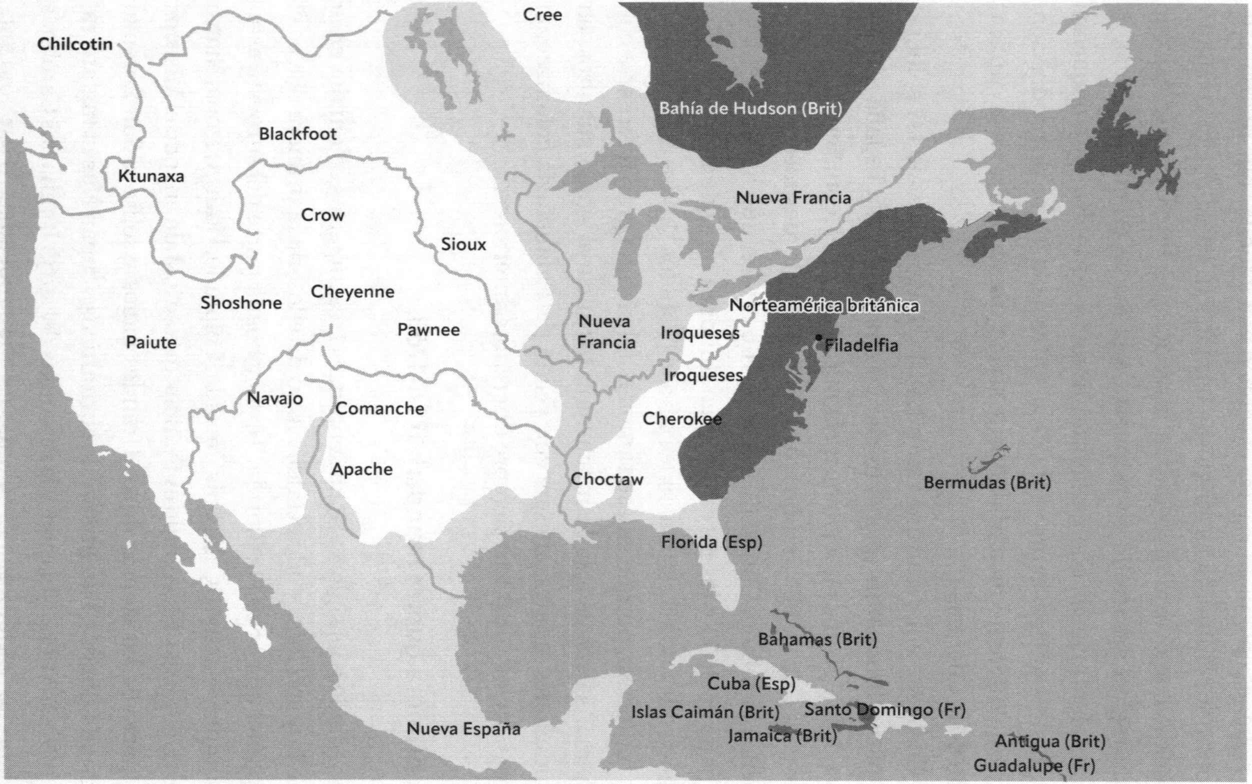

Figura 5.1. Norteamérica hacia 1750

La población de las colonias, aunque muy inferior a la de toda Nueva España, era al mismo tiempo considerablemente mayor que los franceses. Por otra parte, mientras que los franceses se dedicaban a comerciar con los indígenas, especialmente para comprar pieles, los colonos británicos ocupaban la tierra, fuera para plantaciones o para producción de pequeños propietarios. Cuando los colonos empiezan a moverse hacia el valle del río Ohio, los franceses construyen fortificaciones para impedirlo. Esto produce un conflicto entre los grupos indígenas que tenían relaciones con ambos colonizadores. Aunque se trata de varios grupos, los más conocidos son los iroqueses, que acompañaban a los británicos, mientras que los algonquinos, shawnees y hurones iban con los franceses. Por esta razón, esta guerra es conocida en la historiografía estadounidense como la guerra de Franceses e Indios.

No me detengo en los detalles, pero sí conviene mencionar algo interesante. George Washington era un oficial en Virginia y combatirá en esta guerra, aprendiendo de los iroqueses algo que después será muy útil. La Confederación de las Cinco Naciones era el nombre que ellos se daban a sí mismos y es muy probable que la idea de una organización política confederada, con amplio espacio para las organizaciones locales, la haya aprendido Washington de ellos.

Aunque al inicio los enfrentamientos entre franceses y británicos ocurren de manera descoordinada por parte de las colonias, que no se comunican entre ellas ni con la Corona británica, esto cambia conforme la guerra se inicia en Europa, en 1756, con la invasión de Silesia por parte de Prusia. El rey de Prusia es Federico II, el Grande (no confundir con el otro Federico II, Stupor Mundi, que vivió cinco siglos antes). Federico es el epítome del déspota ilustrado, que es la versión del siglo XVIII de esa línea que llamé antes *tradicionalismo dinástico*. Se trata de reyes con intereses artísticos y científicos, que además fingen escuchar a la ciudadanía, pero que han concentrado un poder que los viejos monarcas medievales y renacentistas no podían ni imaginar.

En Reino Unido, en 1758, toma el poder William Pitt, el Viejo (aunque el primer ministro todavía era, nominalmente, Newcastle), y pone en práctica su idea de aprovechar los conflictos para arrebatar a Francia sus posesiones en los otros continentes. La alianza de Pitt y Newcastle duró hasta 1762, cuando el nuevo rey, Jorge III, decidió reemplazarlos a ambos. Hasta entonces, el dinamismo de Pitt en contra de Francia y la habilidad de Newcastle para mantener a España fuera de la guerra habían dado resultado. Sin embargo, en 1762 estalla el enfrentamiento entre España y Reino Unido, cuando se firma el Tercer Pacto de Familia entre España y Francia. Los británicos logran tomar La Habana y Manila, pero no dominar por completo ambos países. También toman Menorca.

La guerra llega a su fin en 1763, con el Tratado de París, una derrota considerable para Francia, que perdió sus posesiones en Norteamérica (Canadá para Reino Unido, el corredor del Misisipi para España, pero la ribera este para Reino Unido) y el Caribe (Dominica, Trinidad y Tobago), y vio disminuida su presencia en India y en África occidental. España recupera La Habana y Manila, pero a cambio cede la Florida a los británicos. Para 1782, España logra recuperar la Florida y Menorca, después de intervenir en la guerra de independencia de los Estados Unidos, obviamente en contra de los británicos.

La guerra de los Siete Años dejó en quiebra a los gobiernos involucrados: Reino Unido, Francia, España, Austria, Prusia. Los efectos de esta quiebra serán de gran importancia. Para recuperarse, Jorge III decide incrementar los impuestos, especialmente en las colonias, que no tienen representación en el parlamento. Ese es el origen del grito «no recaudación sin representación» que lanzarán los colonos de Massachussets cuando atacan los barcos ingleses para tirar el té por la borda, el inicio de la guerra de independencia de los Estados Unidos.

Lo mismo ocurrirá con Luis XVI, quien convoca a los Estados Generales (una especie de parlamento en ese país de la corriente del tradicionalismo, o, como se le suele decir, del despotismo ilustrado) para subir los impuestos. La última ocasión en que se habían convocado había sido con Luis XIII, en 1614. En esta ocasión, además, se había duplicado el número de representantes del Tercer Estado, los comunes (frente al Primer Estado, los nobles, y el Segundo, el clero). La asamblea se instaló el 5 de mayo de 1789. Después de semanas de disputas acerca de la representación de cada Estado, los comunes decidieron que solo ellos eran los auténticos representantes y se erigieron en Asamblea Constituyente. Lo que sigue ya lo conoce usted: la Revolución francesa y el ascenso de Napoleón.

Austria y Prusia también habían acabado agotadas de la guerra de los Siete Años y no habían logrado recuperarse por completo cuando Napoleón decide marchar al este, de manera que fueron incapaces de enfrentarlo, con lo que llegó el fin del Sacro Imperio Romano Germánico en 1806, después de la batalla de Austerlitz.

Del lado español, que ya para entonces no era ni sombra de la monarquía de los primeros Austrias, la presión económica llevó a incrementar la recaudación en las colonias (que ahora sí eran tratadas como tales, como veremos), además de préstamos forzosos. Peor todavía, España firma con la República francesa (ya en manos de Napoleón, pero no todavía como emperador) el tercer Tratado de San Ildefonso, en el que intercambia la Luisiana por un espacio indefinido en la Toscana, que Carlos IV quería que fuese el regreso del ducado de Parma, históricamente de la familia Farnesio, que incluso había gobernado su padre, Carlos III. El tratado se firma en 1800. Tres años después, Napoleón decide vender a los Estados Unidos la Luisiana, para financiar sus guerras europeas. En ese momento, creo yo, quedó sellado el futuro de México. Una vez cruzado el Misisipi, no hay barrera natural desde la costa atlántica estadounidense hasta el río Bravo. Pero ya hablaremos de eso.

No debemos menospreciar, en estos procesos iniciados a partir de la guerra de los Siete Años, el peso de algo novedoso: la *opinión pública*. Las publicaciones orientadas a discutir los temas públicos, perdone la redundancia, son un invento de la segunda mitad del siglo XVII, y es en el siglo XVIII cuando alcanzan su madurez, acompañando otra

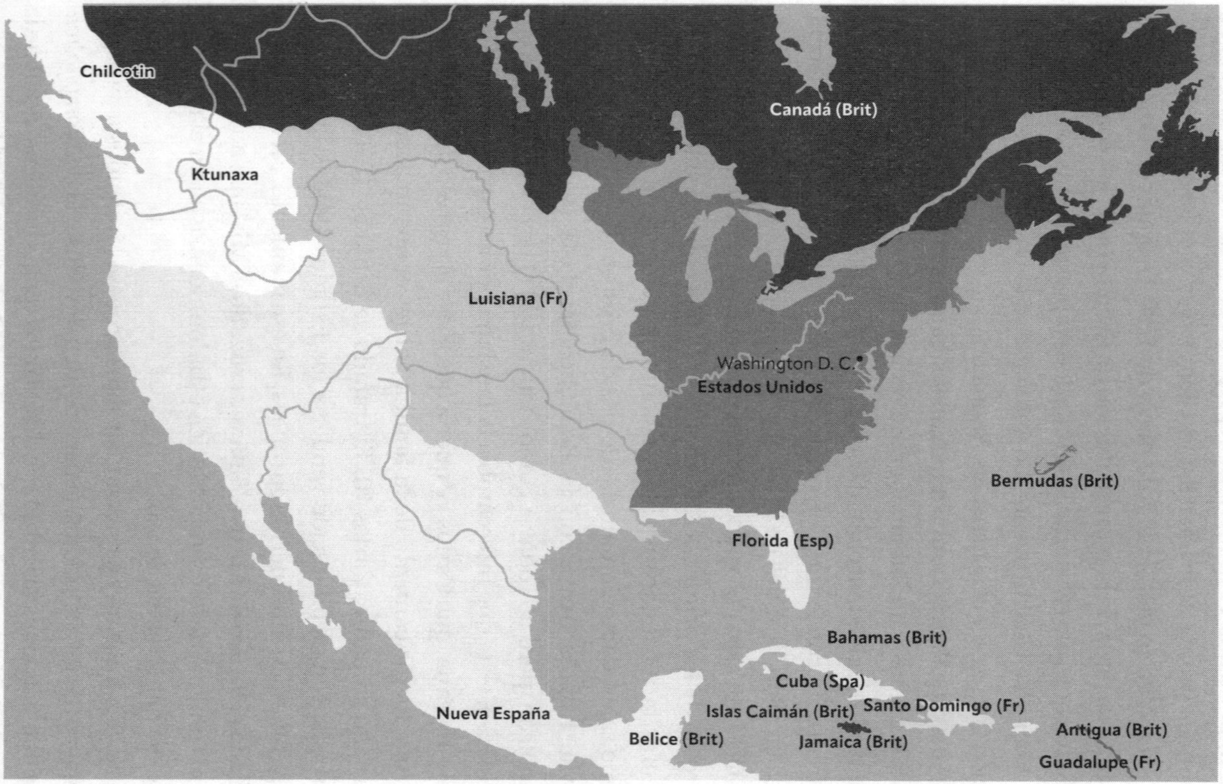

Figura 5.2. Norteamérica en 1803, antes de la venta de la Luisiana francesa

novedad de la época, el café (y el té y el chocolate). Las reuniones o tertulias para discutir la vida pública, con lecturas en voz alta de lo publicado en hojas sueltas, folletines, periódicos, implican la construcción de una nueva forma de ver la política entre los habitantes de la ciudad, que se van transformando en ciudadanos.

Por eso, la debilidad de las finanzas públicas se convierte en un problema político en el siglo XVIII, a diferencia de lo que ocurría antes, cuando los soberanos recurrían a préstamos forzosos, bancarrotas, alza de impuestos, que los intermediarios (corporaciones) tenían que soportar, aunque no les gustase. Cuando, en el tiempo que ahora revisamos, los soberanos intentan algo similar, hay ya una oposición capaz de enfrentarlos, con cierta conciencia de sus derechos y alguna idea de organización. No mucho, como sabemos, pero la mentalidad había cambiado.

Los Borbones

El tercer rey Borbón (cuarto, si incluimos el breve período de Luis) fue Carlos III. Cuando se hace la lista de los déspotas ilustrados, de los que hablamos antes, el español mencionado es él. Comparado con sus predecesores, que, ya veíamos, no eran particularmente brillantes, pero sobre todo con sus sucesores, los dos peores reyes de la historia de España, sin duda Carlos III parece excepcional. En una visión más amplia, ya tiene uno algunas dudas.

Fue el tercer hijo de Felipe V y el primero con su segunda esposa, Isabel Farnesio, de la que ya hablamos. Fue duque de Parma desde 1731, pero después de la guerra de sucesión de Polonia renuncia al ducado para convertirse en el rey de las Dos Sicilias (1735). Ahí permanecerá hasta que la muerte de su hermano Fernando VI lo lleve al trono español en 1759. Se hizo acompañar de algunos italianos, entre los cuales destaca el marqués de Esquilache, quien será su secretario de Hacienda (y de Guerra).[3]

Cuando llega Carlos III a España, se viven momentos difíciles por las malas cosechas y dos años después empieza un alza continua del trigo que llega a duplicar su precio para 1765. El ministro Campomanes decide liberar el mercado de granos, pero, en lugar de que los precios bajaran, los especuladores provocaron lo contrario. El 10 de marzo de 1766 se publica una pragmática que obliga a los madrileños a cambiar su indumentaria: se prohíben la capa y el sombrero de ala ancha, para ser reemplazados por la levita y el tricornio. El 23 de marzo estalla el motín que llevará el nombre de Esquilache, porque es al siciliano al que se le cargan las culpas. La turba le exige a Carlos III expulsarlo, retirar la pragmática, bajar el precio del trigo y otras cosas más.

Como sabemos los mexicanos de los siglos XX y XXI, estos motines, tumultos o manifestaciones no son espontáneos, sino más bien promovidos u organizados con objetivos políticos. Es muy probable que los grupos que habían resultado afectados por las reformas estuviesen detrás del que le costó el puesto a Esquilache, pero, en aquel momento, el chivo expiatorio fue la Compañía de Jesús. La orden religiosa, de gran disciplina y muy enfocada en la ciencia y la educación, había ganado animosidad en muchos lugares. Ya habían sido expulsados de Portugal y Francia, y en 1767 fueron expulsados también de España y de los reinos de ultramar más de 5 000 jesuitas, la mitad de ellos en América. Pocos años después, el conde de Floridablanca logró que el papa disolviera la compañía (que fue reinstalada en 1813).

Las reformas impulsadas por Carlos III, que como vemos generaron rechazo, son el proceso mediante el cual los Borbones intentan construir un Estado moderno en la lógica del tradicionalismo dinástico, es decir, siguiendo a Luis XIV. La idea es romper con los privilegios medievales, incluyendo a las corporaciones que los tienen; concentrar el poder en el monarca, que ejecuta sus decisiones a través de una burocracia profesional; hacer más eficiente la recaudación, para tener finanzas sanas; promover una economía más competitiva, y avanzar en la «civilización» de la sociedad (en el sentido de Norbert Elias), es decir, promover una forma más moderna de vida.[4]

El proceso se inicia con Felipe V, quien acaba con los diferentes reinos (Aragón, Valencia), salvo Navarra, e impone los Decretos de

Nueva Planta, la base del nuevo gobierno centralista y absolutista en la lógica de Luis XIV, como decíamos. Felipe V ya es rey de las Españas, y no como los anteriores, de una larga lista de reinos. Se reduce el papel de los consejos, tan importante para los Austrias, y su lugar lo ocupan secretarías. Se reorganiza la distribución territorial, con diez capitanías generales para la península, y empiezan a aparecer las intendencias, al estilo francés. Se crea un ejército profesional, permanente, en un proceso largo que culminará con Carlos III, y se moderniza la marina, ya en el reinado de Fernando VI.[5] También con Fernando VI intentará el marqués de Ensenada modernizar la recaudación de impuestos, pero sin gran éxito.

Como vemos, no es que haya sido solo Carlos III el reformista; los Borbones tenían una idea diferente de cómo debería ser España, más cercana a la idea francesa, más moderna, pero la transformación de la monarquía de los Austrias no fue cosa fácil. Carlos cosecha esos primeros pasos que hemos comentado y sobre ellos le es posible impulsar mayores cambios. Por ser además un rey moderado, sin excesos ni escándalos, y, en comparación con los dos melancólicos que lo precedieron y los dos inútiles que le siguieron, destaca.

Decíamos que modernizar la España de los Austrias no fue fácil, pero además los reformadores no tuvieron la suficiente osadía. Las instituciones medievales no desaparecieron en el siglo XVIII: la Inquisición, la Mesta, los gremios y mayorazgos, todo seguía existiendo al inicio del siglo XIX, aunque con alguna merma en su poder. Con esto, el gobierno cosechaba la molestia de los conservadores, por reformar, y la de los reformistas, por no hacerlo de fondo.[6]

En materia económica había dos visiones distintas. Una, más cercana a la francesa, y que en la historia económica se conoce como *fisiocracia*, argumenta que la riqueza proviene del campo, de forma que debe privilegiarse el desarrollo de las actividades primarias. La otra, más de corte inglés (o escocés, para ser justo), era la *visión liberal*, en la que se sostiene que el origen de la riqueza es el comercio, que por lo tanto debe ser promovido lo más posible. Ambas escuelas eran novedosas, frente al mercantilismo previo que consideraba que la riqueza solo respondía a la acumulación de metales preciosos, y por lo tanto limitaba el comercio y prefería la minería por encima de la producción del campo.

Campomanes parece haberse servido de ambas ideas, promoviendo la distribución de tierras para nuevos cultivos, pero también impulsando la industria. Esto último a través de las sociedades económicas de amigos del país, una idea original de los vascos que Campomanes convirtió en un programa de gobierno que, como todo lo demás con los Borbones, debía dictar lo que había de hacerse y cómo. Los tiempos en los que las iniciativas venían de la población o las corporaciones habían dejado de existir.

Carlos III murió en 1788 y ascendió al trono su hijo, Carlos IV. Con él regresa la figura del valido, ahora en la persona de Manuel Godoy, porque el rey no es capaz de decidir por sí mismo. Para mala fortuna, pocos meses después de su llegada al trono estalla la Revolución francesa que, no lo olvidemos, derroca a la rama original de los Borbones.

Antes de Godoy se encargan del gobierno ministros del tiempo de Carlos III, primero Floridablanca y después Aranda, pero cuando Luis XVI es detenido en Francia, Carlos reemplaza a este último con Manuel Godoy, quien participa en los intentos de las casas reales europeas de salvar a Luis XVI, que sin embargo es decapitado en enero de 1793, a lo que siguen las guerras de la Francia revolucionaria con esas casas reales. A España no le va nada bien (como a todos) y Godoy firma un acuerdo de paz en 1796, el (segundo) Tratado de San Ildefonso, mediante el cual España y Francia se convierten en aliados en contra de Gran Bretaña. Por cierto, España cede a Francia su parte de la isla de La Española ese mismo año, a cambio de recuperar las zonas que los revolucionarios franceses habían ocupado en su territorio.[7]

Después de sufrir derrotas navales frente a los británicos, Carlos IV decide expulsar a Godoy, quien, sin embargo, seguirá gozando de sus confianzas. En 1801, con Napoleón ya en el poder en Francia, España participa en una primera escaramuza en contra de Portugal, para romper su alianza con Gran Bretaña. En 1805, las armadas de España y

Francia se reúnen en Cádiz, para dirigirse hacia las islas británicas. El almirante Nelson les salió al paso en Trafalgar, destruyendo por completo ambas armadas. Ya los españoles habían derrotado a Nelson en Cádiz y en Tenerife, donde perdió su brazo. En Trafalgar perdió la vida, pero acabó con los sueños de Napoleón de invadir Reino Unido.

Dos años después, Napoleón insistió en ocupar Portugal y ahora convenció a Godoy, ofreciendo repartir el país en tercios: uno para Francia, otro para España y el sur para Godoy mismo. Cuando las tropas francesas atraviesan España, supuestamente rumbo a Portugal, parte del ejército se dirige a Andalucía y Godoy se da cuenta del engaño, por lo que convence a Carlos IV de abandonar Madrid y dirigirse a Sevilla, para poder escapar, en caso de ser necesario, hacia América, justo como la casa de Braganza lo había hecho, dejando Portugal para establecerse en Brasil. Carlos IV no logró hacerlo. El 17 de marzo de 1808 ocurre un motín en Aranjuez, que impide la salida del rey y exige la destitución de Godoy, y aún más, la abdicación del rey, lo que ocurrió el 19 de marzo, a favor de su hijo, Fernando VII.

Napoleón no permitió que Fernando reinase; convocó a ambos a Bayona (Francia) y ahí obligó a Fernando a devolver la corona a Carlos, y a este a entregársela a Napoleón, quien designó a su hermano José como gobernante de España. Dice Annino: «Nunca en la milenaria historia de las dinastías europeas encontraremos un acto similar al ejecutado por los Borbones españoles. Nunca una familia reinante había entregado la corona a un extranjero sin una guerra o una alianza familiar».[8] Le digo, nada peor que estos dos.

El 2 de mayo, la población de Madrid se levanta, pero es aplastada fácilmente por el ejército napoleónico, que ejerce una brutal represión al día siguiente, ambos eventos recreados de forma maravillosa por Francisco de Goya. José I entró en Madrid el 20 de julio. En el resto del país, que el ejército francés aún no ocupaba, ocurre, dice Santos Juliá,

> una situación característica de los procesos revolucionarios: mientras el viejo orden desaparecía y grupos de gente salían a la calle,

> protagonizando en ocasiones actos de violencia contra las autoridades del Antiguo Régimen, se formaron juntas locales y provinciales integradas por clérigos, abogados y notables... más que agentes de una revolución contra un poder establecido... fueron organismos para dirigir el levantamiento popular contra un invasor y ocupante extranjero.[9]

Los españoles resistieron la invasión por unos meses, pero después de la derrota que le propinaron al invasor en Bailén, Napoleón en persona se hizo cargo de las hostilidades, tomando Madrid nuevamente en diciembre de 1808 y procediendo de inmediato a decretar la abolición de los señoríos, la Inquisición, el Consejo de Castilla, los aranceles interiores y dos terceras partes de los monasterios y conventos. Para mayo de 1810, Andalucía había caído y tan solo Cádiz (gracias a la armada británica) seguía como territorio español libre. Será en Cádiz donde se cree la primera constitución de España, y las Indias, pero eso conviene platicarlo más adelante.

6
Reformas y reacciones

Como hemos visto, los Borbones tienen una idea muy diferente de cómo debe ser España. Tal vez por lo mismo, los españoles empezaron a tener una idea muy diferente acerca de América. No está claro en qué momento ocurre ese cambio de perspectiva, pero hacia mediados del siglo XVIII los españoles se perciben como un Estado moderno con un imperio colonial a su servicio, como los Países Bajos, Francia o Gran Bretaña. No había sido así antes, pero sí lo es para entonces. Pietschmann nos recuerda que, al inicio, aunque los conquistadores se referían a sus nuevos territorios como reinos, la Corona no lo hizo sino hasta fines del siglo XVII. Y pocas décadas después ya no se trata de reinos, sino de *colonias*, aunque formalmente no se adopta el término, e incluso en 1809 se insiste en que no lo son.[1]

Agresión borbónica

Ya sabemos que, en aquella época, la ley era apenas una referencia, de manera que, aunque Nueva España fuese uno más de los reinos que conformaban la monarquía, el trato bajo los Borbones fue colonial en el sentido de los imperios de la época: para saquear. Veíamos que Felipe V acaba con los reinos de Aragón y Valencia, de forma que la asociación de reinos que funcionó con los Austrias deja de existir, aunque no se haya dictado nada especial para América.

Eso ocurrió en la segunda mitad del siglo XVIII y agrupamos las medidas que se tomaron con el nombre de reformas borbónicas, pero, antes de revisarlas, conviene comprender ese cambio de mentalidad que, en mi opinión, va a ser lo más importante para la sociedad novohispana: una de sus dos raíces, de pronto, desprecia al fruto.

Malas opiniones acerca de los americanos existían desde el descubrimiento, especialmente porque lo primero que encontraron los europeos, las islas del Caribe, no tenían un desarrollo relevante. La perspectiva cambió mucho cuando conocieron México, donde el avance superaba mucho de lo que los conquistadores, la mayoría de origen humilde y pocas luces, había conocido antes. Pero buena parte de la disputa acerca de cómo asimilar a las poblaciones indígenas tuvo como eje la suposición de encontrarse frente a individuos inferiores. De un lado, eso servía de excusa para esclavizarlos, o al menos abusar de ellos; del otro, era la razón por la cual debían mantenerse alejados de los europeos y ser tratados como infantes. Los frailes, desde Motolinía y Tata Vasco en Michoacán hasta las reducciones jesuitas de Paraguay, estaban convencidos de construir una utopía bajo su sabia guía. La Corona, que finalmente se inclinó por este camino, favoreció la transformación de los *altepeme* en repúblicas de indios, como ya hemos visto, manteniendo a sus pobladores en, literalmente, un mundo aparte.

Sin embargo, durante el período que revisamos antes, esas discusiones se fueron diluyendo. Nueva España no era fácil de gobernar desde la metrópoli, no causaba muchos problemas y estaba enviando ya más plata que Perú. Controlaba además el comercio con Filipinas. Había mucho más que atender en la península, especialmente si Castilla estaba deprimida, y se tenía además un rey hechizado. La nueva dinastía, de déspotas ilustrados, aunque fuesen de muy bajo nivel, pensaba de manera diferente. Por un lado, había que imponer la autoridad única del rey; por otro, había evidencia «científica» de la inferioridad americana. No debemos olvidar que durante el siglo XVIII se construyen las explicaciones acerca de la superioridad europea que van a fundamentar el nuevo tipo de imperio colonial. Aunque estos imperios se fueron construyendo desde el siglo anterior, conforme avanzaba eso que conocemos como Ilustración, se hacía necesario tener una defensa intelectual del abuso colonial. En ese despropósito cayeron las mejores mentes de la época. Entre otros, el conde Buffon afirma que flora, fauna y humanos americanos corresponden a una etapa retardada de la evolución, y sus afirmaciones no tardan en convertirse en «opinión pública» en España.

La respuesta es inmediata. José Juan de Eguiara y Eguren publica *Bibliotheca Mexicana* en 1755, una obra que consta de dos partes: veinte respuestas a los dichos de Manuel Martí, que había afirmado que en América no había ni educación ni personas que quisieran aprender, y una bibliografía de autores «mexicanos», patronímico que se aplicaba a todos, indígenas o no, habitantes de cualquier parte de Nueva España. Sin duda, para ese momento ya se concibe a Nueva España como algo distinto, que además empieza a llamarse México.[2]

Al insulto de considerar inferiores a quienes habitaban entonces la región más rica de la monarquía se añade poco después la injuria de las reformas borbónicas. Estas reformas buscan, como veíamos antes, transformar los reinos medievales o renacentistas en un Estado moderno, si bien en la corriente del tradicionalismo dinástico. En consecuencia, se busca concentrar el poder en el rey, reduciendo el que hasta entonces tenían los mediadores locales; incrementar la eficiencia recaudatoria, lo que modifica de fondo los incentivos fiscales; modernizar la economía, liberando el comercio, y «civilizar» la sociedad, lo que trae consigo el debilitamiento de la Iglesia, pero también de todo tipo de corporaciones.

Ya veíamos que en España esto no fue sencillo de aplicar, y en parte por ello se exportan a América hasta después de la guerra de los Siete Años. En 1765 llega como visitador general José de Gálvez, quien desprecia a los criollos, para impulsar las reformas en Nueva España.[3] Las medidas causaron problemas en varias partes, e incluso manifestaciones públicas de descontento en Guanajuato, las minas al norte de San Luis Potosí y en varias ciudades del obispado de Michoacán.[4] El virrey, marqués de Croix, avisó a España de la situación explosiva, en la que una chispa podría detonar una rebelión. Al año siguiente, la expulsión de los jesuitas fue esa chispa. Precisamente en Guanajuato y San Luis ocurrieron los mayores conflictos. Gálvez dirigió una expedición para castigar la rebeldía: ahorcó a 85 personas, entre ellos 13 gobernadores indios, dos mulatos, dos mestizos y un español, y ordenó una pena de doscientos azotes a casi novecientas personas más.[5] Los siguientes años hubo tensión permanente en Nueva España.[6]

Por cierto, el marqués de Croix es el de la famosa frase: «De una vez para lo venidero deben saber los súbditos del gran monarca que ocupa el trono de España que nacieron para callar y obedecer, y no para discutir ni opinar en los altos asuntos de gobierno». Frase que ilustra muy bien la transformación borbónica. Hubiese sido impensable con los Austrias. Es precisamente esta actitud despótica, más que el contenido mismo de las reformas, lo que provoca la animadversión de los mexicanos.[7] Porque no se trataba simplemente de palabras, sino de acciones concretas en contra de ellos. Gálvez estaba convencido de que la presencia de los criollos en las instituciones debía reducirse: la Universidad, el cabildo de Ciudad de México, la audiencia, los ayuntamientos y cabildos eclesiásticos, y los va a desterrar o expulsar para reemplazarlos con peninsulares.

Gálvez regresó a España en 1772, siendo nombrado marqués de Sonora y vizconde de Sinaloa, y para 1776 secretario del Despacho Universal de Indias, desde donde procedió a la reorganización de los gobiernos americanos. En 1786 se dividió el territorio de Nueva España en 12 intendencias y tres regiones en el noreste: Nuevo León, Tamaulipas y Coahuila. Los intendentes eran peninsulares y varios de ellos estuvieron en su cargo por varios lustros.[8] En un reciente trabajo, Chiovelli y colegas demuestran que la creación de las intendencias (en toda América) efectivamente incrementó el ingreso de la Corona, pero ocasionó una respuesta social en contra que se reflejó incluso en los nombres que los criollos le ponían a su descendencia: dejaron de usar nombres asociados a la monarquía.[9]

Pero decíamos que las reformas, en sí mismas, no necesariamente causaron disgusto en todos los americanos. Por ejemplo, se liberó el comercio, lo que creó nuevos consulados. Aunque la medida se publicó en España en 1778, aquí se aplicó hasta 1789, probablemente por la renuencia del consulado de Ciudad de México a perder su poder monopólico. Aunque no se trata de libre comercio como lo entendemos ahora, sí facilitó las relaciones entre puertos de Nueva España y el resto de la monarquía.[10] Mientras que esa medida les costaba a los comerciantes del consulado de México, beneficiaba a los de Veracruz, y al comercio en general. Otras disposiciones les costaron a todos: en las últimas dos décadas del siglo XVIII hubo que aportar 21 millones de pesos para financiar al ejército peninsular, y todos los grupos novohispanos, incluyendo a los pueblos indígenas, tuvieron que hacerlo porque, durante su estancia en Nueva España, Gálvez había hecho un censo de los pueblos, que ahora eran fiscalizables.[11]

Además de organizar los tributos de los pueblos y hacer más eficiente la recaudación en minería y en el comercio (al quitar el control de las alcabalas al consulado), Gálvez tuvo éxito en la implantación de los estancos (monopolios del Estado). El más importante de ellos fue el del tabaco, que se estableció en 1767 y llegó a representar 30% de los ingresos de la Real Hacienda. Marichal considera que el estanco del tabaco era en realidad una compañía imperial, tal vez la más importante del mundo atlántico en el siglo XVIII.[12]

Los efectos de las reformas fueron entonces mixtos, beneficiando a algunos grupos a costa de otros, pero finalmente cumpliendo los objetivos españoles: la imposición del poder absoluto del rey, representado por los peninsulares, y la mejor recaudación. Si bien el efecto económico no necesariamente fue negativo, el desprecio por los criollos, es decir, los mexicanos, sí lo fue, y va a ser importante cuando la monarquía se venga abajo.[13]

Complicaciones

Ya veíamos que Nueva España era la joya de la monarquía desde mediados del siglo XVII, pero, para el período que ahora revisamos, es la locura. Por un lado, se alcanza una producción de plata excepcional a fines del siglo XVIII; por otro, las mejoras en recaudación permiten una mayor exacción por parte de España, que, hay que insistir en ello, ahora era un imperio colonial en forma.

La importancia de Nueva España no puede menospreciarse. John Tutino afirma que Nueva España, y específicamente el Bajío, es el motor del capitalismo global. El Bajío y su extensión al norte, que él llama la Norteamérica española, es donde se produce la mayor cantidad de plata en el mundo, el instrumento sobre el cual puede construirse un sistema comercial global.[14] Sin necesariamente coincidir con su perspectiva, muy cercana a las explicaciones marxistas y de sistema-mundo que fueron tan populares al final del siglo XX, no cabe duda de que en el período que analizamos ahora, cuando Francia y Gran Bretaña están en el segundo episodio de su lucha secular, y los Países Bajos han perdido la preeminencia que tenían al inicio del siglo, es muy probable que el Bajío haya sido la región más rica del planeta.

La figura 4.1 (véase p. 113) ilustra lo ocurrido entonces. En la segunda mitad del siglo XVIII y hasta la primera década del siglo XIX, los envíos de plata desde Nueva España prácticamente se duplican, a partir de una base que ya era muy considerable. Entre 1790 y 1810 se acuñan más de veinte millones de pesos al año.[15]

Aunque proporcionalmente menos importante, la producción de oro crece mucho más. En el siglo que vimos antes, es decir, entre 1650 y 1749, México envía dos millones de pesos en oro a España cada década. A partir de 1750 y hasta la Revolución francesa, los envíos se han triplicado. En los veinte años previos a la Independencia duplican el promedio previo, superando los 13 millones de pesos por década.

Como resultado de la guerra de los Siete Años, la posibilidad de una invasión británica en la América española se consideró más elevada y eso provocó que se empezara a contar con milicias permanentes, que no sé si se puedan considerar como un ejército formal, pero que había que financiar. Esto lo hizo Nueva España, que era la responsable del situado de Filipinas, pero también del Caribe. La figura 6.1 permite ver cómo una proporción considerable de la plata que debía enviarse a la monarquía en realidad se quedaba en América, para financiar la defensa contra una muy posible invasión.[16]

El resultado neto es que Nueva España duplica la proporción de plata acuñada que entrega a la monarquía, así ese dinero haya salido hacia Filipinas, el Caribe o Sevilla. Se duplica la proporción, pero, medida en metal, se multiplica por cinco veces y la mayor parte del ajuste ocurre a partir de la década de 1770, es decir, durante las reformas impulsadas por Gálvez.[17]

Marichal estima que para los últimos veinte años del imperio colonial los novohispanos pagaban cerca de cuatro pesos plata per cápita a la Corona, frente a 2.9 pesos que pagaba un peninsular en España. Las remesas de las que hemos hablado significaban una salida de al menos 5% del PIB novohispano.[18] Esto contrasta con la situación durante los Austrias, cuando los habitantes de Nueva España pagaban mucho menos que los castellanos (quienes eran realmente los únicos peninsulares que pagaban). Eso, y una mala década en cuestión climática, es posible que explique el severo deterioro de la economía novohispana en la primera década del siglo XIX. A diferencia de lo que vimos entre 1650 y 1750, cuando Nueva España era la región más rica

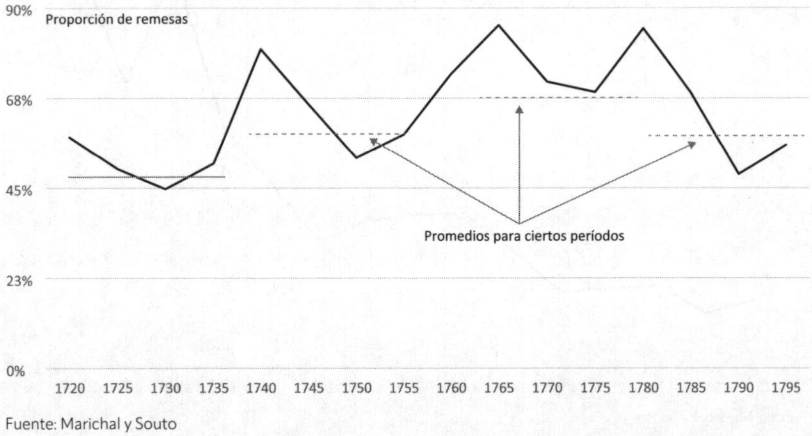

Figura 6.1. Situados del Caribe

de la monarquía, algo que se extiende hasta casi el final del siglo XVIII, el inicio del XIX resulta una tragedia para lo que ya pronto será México.[19]

Pero el saqueo no se limitó a esa mayor cantidad de plata, producto de la explotación minera, ni únicamente a la inclusión de todos en la recaudación (a diferencia de lo ocurrido con los Austrias, cuando los pueblos indios no pagaban tributo), sino que además hubo constantes solicitudes de créditos y donaciones de parte de las corporaciones novohispanas, hacendados, mineros y quien se dejara.[20] Marichal estima que entre 1780 y 1810 los créditos sumaron más de treinta millones, y las donaciones cinco millones.[21]

Peor todavía, España acordó con la Francia revolucionaria, en el (segundo) Tratado de San Ildefonso, la entrega de seis millones de libras mensuales, que tendría que pagar Nueva España, igual que ocurrió, durante la independencia de los Estados Unidos, con un ofrecimiento español de dos millones de pesos para respaldar a Francia. Es decir que Nueva España, México, no solo tuvo que financiar a la península, las Filipinas y el Caribe, sino también la independencia estadounidense y a los ejércitos de Napoleón. Si alguna vez hubo abundancia, fue entonces.

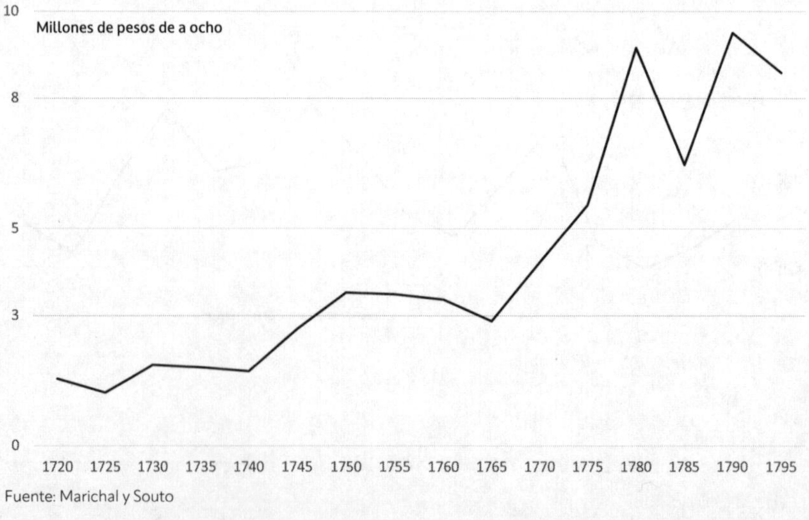

Figura 6.2. Envíos de plata a España

De acuerdo con Marichal y Tanck, Nueva España contaba con seis millones de habitantes en 1810, de los cuales 60% eran indios, 18% españoles y criollos, 16% mestizos y 6% mulatos y negros libres. Había además 8 000 esclavos negros. En ese momento, Ciudad de México contaba con 112 000 habitantes, más que Filadelfia, Nueva York o Lima. Había 21 ciudades de españoles, 10 de indios, cuatro decenas de villas y 4 500 pueblos de indios.[22]

La distribución no era pareja. De Ciudad de México hacia el sur, la mayoría eran indios, mientras que en Michoacán y Guadalajara, y en las provincias del norte, representaban apenas una tercera parte. La intendencia de Guanajuato era la más poblada, con 44% de indios, pero la mayoría de ellos no vivía en pueblos, sino que eran trabajadores de minas o haciendas. El norte del país crecía más rápido que el resto, con base en la inmigración, lo que hacía a esa región menos estructurada que el centro, y por lo mismo más abierta y cambiante.[23]

La «nobleza novohispana», que empezaba a aparecer en el siglo previo, despega en este. Abundan los marqueses y condes, grandes terratenientes, como el marqués de Jaral de Berrio, el de San Mateo Valparaíso, el marqués de Aguayo (con millones de hectáreas en Coahuila y Chihuahua), el conde de Regla o los condes de Santiago Calimaya. Sin embargo, no hay solo estos oligarcas, también una amplia variedad de ranchos y haciendas, especialmente en el centro del país.[24]

Puesto que las estructuras sociales en Nueva España aún son las construidas durante los Austrias, de carácter esencialmente medieval, las riquezas generadas por la plata y el comercio se concentran en un pequeño grupo de familias, ahora ennoblecidas. Algunas de ellas, además de sus minas o haciendas, mantienen una relación cercana con el gobierno de Nueva España, sea mediante la compra de puestos (que alcanzó su máximo a mediados del siglo XVIII), por relaciones familiares o simplemente por beneficio mutuo. Hay otras que prefieren mantenerse alejadas de esas relaciones políticas.[25]

La existencia simultánea de esos más de 4 000 pueblos de indios, separados de las ciudades españolas por las leyes y las costumbres, que esencialmente han continuado sus tradiciones y formas de producción, con el «motor del capitalismo» que es el Bajío y con la concentración de riqueza que se instala en Ciudad de México, es la desigualdad a la que se refiere Humboldt a inicios del siglo XIX, también reportada por Abad y Queipo, y que se utiliza con frecuencia para argumentar que la desigualdad en México tiene su origen en «la colonia».[26] Ya veíamos que la situación era considerablemente peor antes de la llegada de los españoles y veremos más adelante cómo la desigualdad, en todo el continente, es producto de un proceso diferente, cien años después del período que ahora analizamos. La información de Humboldt o Abad y Queipo tiene el mismo problema que la de Frank Tannenbaum respecto a la propiedad de la tierra durante el porfiriato: son impresiones personales que no necesariamente reflejan la realidad. No se trata de dejarlas a un lado, pero sí deben ser tomadas con sus granos de sal, y especialmente no creo que deban convertirse en la excusa de la desigualdad actual. En un trabajo reciente, Challú, García Solares y Gómez Galvarriato han construido series de rentas y salarios para Ciudad de México, los cuales nos confirman que, como en el resto de América, la

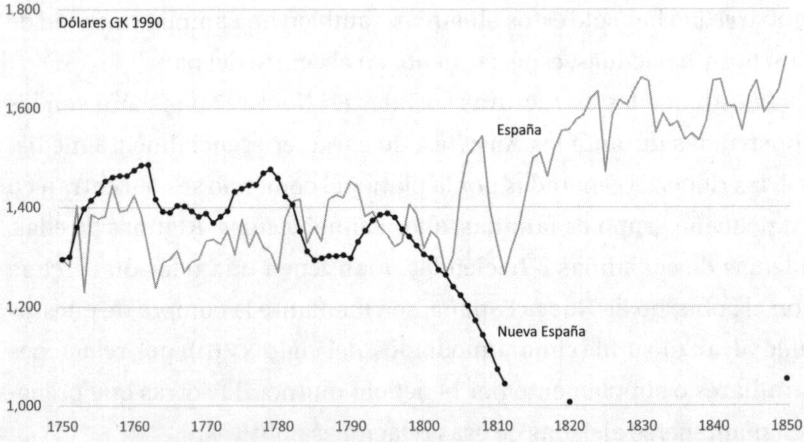

Fuente: Bolt, Jutta y Jan Luiten van Zanden (2024), «Maddison style estimates of the evolution of the world economy: A new 2023 update», Journal of Economic Surveys, 1-41. DOI: 10.1111/joes.12618.

Figura 6.3. Estimación del PIB per capita, países seleccionados

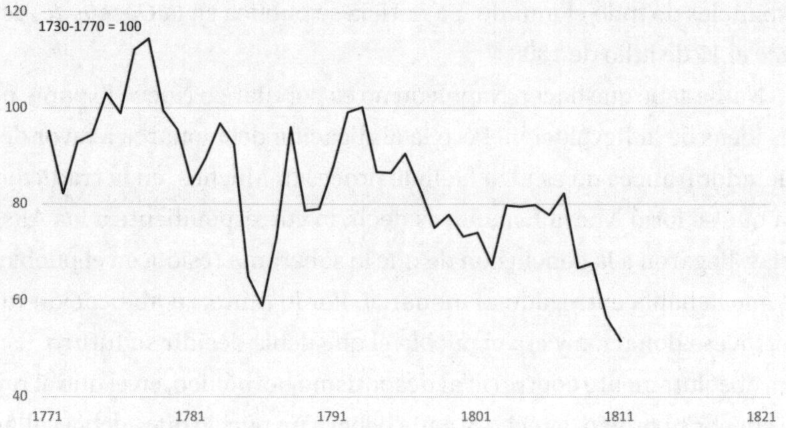

Fuente: Challú, A. E. and Gómez-Galvarriato, A. (2015). "Mexico's Real Wages in the Age of the Great Divergence, 1730-1930", Revista de Historia Económica/Journal of Iberian and Latin American Economic History, 33 (1), 83-122.

Figura 6.4. Nivel de bienestar, 1771-1811

desigualdad es mucho más un producto de finales del siglo XIX que una herencia «colonial».[27] Volveremos a eso más adelante.

Esto no significa que no hubiese un serio problema de concentración de la riqueza, producto tanto de la forma de producción, centrada en minas y haciendas, como de las estructuras sociales de herencia medieval, ya cristalizada en la nobleza novohispana. El crecimiento en producción de plata y la mayor presión fiscal van a agudizar el problema y a finales del siglo XVIII tanto los comerciantes como el obispo de Guadalajara se suman a Abad y Queipo en la denuncia de esas desigualdades, porque indios y mulatos no tienen nada, mientras que los «españoles americanos» tienen casi todo.[28]

Conspiraciones

A pesar de que la Independencia suele explicarse como el resultado de las reformas borbónicas, o incluso de la ya mencionada desigualdad, la verdad es que es muy probable que nada hubiese pasado si Napoleón no invade España en 1808. Es el deplorable espectáculo de Carlos IV y Fernando VII a los pies de Napoleón lo que llena de angustia a los españoles de todo el mundo. La noticia se publica en la *Gazeta de México* el 15 de julio de 1808.[29]

Nadie sabe qué hacer. Napoleón no es popular en Nueva España, ni las ideas de la Revolución. Pero la abdicación del monarca a favor del dictador francés no es algo fácil de procesar. Muchos, en la tradición en que se forjó Nueva España, es decir, la correspondiente a los Austrias, llegaron a la conclusión de que la soberanía residía en el pueblo, el que la había entregado al monarca. Por lo tanto, su abdicación revertía esa donación y era el pueblo el que debía decidir su futuro. Eso era absolutamente contrario al despotismo borbónico, en el que el rey lo era por su propio derecho, y nada debía a un pueblo que «debía callar y obedecer», como veíamos.

La primera postura fue defendida por el cabildo de Ciudad de México, controlado por criollos, que proponían lealtad a Fernando VII (sin conocer su intento de traición a su padre ni su subordinación a Napoleón, con el cual incluso intentó emparentar); la segunda, subordinarse a la Junta Central creada en España, era defendida por la audiencia, mayoritariamente de peninsulares. El virrey José Iturrigaray se inclinó por la primera opción y decidió convocar una junta para tal efecto. Antes de lograrlo, en la noche del 15 de septiembre de 1808, fue detenido por órdenes de la audiencia y con el apoyo de los comerciantes del consulado.[30]

La Junta Central, creada en España para dirigir la resistencia frente al invasor, intentaba gobernar y nombró como nuevo virrey al arzobispo de México, Lizana y Beaumont, quien no duró ni un año en el cargo, conforme la junta se desvanecía en España. En enero de 1810, la Junta Central desaparece y el Consejo de Regencia, en Cádiz, asume la soberanía. Si bien en América se había considerado válida la junta, el Consejo ya no obtuvo mucho apoyo. En América del Sur, en Caracas, Buenos Aires y todas las capitales, se crean juntas para el gobierno de sus regiones, que no buscaban «independizarse», porque juraban fidelidad a Fernando VII, pero al mismo tiempo daban inicio al proceso de desintegración de la monarquía.[31]

En mayo, el arzobispo deja el cargo de virrey, que es asumido temporalmente por el presidente de la Real Audiencia. Enviado desde Cádiz, el nuevo virrey, Francisco Xavier Venegas, llega a México para hacerse cargo a partir del 14 de septiembre. La noche siguiente, el cura del pueblo de Dolores, en Guanajuato, llamará a la rebelión mexicana. Miguel Hidalgo actuaba en defensa propia, pues la conspiración de Querétaro había sido descubierta. No era la primera: un año antes se había desarticulado una similar en Valladolid (hoy Morelia, como dicen los libros de texto), encabezada por Mariano Michelena y José María García Obeso. Como las impulsadas en 1810 en América del Sur, se trataba de organizar una junta fiel a Fernando VII, como posiblemente intentaban los conspiradores de Querétaro.[32]

Conviene entender la complejidad del proceso, que no tiene su origen en México, ni mucho menos. Frente a la invasión napoleónica, y la incapacidad de los reyes, las estructuras políticas de toda la monarquía intentan reaccionar. Se agrupan todas ellas detrás de Fernando VII, que no lo merecía, siguiendo en lo posible sus propias tradiciones, diferentes en cada lugar de América. Pero el caso más curioso es el de Nueva España, que, como usted recordará, nada más incluye el centro y sur de México, y casi toda Centroamérica. Yucatán es cosa aparte, pero también Nueva Galicia, Nueva Vizcaya y los territorios del norte. La muy reciente redistribución de Gálvez, que había creado nuevos virreinatos con todo y sus audiencias en América del Sur, será determinante en la construcción de las nuevas naciones. Acá, sin embargo, no había cuajado todavía la estructuración en intendencias y un solo virreinato. Nueva Galicia tenía su propia audiencia, y ya casi su arzobispado, de manera que su relación con Nueva España, es decir, Ciudad de México, no era sencilla.

Si sumamos a ello la gran fortaleza del Bajío (más o menos las cuencas de Lerma, Santiago y Cuitzeo, es decir, Jalisco, desde Guadalajara hasta Los Altos, Guanajuato, Querétaro, Aguascalientes, el norte de Michoacán y una parte de Zacatecas), creo que se entenderá mejor por qué las conspiraciones de Valladolid y Querétaro son consideradas como tales. A diferencia de lo ocurrido en América del Sur, donde los cabildos de las capitales respaldan las juntas pro Fernando VII, en México (una vez fracasado el intento de 1808) el fenómeno de desintegración tiene un segundo nivel: no es solo la potencial separación de la península, sino una posible desintegración interna.

De hecho, ocurrirá en parte, con la separación de Centroamérica, los intentos de secesión yucateca y especialmente el gran conflicto entre centralistas y federalistas que vive México en su primer medio siglo. Por ejemplo, en mayo de 1814 la diputación de Guadalajara envió una representación a las Cortes, anunciando que el reino de Nueva Galicia quedaba separado del virreinato de Nueva España.[33] No incluyo aquí la pérdida de los territorios del norte a manos de los Estados Unidos, que no fue un proceso interno, como veremos más tarde.

Es en este contexto en el que Hidalgo decide llamar a la rebelión, desatando fuerzas que causarán mucho más mal que bien. Josefina Vázquez de Knauth se refiere así del cura: «Hidalgo [...] no era otra cosa que demoníaco destructor de la paz, concepto que a los acostumbrados a verlo como "venerable anciano" criador de abejas y sembrador de viñas les resulta un poco increíble».[34] Usted conoce la historia: el ataque a Guanajuato y la matanza de la Alhóndiga, el retroceso en el cerro de Las Cruces frente a una Ciudad de México que no estaba preparada, el viaje a Guadalajara, un gobierno temporal, la derrota de Puente de Calderón, la huida al norte y la derrota. Todo en seis meses. Miles de muertos en batallas que no tuvieron ninguna trascendencia, más allá de provocar en los novohispanos las imágenes de la violencia «popular» ocurrida en Perú en 1780, con Tupac Amaru, o en Haití, apenas unos años antes.[35]

Mientras Hidalgo destruía las posibilidades de una transformación pacífica, en Cádiz iniciaban las Cortes, convocadas originalmente en enero de 1809, con un texto que merece recordarse:

> La Junta Suprema Central Gubernativa del Reyno, considerando que los vastos y precisos dominios que España posee en las Indias no son

> propiamente colonias o factorías como las de otras naciones, sino parte esencial e integrante de la monarquía española[...] se ha servido S. M. declarar [...] que los reynos, provincias e islas que forman parte de los referidos dominios, deben tener representación inmediata a su real Persona por medio de sus correspondientes diputados.[36]

Es decir que, cuando ya las provincias eran tratadas como «colonias o factorías», desde la península se decía que legalmente no era así, pero se les daban nueve diputaciones frente a las 26 peninsulares. Esa convocatoria no tuvo éxito porque, aunque se hicieron elecciones en América, para cuando se decidieron los diputados, la junta había dejado de existir, no sin antes realizar una nueva convocatoria, ahora sí a las Cortes Generales y Extraordinarias, que abren sesiones el 24 de septiembre de 1810, con trescientos diputados, un tercio de ellos americanos.[37] La constitución que escribirán esas Cortes, y se publicará el 19 de marzo de 1812, es casi un manifiesto liberal, claramente adelantado a lo que entonces eran España y sus posesiones de ultramar. No lo era por completo, porque los diputados decidieron que los negros y mulatos no debían ser considerados ciudadanos, algo que resultará de gran importancia en México en 1821, cuando Guerrero le ponga peros a la oferta de Iturbide, centrada en dicha constitución.[38]

Habíamos interrumpido la narración de lo ocurrido en España precisamente alrededor de la llegada de Napoleón, porque es mucho más claro ver el proceso de Cádiz como contrapunto a Hidalgo y Morelos, como estamos haciendo ahora. Más aún, las siguientes décadas en España y en México tendrán parecidos asombrosos. Fernando VII regresa al poder en 1814, gracias a los británicos, pero de inmediato rechaza la constitución que había jurado anteriormente. En 1820, debido al levantamiento militar encabezado por Riego, tiene que dar marcha atrás y subordinarse a la constitución, pero tres años después volverá a abolirla, y así quedará por el resto de su vida, una década entera.

De este lado del Atlántico, el virrey Venegas promulgó la Constitución de Cádiz en septiembre de 1812 y en noviembre se llevaron a cabo las primeras elecciones para miembros del ayuntamiento de Ciudad de México, con una participación que resultó sorprendente y que provocó su anulación, lo mismo que la libertad de prensa, que ya había tenido sus primeros frutos con *El Pensador Mexicano*, de Fernández de Lizardi, y *El Juguetillo*, de Carlos María de Bustamante. La constitución establecía que las localidades con más de 1 000 habitantes elegirían su ayuntamiento, lo que provocó que muchas poblaciones se agrupasen alrededor de su cabecera para lograrlo. Hubo más de 1 000 ayuntamientos en Nueva España en ese período. En 1813 finalmente se eligió un nuevo ayuntamiento en Ciudad de México y se procedió a la elección para diputados a las Cortes. La elección fue controlada por los criollos, que no dejaron que se eligiera a ningún peninsular. Dice Annino: «En la ciudad de México se demostró que, a pesar de la concepción abstracta de soberanía querida por los liberales españoles, la construcción de la representación política moderna pasaba en América no solo de hecho sino también de derecho por los sistemas de valores de las sociedades locales».[39]

En Yucatán eso ocurrió a inicios de ese mismo año, y en Guadalajara poco después. La que correspondía a Nueva España se eligió hasta 1814, poco antes de que Fernando VII aboliera la constitución.[40] Por otra parte, la constitución debilitó el papel del virrey, que perdía el control político de las regiones: Yucatán, Guadalajara y todo el resto del norte. Cuando Calleja toma el cargo, a inicios de 1813, las Cortes le dieron el nombramiento adicional de presidente de la Real Audiencia, lo que utilizó para intervenir en todo el territorio, aunque eso causó conflictos con las regiones, provocando la representación que ya veíamos, que envió la diputación de Guadalajara a las Cortes, afirmando que el reino de Nueva Galicia había quedado separado de Nueva España y quedaba bajo las órdenes de su jefe político, José de la Cruz. Algo similar ocurrió con las Provincias Internas de Oriente, bajo el control de Joaquín de Arredondo.[41]

Note usted las diferentes dinámicas que se mezclan en esos años. Por un lado, diversos grupos que buscan organizarse para encontrar una forma de mantener Nueva España en funcionamiento, que son las conspiraciones; por otro, un levantamiento convertido en tumulto gracias a la improvisación y la locura de Hidalgo; luego, un proceso organizado desde la península que busca transformar el despotismo deslustrado de los Borbones en una monarquía constitucional; finalmente, Fernando VII, lo peor que llegó a gobernar España en su historia.

Las primeras dos dinámicas, locales, se van a enfrentar cuando Morelos reemplaza a Hidalgo como líder del levantamiento, mientras que Ignacio López Rayón establece una junta de gobierno en Zitácuaro. Aunque los dos decían luchar para defender a Fernando VII, sus diferencias los llevarán por caminos enfrentados. Muy pronto, la junta de Zitácuaro es ignorada por los dirigentes en armas y es Morelos quien se convierte en el líder de la rebelión. Acompañado de personajes como los Galeana, los Bravo, Guadalupe Victoria y Mariano Matamoros (también cura, y su más cercano colaborador), Morelos ocupa Oaxaca a fines de 1812. Poco después, López Rayón se asume como único dirigente de la junta, mientras que Carlos María de Bustamante, una vez que la libertad de prensa fue eliminada, se acercó a Morelos y lo convenció de llevar a cabo elecciones para un congreso. El 13 de septiembre de 1813 se instaló el Congreso de Anáhuac, con un solo representante elegido, José Manuel de Herrera. Bustamante se incluyó como representante de Ciudad de México, José María Murguía (criollo adinerado incorporado a la junta de Zitácuaro en contra de la voluntad de López Rayón) hizo lo propio como representante de Oaxaca y el resto lo conformaban los jefes militares de las provincias. El 6 de noviembre de 1813, dicho congreso declaró la independencia de América Septentrional y al año siguiente publicó un «decreto constitucional para la libertad de la América mexicana», que apenas tuvo alguna vigencia en las regiones que ocupaban los rebeldes. Para fines de 1815, cuando Morelos es capturado y ejecutado, termina este experimento.[42]

Durante todo este tiempo, hay grupos que intentan encontrar una salida a la crisis política que comenzó con la invasión Napoleónica a España. Buena parte de ellos opera a través de una figura propia de la época: las sociedades secretas. En los años de Morelos, quienes lo respaldan se organizan en un grupo llamado Los Guadalupes, que no parecen sobrevivir a la derrota del caudillo del sur.[43] A ese grupo se sumaron los Caballeros Racionales en Xalapa o los Sanjuanistas en Yucatán. En las siguientes décadas serán las logias masónicas, que tantas ilusiones conspirativas siguieron alimentando hasta hace muy poco.[44]

Conviene insistir en la forma en que los criollos pudieron tomar control de los procesos políticos en Nueva España desde las Cortes de Cádiz, que se sumó al impulso que dio Félix Calleja a la creación de ayuntamientos, especialmente para debilitar la insurrección de Morelos. Mientras que durante la época colonial los ayuntamientos en Nueva España eran alrededor de 50, para 1820 se habían multiplicado: seis en la intendencia de Veracruz, 13 en Zacatecas, 15 en Guanajuato, 42 en Tlaxcala, 85 en México, 90 en Valladolid, 172 en Puebla, 200 en Oaxaca. Evidentemente, son esos 4 000 pueblos, antes repúblicas de indios, que se transforman para resistir.[45] Uso este verbo porque me parece que, más que en las revueltas o alzamientos, es en esa transformación de figuras políticas alrededor de las comunidades que se intenta perpetuar las relaciones comunitarias originadas en los *altepeme*, mantenidas aisladas como repúblicas y ahora adaptándose a los nuevos tiempos.[46]

Las luchas campesinas, dice Fernando Escalante, «se inscriben en una lógica mayor, de defensa del orden tradicional: autogobierno, tierras comunales, servicios religiosos; en todos los terrenos la comunidad intenta mantener su cohesión y su seguridad».[47] En su monumental obra *La otra rebelión*, Eric van Young confirma esta perspectiva: sin generalizar un proceso que fue muy distinto a lo largo de toda Nueva España, la insurgencia popular durante la «independencia» trató de «lograr una especie de alejamiento en un prolongado proceso de resistencia cultural de las comunidades rurales contra las fuerzas del cambio, tanto internas como externas, en vez de alcanzar el resultado registrado de la lucha político-militar, la consolidación de la Independencia».[48] Es muy insistente Van Young en que la rebelión se entiende mejor desde una perspectiva cultural, ya que no se trató de una rebelión esencialmente agraria, ni por sus objetivos ni desde el punto de vista práctico o programático.[49]

Esta transformación de los *altepeme*, ahora ya como municipios respaldados por la resucitada Constitución de Cádiz, se convertirá en una de las dinámicas más complicadas en México. Es la disgregación interna en la que una multiplicidad de regiones se convierte en una especie de neocorporativismo, piensa Annino.[50] Cuando la reforma intente desamortizar los bienes de la Iglesia, se enfrentará también a los ayuntamientos, dando lugar a otra gran rebelión, como veremos.

A la muerte de Morelos, los líderes rebeldes son Vicente Guerrero y Guadalupe Victoria, que mantienen en lo posible la rebelión en Guerrero y Veracruz, respectivamente. Se crea también una junta subalterna que no logró mucho apoyo, aunque sobrevivió a la sombra de Guerrero.[51] Aunque no hay una fuerza unificada independentista después de Morelos, eso no significa que Nueva España estuviese pacificada. Por el contrario, lo que hay es una infinidad de pequeños conflictos, inseguridad en los caminos y una situación ruinosa en Michoacán y Guanajuato, así como una especie de «gobiernos alternos» en Puebla, Veracruz, San Luis Potosí, muchas veces formados por militares, que recaudaban impuestos, impartían justicia, controlaban el comercio (es decir, el contrabando).[52]

Lo que cambia las cosas es el motín de Riego, en España, que obliga a Fernando VII a jurar de nuevo la constitución en 1820. Conviene recordar que Riego era el comandante de las fuerzas que estaban reuniéndose para ser enviadas a América, pero que en lugar de ello le exigieron al rey subordinarse a la constitución. Tres años después, Fernando VII tomaría venganza y ahorcaría a Riego, terminado el «trienio liberal» para entrar en la «década ominosa». España también sufría un creciente deterioro.

Aunque el virrey Apodaca pospone en lo posible su aplicación en Nueva España, el 3 de julio de 1820 fue publicada en la *Gazeta* la convocatoria a elecciones para las Cortes. Nuevamente se separaron los reinos: habría juntas preparatorias en México, para Nueva España; en Guadalajara, para Nueva Galicia; en Mérida, para Yucatán; en Monterrey,

Nuevo Reino de León, para la Provincias Internas de Oriente, y en Durango, Nueva Vizcaya, para las Provincias Internas de Occidente.[53]

El regreso de la constitución trajo consigo el renacimiento de los ayuntamientos, que ahora tendrían milicias para su defensa. El reacomodo del poder local trajo consigo el debilitamiento del control militar ejercido por los comandantes y, al final, el virrey mismo.[54] La necesidad de estas milicias provenía, en parte, de la dificultad de financiar las fuerzas virreinales, que habían agotado los recursos públicos, pero también de la inseguridad y la delincuencia que ya mencionábamos.[55] Para abril de 1821, los ayuntamientos más importantes contaban ya con sus milicias. Meses antes, en noviembre de 1820, Apodaca había recuperado del retiro a Agustín de Iturbide, separado del ejército en 1816 (por crueldad y corrupción, según se dijo), para nombrarlo comandante general del Sur. Se ha hecho costumbre afirmar que este nombramiento fue producto de una conspiración de «serviles» (novohispanos que defendían el mantenimiento del imperio y rechazaban la Constitución de Cádiz) que se reunía en la iglesia de La Profesa. Los especialistas coinciden en rechazar esta idea, porque, más allá de las narraciones de Alamán, no existe evidencia alguna de esas reuniones ni hay correspondencia en lo que Iturbide propuso con las ideas de aquel grupo.[56]

Lo que sí es claro es que Iturbide, en cuanto tuvo el control de tropas, se dedicó a recuperar y fortalecer sus lazos con otros compañeros de armas, pero también con jefes rebeldes y grupos políticos. El resultado es el Plan de Iguala, la creación de un Imperio mexicano basado en tres garantías: religión, independencia y unión.

CUARTO SIGLO
Abandono (1821-1921)

En este cuarto siglo, España deja de ser relevante como entorno de México. Por un tiempo, tendremos historias paralelas, aunque no iguales, un poco como ocurre con quienes se separan después de un matrimonio de décadas. Pero, a partir de ahora, lo relevante para México serán los Estados Unidos, un país pequeño al momento de su independencia, mediano al momento de la nuestra, pero muy superior poco tiempo después. Tanto, que no pudimos defendernos.

Aunque los Estados Unidos sea importante para nosotros, no lo es a escala global en este período. Ese puesto le corresponde a Gran Bretaña. Este es el siglo británico, que comienza con la derrota de Napoleón y termina en la desgracia de la Primera Guerra Mundial.

Para México será un siglo trágico. Por dos docenas de años no pudimos encontrar cómo organizarnos y eso nos impidió la defensa frente al vecino. Un lapso similar transcurre desde entonces hasta eso que los historiadores llaman *República Restaurada*, que en realidad resulta más bien una especie de monarquía civil, que coincide con la expansión del capitalismo global. Época de crecimiento, desigualdad, belleza (*Belle Époque*), que termina, como en el resto del mundo, en una gran tragedia. Acá, con la Revolución.

7
El siglo británico

A escala global, tal vez sería mejor fechar este siglo de 1815 a 1919, es decir, de la Conferencia de Viena que reordena Europa después de las Guerras Napoleónicas, a la de Versalles, en la que el Imperio alemán acepta su derrota en la Primera Guerra Mundial, y al mismo tiempo se sientan las bases de la Segunda.

De Viena a Versalles

Napoleón se convirtió en cónsul en 1799, puesto que poco después se convirtió en vitalicio. En 1803, después de la derrota de las fuerzas francesas en Haití, decidió deshacerse de las posesiones francesas en América y vendió la Luisiana a los Estados Unidos, como ya comentamos. Con los recursos obtenidos, se concentró en Europa y se convirtió en emperador en 1804. Al año siguiente derrotó a Austria en Austerlitz y, en 1806, en Jena, a Prusia. Dos años después tomó el control de España y Portugal. Tenía prácticamente el control total de Europa, salvo por los dos extremos: Gran Bretaña y Rusia. Sus intenciones de enfrentar a los británicos no se cumplieron por la falta de una flota, y la idea de invadir Rusia, como es sabido, fue pésima. En 1812 llevó un ejército de medio millón de soldados hacia su muerte. Regresaron apenas 5 000. En los dos años siguientes, Francia fue perdiendo todos los territorios conquistados y en abril de 1814 Napoleón fue llevado como prisionero a la isla de Elba.

Seis meses después, a instancias del canciller austriaco Metternich, se reunieron en Viena representantes de todos los países para acordar un nuevo equilibrio europeo. Aunque Napoleón escapó de Elba e intentó recuperar el control de Francia, fue finalmente derrotado en Waterloo en junio. El Congreso de Viena no se había interrumpido y concluyó poco antes de esa batalla, con la confirmación de una Europa esencialmente imperial.

En Francia gobernó desde 1814 Luis XVIII, hermano de Luis XVI, lo que significó una restauración de la monarquía absoluta. Austria recuperó sus territorios en los Balcanes y sobre todo en Italia, aunque el Sacro Imperio había dejado de existir desde 1806. Prusia se convirtió en el eje de la Confederación Alemana, que incluía una parte de Austria. También se quedó con parte de Polonia, aunque la mayoría estaba ya bajo control ruso. España y Portugal apenas lograron la reinstalación de sus monarquías, ya muy debilitadas.

El congreso fue una reacción a la Revolución francesa y a la expansión del liberalismo que acompañó a Napoleón en su conquista europea. Más allá de los daños provocados por las guerras, Napoleón implantó gobiernos que pueden considerarse liberales en comparación con las monarquías que expulsaba e introdujo un marco legal que sobrevivió en buena parte de Europa, y que genéricamente se llama Código Napoleónico (código civil). La restauración monárquica buscaba eliminar esa mala influencia y sobre todo evitar un nuevo brote revolucionario. El proceso histórico, sin embargo, jugaba en su contra. Conforme las nuevas tecnologías mueven más personas hacia las ciudades (es decir, hacia las fábricas), las ideas del liberalismo toman mayor fuerza.

Conviene aquí retomar el análisis que Fernando Escalante propone en su libro *Ciudadanos imaginarios*, que nos será muy útil en el próximo capítulo. Escalante argumenta que hay tres diferentes tradiciones que avanzan en el siglo XVIII, que no son totalmente compatibles entre sí, pero que son confundidas con frecuencia. Primero, la tradición republicana, que tiene como modelo a la república romana y, en el renacimiento, a Maquiavelo: la virtud de los ciudadanos, el bien público, la razón de Estado. Dice Escalante que esta tradición tolera mal al liberalismo porque supone una «inequívoca superioridad moral del interés público sobre el privado».[1]

La tradición liberal, nos dice, se concentra en las «garantías individuales, en la tolerancia y en la necesidad de respetar el orden jurídico». Aunque esta tradición viene de la Edad Media, sus defensores clásicos son ingleses, como John Locke o Stuart Mill. Finalmente, la tradición democrática, que exige participación, justicia y autogobierno.

Escalante enfatiza la incompatibilidad de las tres tradiciones y, dice, no por sutilezas conceptuales, sino porque el conflicto entre ellas «produjo la mayor parte de los equívocos y de las frustraciones de los liberales mexicanos del siglo XIX».[2] Cabe notar que la tradición democrática sí es compatible con la republicana, en tanto que para ambas el espacio público tiene primacía. Como en Rousseau, que promueve ideas democráticas que, sin embargo, llegan fácilmente al autoritarismo al enarbolar una «voluntad general», que acaba siendo la subordinación de la voluntad individual. La tradición democrática simple fácilmente deriva en la concentración del poder en aquellos que afirman representar esa voluntad general, sea del pueblo, la clase social, la raza o la religión. Es la idea que se convertirá en el siglo XX en la dictadura del proletariado y en la supremacía racial, y me parece que podemos encontrarla hoy mismo en lo que se ha dado en llamar genéricamente populismo.

Precisamente por esa razón se debe enfatizar que el modelo político que se intentó diseminar durante el siglo XX fue la democracia liberal, es decir, esa combinación que Escalante considera imposible (o al menos inestable), en la que los derechos humanos, la tolerancia y el Estado de derecho limitan tanto a la razón de Estado como al autogobierno y a la «justicia». La razón por la cual esta combinación debe buscarse, a costa de sufrir equívocos y frustraciones, tiene que ver con la imposibilidad de la voluntad general. Como lo mostró Arrow hace ya muchos años, no hay forma de que un grupo de individuos mínimamente racionales logre construir un ordenamiento igualmente racional de las opciones que enfrenta. Si este grupo lo intenta, la única solución ocurre cuando todos piensan lo mismo, que con frecuencia es lo que piensa el poderoso.[3]

El momento que ahora analizamos ilustra los primeros enfrentamientos entre las tres tradiciones, o las mezclas de ellas intentadas en diversos lugares. La democracia republicana de la Revolución que termina en el Terror; los esfuerzos por equilibrar democracia y liberalismo en los países anglosajones, que funcionan temporalmente a costa de los imperios coloniales, y la búsqueda de equilibrios en los países resultantes de la fragmentación de la monarquía hispánica. Volveremos a encontrar estos conflictos en los siguientes dos siglos, uno que ya ha pasado y el que ahora iniciamos.

El nacimiento de los Estados Unidos

Como usted sabe, las 13 colonias británicas decidieron separarse del Imperio en 1776. En realidad, los enfrentamientos se iniciaron el año anterior, pero se recuerda la fecha del 4 de julio de 1776 por haberse publicado la constitución. La guerra duró varios años más y fue exitosa para los estadounidenses gracias al apoyo militar de Francia, así como a préstamos de España (que en realidad fueron cubiertos por Nueva España, y no nos pagaron). En 1783 se firmó el Tratado de París, en el cual se reconoce la independencia de las colonias, que sin embargo no tuvieron un gobierno formal sino hasta 1789, con George Washington como primer presidente. En 1812 hay una nueva guerra con Reino Unido, que termina con el triunfo estadounidense.

A partir de 1830, los colonos inician el movimiento hacia el oeste, ocupando los territorios que habían adquirido de Francia (Luisiana) y España (Florida), pero pronto empiezan a instalarse en territorio mexicano. La expansión estadounidense se realiza mayormente desplazando a quienes ya ocupaban esos territorios, a veces negociando tratados que luego no se cumplieron, a veces con violencia abierta. Así ocurrió con Texas, donde los colonos originales, llegados con permiso del gobierno novohispano, buscaron independizarse, lo que provocó la guerra de Texas (1836), en la que México perdió una parte de su territorio.

El conflicto mayor ocurre diez años después, cuando los Estados Unidos declaran la guerra a México con el fin de arrebatarle el territorio que va del Misisipi hasta el Pacífico, es decir, los actuales estados de Nuevo México, Arizona, California, Nevada, Utah, Colorado, junto con la expansión de Texas desde el río Nueces hasta el Bravo. Los estadounidenses ya habían intentado convencer a México de comprar parte de ese territorio desde 1825, pero después de la derrota mexicana en Texas, y del evidente caos político en nuestro país, se decidieron por la invasión. Al año siguiente del despojo, encontraron oro en California, lo que permitió su rápida colonización. El compromiso de salvaguardar a los mexicanos que se habían quedado en ese territorio, así como sus propiedades, que habían firmado los Estados Unidos en el Tratado de Guadalupe Hidalgo, no se cumplió, como no se cumplieron muchos de los tratados firmados con los nativos desplazados en otras partes de lo que hoy son los Estados Unidos.

En 1848, mientras Europa enfrenta una serie de rebeliones que finalmente no provocaron cambios relevantes, los Estados Unidos han alcanzado buena parte de su territorio actual. En 1867 compraron Alaska a Rusia. A fines de siglo, con la guerra de 1898, Estados Unidos terminó con los últimos residuos del Imperio español, al independizar Cuba y Filipinas, y anexarse Puerto Rico, que desde entonces es un «Estado asociado». Guam sí se convirtió en propiedad estadounidense, lo mismo que Hawái, ocupado ese mismo año.

En el transcurso del siglo XIX, los Estados Unidos se convierten en un país que es más bien un continente entero. Solo Rusia y Canadá son mayores, pero buena parte de sus territorios es inhabitable. China es de un tamaño similar y Brasil un poco menor, lo mismo que Australia. Comparte con Canadá la fortuna de tener acceso tanto al Atlántico como al Pacífico, lo que les da una posición estratégica, no solo comercial, sino también de defensa.

El Imperio británico

Victoria asumió como reina de Inglaterra en 1837 y gobernará por 63 años, apenas un poco menos que la reina Isabel II, en el siglo XX, o que Luis XIV, en el siglo XVIII en Francia. Aunque algunas decisiones importantes ocurrieron antes del ascenso de Victoria, en buena medida puede considerarse que su reinado coincide con el desarrollo del Imperio británico hasta convertirlo en potencia mundial. Sus descendientes gobernarán Reino Unido, Prusia y Rusia, y se enfrentarán entre sí durante la Primera Guerra Mundial.

Durante el siglo XIX, Reino Unido participa solo en una guerra en Europa, la guerra de Crimea en contra de Rusia (1854-1856), y en varias escaramuzas, también contra ese país, en lo que se ha dado en llamar el «Gran Juego», por el control de la meseta iraní y Afganistán. En India, a inicios del siglo XIX las compañías inglesas, que como las holandesas fueron la forma en que comenzó el imperio colonial, ceden las regiones que controlaban a la Corona y que desde 1858 se conocen como el Raj. Más o menos en la misma época, los británicos empiezan a ocupar África, en competencia con Francia, y más tarde Alemania. A fines de siglo se realizará una conferencia en Berlín para repartirse el continente entero. Los imperios coloniales de los siglos XVIII y XIX, como hemos dicho, eran muy distintos, orientados sobre todo al saqueo.

A partir de 1870, Reino Unido, como el país más poderoso del mundo, que además controlaba los océanos, decide establecer un sistema financiero favorable. Puesto que gobernaba en las regiones con minas de oro más importantes, el sistema financiero se construye alrededor del oro y así es conocido: *patrón oro*. Los promotores de un patrón bimetálico (oro-plata) fueron perdiendo apoyo y México fue el último en aceptar la imposición del patrón oro.

El avance tecnológico, el acceso a todas las regiones del planeta, la garantía de seguridad que proveía la armada británica y un sistema financiero razonablemente estable permiten un crecimiento espectacular en el último tercio del siglo XIX. Me parece que podemos rastrear hasta ese tiempo el origen de la situación que vivían las naciones al inicio del siglo XXI. No es que sea una relación unívoca y exacta, pero sí hay ciertos patrones que han sido muy relevantes en los siguientes 150 años.

Cuando las necesidades de la expansión económica europea exigen insumos en abundancia, las potencias van a buscarlos a otras partes del mundo. En África, donde no encuentran organización política relevante, se instalan como potencias coloniales y saquean todo lo posible. Por esa razón, los países africanos, especialmente aquellos al sur del Sahara, son pobres prácticamente todos. Varía la desigualdad, pero la constante es la pobreza. En Asia, en cambio, lo que encuentran los europeos son países con gobiernos en decadencia, pero todavía fuertes. La dinastía Qing, ya muy débil, en China. Los restos del Imperio mogol en India y múltiples *rajs*. Un gobierno fuerte y aislacionista en Japón. No se les puede saquear como a los territorios africanos, pero se les puede forzar a comerciar en condiciones desventajosas. Y eso se hace.

En América, para cuando llega la gran demanda de insumos, es decir hacia 1870, las naciones latinoamericanas llevan ya medio siglo de existir. En casi todas ellas ha habido dictadores y guerras civiles, y en todas hay una élite gobernante, la de los «héroes que nos dieron patria». Tal vez salvo el caso de México, donde esa élite se renueva precisamente en ese tiempo, con el enfrentamiento entre liberales y conservadores. Como sea, lo que ocurre es que las potencias europeas comercian con esas élites, las que se dedican a saquear a sus compatriotas. Es entonces, y no antes, cuando este continente alcanza los niveles de desigualdad que todavía hoy se mantienen, y nos colocan en la primera posición global.[4]

Al cierre del siglo XIX ya hay una diferencia considerable entre continentes: Europa y los países europeos ubicados en otros continentes (Estados Unidos, Canadá, Australia y Nueva Zelanda) tienen un ingreso superior al promedio mundial, y bajos niveles de desigualdad. Del otro lado del espectro, África es un compendio de colonias, que darán lugar a países muy pobres, con niveles variados de desigualdad. Asia y América Latina son continentes de países de ingreso medio, pero este último con mucha mayor desigualdad.

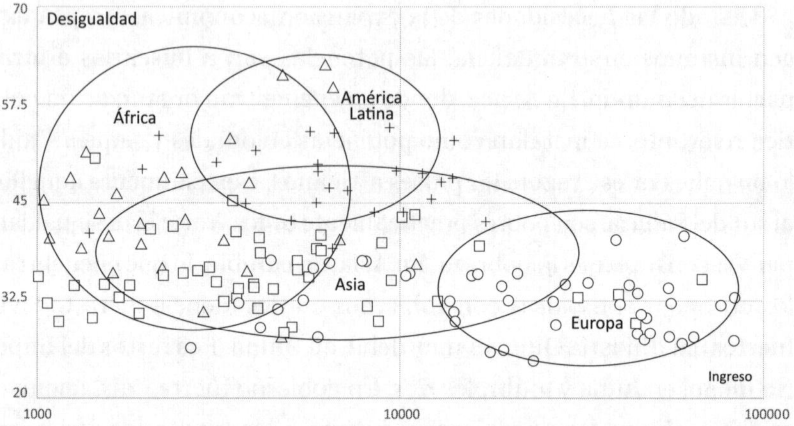

Fuente: World Bank, World Development Indicators (extraídos en marzo y abril de 2025).

Figura 7.1. Se muestran todos los países del mundo para los que existen datos de desigualdad e ingreso por habitante para el período 2015-2019 en los indicadores de desarrollo del Banco Mundial. En el eje vertical se mide desigualdad con el coeficiente de Gini, mientras más arriba, más desigual es un país; en el eje horizontal se mide el PIB per cápita en dólares corrientes. Los países se identifican mediante figuras geométricas: círculos para Europa y países occidentales (como Canadá, Estados Unidos, Australia y Nueva Zelanda); cruces para América Latina; cuadrados para Asia; y triángulos para África. Las áreas agrupan por continente, aunque no de forma exacta.

La Gran Guerra

En Europa, Prusia, después de sus guerras con Austria (1866) y Francia (1870-1871), se ha transformado en el Imperio alemán y muy rápidamente empieza a tener fricciones con Gran Bretaña, especialmente por el control de los mares. Aunque no hay consenso en la causa de la Primera Guerra Mundial (más allá del asesinato del archiduque Francisco Fernando, la excusa última), me parece que fue esa disputa lo que provocó una guerra en la que toda Europa quedó exhausta. La Gran Guerra, como se le conoció entonces, fue un cambio de época, mucho más que la Segunda. Es a partir de 1914 que todo cambia: las aristocracias dejan de tener la legitimidad que les daba el crecimiento económico de las décadas previas, la movilización de jóvenes a la guerra obliga tanto a extender beneficios a los trabajadores como a permitir el acceso a las mujeres, la creencia en el progreso ilimitado se diluye y el derrumbe de los imperios de Europa central provoca una profunda incertidumbre en naciones literalmente inventadas de un día para otro, lo que abre el espacio a soluciones extremas.

La Gran Guerra detuvo el crecimiento del comercio internacional, que empezó a decaer, como proporción de la economía, hasta finales de la Segunda Guerra Mundial. Esa caída trajo consigo un menor crecimiento económico. Sin embargo, los avances industriales del siglo XIX se utilizaron como instrumento de la conflagración, y en eso la Primera Guerra es diferente: es la primera vez que las muertes ocurren también a escala industrial. Prácticamente se borra una generación de jóvenes en los enfrentamientos.

El respaldo social a la «clase dirigente» se resquebraja. La aristocracia, que se mantenía vigente a más de un siglo de la Revolución francesa, en buena medida porque las condiciones de vida de las mayorías habían mejorado, se convierte en la responsable de la tragedia. En esos mismos años hay una nueva transformación comunicacional. A inicios de siglo aparecen las primeras películas y, poco después del fin de la guerra, la radio. Los medios masivos van a acelerar la caída de la aristocracia y su reemplazo por liderazgos «democráticos», es decir, respaldados por mayorías que ahora ya no necesitan leer para informarse.

Paulatinamente, esos medios masivos se convertirán en la base de la propaganda, porque, además de no necesitar que los receptores lean, son capaces de transmitir emociones de una manera que la letra impresa no puede. *El nacimiento de una nación* (D. W. Griffith, 1915) construye el mito nacionalista blanco en los Estados Unidos; *El acorazado Potemkin* (1925) y *Octubre: diez días que estremecieron al mundo* (1928), de Sergei Eisenstein, ayudan a consolidar el régimen soviético; *La victoria de la fe* (1933) y *El triunfo de la voluntad* (1934), filmes de Leni Riefenstahl, son el respaldo propagandístico del nazismo.

La combinación del descrédito de la aristocracia con el ascenso de los nuevos medios de comunicación permite que el siglo XX sea el siglo de la democracia. Por primera vez, esta forma de hacer política se convierte en algo posible. Como ya habíamos comentado, democracia a secas no es lo mismo que democracia liberal. Por el contrario, su tendencia natural, como ya los griegos sabían, es a la tiranía, y eso fue lo que se cosechó en pocas décadas.

Por otra parte, en el período que analizamos inicia el Estado de bienestar, es decir, políticas públicas dirigidas a garantizar un nivel mínimo de vida a los ciudadanos de un país. Se suele asociar su inicio con Otto von Bismarck, quien actuó como ministro presidente de Prusia desde 1862, guio la unificación del Imperio alemán en 1871 y se mantuvo en su puesto hasta 1890. Para solidificar su posición, y probablemente también por razones humanitarias, Bismarck crea un sistema de seguridad social para los trabajadores. No era socialista, en absoluto, y precisamente fue retirado del cargo en 1890 intentando promover una legislación antisocialista, pero es el iniciador del Estado de bienestar moderno. Los británicos crearon su propio sistema en 1911 y al terminar la guerra impulsan reformas para ampliar la educación pública y la provisión de vivienda, se amplía la franquicia electoral y ya se incluye a las mujeres, se crea el seguro de desempleo y poco después se sientan las bases de lo que será años después el sistema nacional de salud. También en el caso británico, estas políticas resultan de la combinación de la necesidad política de apoyo y la conciencia ética.

Es importante enfatizar la inclusión de las mujeres en la política precisamente alrededor de la Gran Guerra. La participación de mujeres en la producción, en reemplazo de los hombres que fueron enviados al frente, y su participación directa en el conflicto obligaron a los políticos a reconocerles un derecho que se les había negado por siglos. Aunque hay algunos países pequeños o regiones donde las mujeres podían votar desde antes, es en realidad después de la guerra que se amplía la franquicia electoral para incluirlas. No en toda Europa, ni en buena parte de América, donde tendrán que esperar todavía algunas décadas.

Finalmente, importa mencionar el derrumbe de esa forma de gobierno que habíamos conocido por mucho tiempo: el imperio. Al inicio de la Gran Guerra hay cuatro imperios en Europa: el alemán, el austrohúngaro, el otomano y el ruso. Al final no queda ninguno de ellos. Los primeros tres eran aliados en la guerra, en contra de Francia, Reino Unido e Italia, de un lado, y de Rusia, del otro. Su derrota trajo consigo su disolución y la invención de naciones en su territorio. Woodrow Wilson, presidente de Estados Unidos, que se unió a la guerra en 1917, será quien sugiera la creación de esas naciones en Europa: Alemania, Austria, Hungría, Rumanía, Polonia, Checoslovaquia, Yugoslavia, que fueron definidas territorialmente sin mucho cuidado por la opinión de sus habitantes. En el caso del Imperio turco-otomano, la división la realizan franceses e ingleses, que son los creadores de Turquía, Irak, Kuwait, Siria, Jordania, Líbano y el protectorado de Palestina, que se mantiene bajo control inglés hasta la creación de Israel después de la Segunda Guerra Mundial.

La invención de naciones será una pésima idea, como ya sabemos. En Europa, quienes se durmieron como parte de un imperio y despertaron bajo una nación, no tenían la menor idea de cómo funcionaría esta. En el contexto de la destrucción de la guerra, el tránsito a una forma de gobierno que ni siquiera habían elegido abre el espacio a grupos radicales de diferentes partes del espectro. No será sino hasta fines del siglo XX cuando se pueda construir un mapa de Europa con la participación de quienes viven en cada nación. En los restos del Imperio otomano, todavía hoy seguimos teniendo graves dificultades con ese tema, pero no es algo que podamos detallar en este libro.

8
Buscando rumbo

Permítame iniciar este capítulo con una cita:

> La fragilidad del naciente Estado mexicano en el siglo XIX —y de los estados latinoamericanos en general— tiene su origen en cómo ocurrió la fragmentación del Imperio español: no fue una guerra de independencia en el sentido romántico. Fue una guerra civil entre élites regionales que vieron mejores oportunidades al rechazar la coalición política previa. Una vez que las élites regionales se deshicieron del control burocrático de España, ¿qué los detenía para deshacerse de las autoridades de la ciudad de México?[1]

Estas frases de Fernando Arteaga me parecen de la mayor importancia para entender el siglo XIX mexicano. Provienen de un análisis de los que no gustan mucho a los historiadores,[2] porque resultan de la construcción de modelos teóricos provenientes de otras disciplinas, pero supongo que la mayoría de los especialistas en el período sí coincidirá con la cita. El fenómeno relevante fue la fragmentación de la monarquía, o desintegración, como la llama François-Xavier Guerra. Como ya vimos, no hay realmente una guerra de independencia en México: el desastre provocado por Hidalgo, que Morelos no alcanzó a corregir, dejó al virreinato en una situación muy complicada, hundiendo a la región más rica (el Bajío), provocando violencia e inseguridad, y, con ello, convenciendo a todos de la necesidad de construir algún tipo de gobierno que, al resucitar la Constitución de Cádiz por unos meses, tuvo que ser autónomo. Y empezaron los experimentos.

Dos docenas trágicas: federal y central

Como vimos, Agustín de Iturbide logra construir una red suficientemente fuerte como para traicionar a las fuerzas realistas y convertirse en el Libertador de México. El Plan de las Tres Garantías ofrecía algo a cada quien: una constitución propia, corrigiendo la de Cádiz en cuanto a la inclusión de negros y mulatos (con eso convenció a Guerrero); conservación de los fueros, para quienes se sentían amenazados por el liberalismo de la península; prometía la Independencia, pero a nombre de Fernando VII, a quien se le ofrecía el trono (o a alguien de su familia); regularización y ascensos para los militares; había para todos.[3] Como se sabe, el problema no es prometer.

Juan O'Donojú llegó a Veracruz el 3 de agosto de 1821 como jefe político y capitán general de Nueva España, ya que con la reinstalación de la Constitución de Cádiz desaparecía el cargo de virrey. Iturbide lo encontró en Córdoba y el 24 de ese mes se firmaron los tratados que reiteran la creación del Imperio mexicano y el ofrecimiento a Fernando VII de encabezarlo, o bien de designar a un miembro de su familia. Se dirigieron luego a Ciudad de México y el 27 de septiembre de 1821 hizo su entrada a la ciudad el Ejército Trigarante, encabezado por Agustín de Iturbide. Al día siguiente se conformó la Junta Provisional Gubernativa, encabezada por el mismo Iturbide. Ese mismo día enfermó O'Donojú, quien moriría el 8 de octubre. Parece haber sufrido la maldición de Cortés, al que se le morían los visitadores.

O'Donojú no alcanzó a firmar el Acta de Independencia, además las Cortes no ratificaron los Tratados de Córdoba. Peor aún, seguían existiendo guarniciones españolas en el naciente imperio. De cualquier forma, se convocó a instalar el congreso, que resultó un primer incumplimiento de lo ofrecido: no hubo elecciones directas, sino que los ayuntamientos eligieron a sus diputados. El congreso comenzó las sesiones el 24 de febrero de 1822 y, como era frecuente en esa época, el cuerpo colegiado decidió que eran ellos quienes representaban la soberanía. Aunque hubo intentos de impedir la coronación de Iturbide como emperador, ocurrió el 21 de julio, pero la discusión acerca de la forma de gobierno que debía asumir México no se detuvo. El 31 de octubre, Agustín I disolvió el congreso.

Aparece entonces en escena un personaje determinante en el primer medio siglo de México: Antonio López de Santa Anna, quien lanza una proclama a la nación a inicios de diciembre de 1822, y pronto logra el apoyo de Guadalupe Victoria, con quien publica el Plan de Veracruz. La rebelión no es muy exitosa, pero abre las puertas a otros grupos igualmente interesados en deponer a Agustín I. El rechazo al emperador convence a los militares encargados de derrotar a Santa Anna de lanzar su propio plan, el de Casa Mata, el 1.° de febrero de 1823, orientado a convocar a la elección de un nuevo congreso constituyente. Puesto que dicho plan no desconocía a Iturbide, este buscó negociar con los alzados, pero sus grandes habilidades, que dos años antes habían sumado a todos, ya no tuvieron éxito. Abdicó el 19 de marzo de 1823.[4]

El congreso, reinstalado, instituyó un Poder Ejecutivo provisional, conformado por Nicolás Bravo, Guadalupe Victoria y Pedro Celestino Negrete, pero ni las diputaciones ni los militares estuvieron de acuerdo, y exigían la aplicación del Plan de Casa Mata, es decir, la convocatoria a un nuevo congreso constituyente, este sí elegido de acuerdo con las reglas de Cádiz, que se habían aplicado en España en 1821.

El resultado inmediato fue la fragmentación. El 12 de mayo, los diputados provinciales de Jalisco se declararon como estado libre y soberano, y lo mismo ocurrió con Oaxaca, Yucatán y Zacatecas. Guatemala se separó del Imperio. Regreso aquí a un tema que ya veíamos: Nueva Galicia, es decir, Guadalajara, había sido desde sus inicios un reino aparte, con audiencia propia. Además de su historia, su cercana relación con el Bajío, la zona más rica apenas una década antes, aunque ahora devastada, hacía atractiva la idea de constituirse aparte. Creo que, si no hubiese existido Nueva Vizcaya, que en cierta medida le bloqueaba el acceso al norte, México no hubiese sobrevivido como un solo país. Antes de que me acusen de promover la secesión, en un reciente estudio, Juan Sebastián Galán afirma que la región gobernada por la audiencia de México logró establecer mejores derechos de propiedad y por eso, a fines del siglo XX, era 25% más rica que aquella gobernada por la audiencia de Guadalajara.[5] Es decir, no hubiera resultado gran negocio separarse.

Especulaciones aparte, es un hecho que Jalisco se convierte en el núcleo del movimiento federalista, que moviliza entonces a las élites regionales que serán determinantes en todo el siglo.[6] El congreso finalmente publicó la convocatoria a elecciones el 17 de junio; el Congreso Constituyente se instaló en noviembre y el 31 de enero de 1824 promulgó el Acta Constitutiva de la Federación Mexicana. Por cierto, ese mismo congreso declaró traidor a Iturbide y, sin estar él enterado, regresó a México, pensando en una posible invasión española. Fue detenido y fusilado el 19 de julio de 1824.

La Constitución de 1824 toma como referencia principal la de Cádiz, y la legislación secundaria de las Cortes, pero la estructura del congreso y su forma de elección provienen del estadounidense. A esto se le suma un federalismo más radical que el del vecino, puesto que se conceden amplias facultades de recaudación y de impartición de justicia a los estados.[7] Los Estados Unidos Mexicanos quedaron conformados por 20 estados, cuatro territorios y un distrito federal, con un gobierno nacional que era dependiente de los estados, fiscal y militarmente. Además, el Poder Ejecutivo era profundamente débil frente al Legislativo. La constitución se juró el 4 de octubre de 1824 y Guadalupe Victoria fue elegido por las diputaciones estatales como presidente, con Nicolás Bravo como vicepresidente.[8]

Guadalupe Victoria cumple su período de cuatro años como presidente y será el único que lo logre hasta la llegada de Benito Juárez en 1858, quien, como sustituto, electo o de emergencia, se mantendrá en el poder hasta su muerte. Entre ellos dos habrá 25 presidentes y un triunvirato, pero solo un par de ellos superará los cuatro años de Victoria: Bustamante, en tres períodos que suman casi siete años, y Santa Anna, con seis presidencias (11 entradas y salidas), que suman menos de seis años. Los demás promedian ocho meses y, aun quitando a aquellos que no duraron ni un mes, el promedio apenas alcanza a subir a nueve.

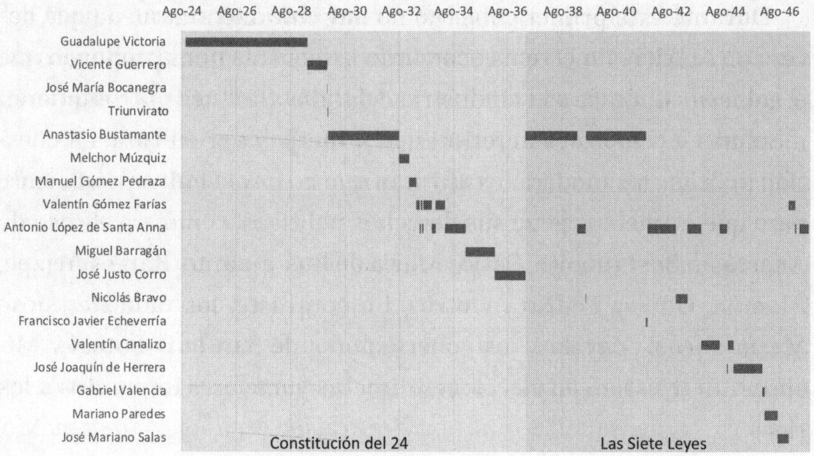

Figura 8.1.

La gráfica de la figura 8.1 y los números son solo para dar una idea del desastre que fueron los primeros años de México. Una docena de ellos intentando ser una república federal, casi otro tanto apostando al centralismo. Luego, la pérdida del territorio, nuevos intentos centralistas y, finalmente, el enfrentamiento definitivo entre quienes ahora se llaman liberales y conservadores, a partir de 1858.

La anomalía de la época es entonces el gobierno de Guadalupe Victoria, que transcurre en paz y llega a su término. Probablemente la explicación es que hubo dinero, gracias a un par de créditos que concedieron empresas británicas, y que no se pagarían sino sesenta años después, provocando que nadie más quisiera prestarle al gobierno mexicano en ese largo tiempo, de manera que ya ningún gobierno posterior tuvo dinero.[9] Durante el gobierno de Victoria empieza el conflicto entre las logias masónicas. De un lado, los escoceses, centralistas, proclives a Europa; del otro, los yorkinos, federalistas y más cercanos a Estados Unidos gracias a la participación del embajador de ese país, Joel R. Poinsett. Sin embargo, en este grupo había moderados y radicales, que terminarán enfrentándose en la elección para suceder a Victoria.[10]

Durante este primer gobierno no hay claridad alguna de qué hacer con México. En el tema económico, mientras unos proponen que el gobierno impulse a la «industria del siglo» (la textil), otros quieren mantener los motores anteriores, la minería y agricultura; en cuestión política, los moderados afirman que no hay la cultura suficiente para que el pueblo ejerza sus derechos políticos, como era el caso de Anastasio Bustamante, Carlos María de Bustamante, Ramos Arizpe, Alamán, Gómez Pedraza y otros. En contraste, los radicales (José María Tornel, Zavala y los gobernadores de San Luis Potosí y Michoacán) insistían en elecciones directas y mayores impuestos a los ricos.[11]

Las logias paralizaron el congreso con estas discusiones y eso provocó que Nicolás Bravo, vicepresidente, se pronunciara en 1827 por su desaparición y la expulsión de Poinsett. La población exigía la expulsión de los españoles (promovida por el embajador estadounidense). En la elección de 1828 compitieron dos yorkinos: uno moderado, Manuel Gómez Pedraza, y otro radical, Vicente Guerrero. Aunque las legislaturas locales votaron 11 a nueve a favor de Gómez Pedraza, Guerrero se inconformó; Zavala y Lobato tomaron la prisión de la Acordada y provocaron el saqueo e incendio del mercado de El Parián, en el que supuestamente se habría saqueado una tienda de un pastelero francés, que más tarde nos querrán cobrar.

Aunque Guerrero se instala como presidente, es asesinado en menos de un año y termina su período Anastasio Bustamante, pero ya en realidad no hay forma de tener gobiernos estables. La siguiente pareja es López de Santa Anna en la presidencia y Valentín Gómez Farías en la vicepresidencia. Entre la irresponsabilidad de Santa Anna y el radicalismo de Gómez «Furias», que estaba decidido a enfrentar a la Iglesia, la situación se descompuso, lo que provocó la rebelión de Zacatecas en 1835, que se sumaba a las preocupaciones por los colonos norteamericanos en Texas, frente a los cuales el congreso decretó que cualquier extranjero que tomara las armas en contra de la República sería considerado pirata, sin protección de las leyes internacionales.

Es con base en esa ley que Santa Anna ejecutará a los defensores de El Álamo, que al día de hoy son los mártires texanos.[12]

El fracaso de los gobiernos federales y las constantes amenazas de rebelión favorecieron la idea de construir una República central, para lo cual el congreso promulgó las Siete Leyes el 15 de diciembre de 1836, que fueron juradas el 1.º de enero de 1837. Se trata de una constitución centralista, que incluye un cuarto poder, el Supremo Poder Conservador, y que otorgaba el voto a los hombres mayores de edad con propiedades y alargaba el período presidencial a ocho años. Por ser central, ya no habría estados sino departamentos, y los ayuntamientos regresaban a los existentes en 1808 (es decir, de los más de 1 000 a menos de 50). Esto destruye la conexión entre los gobiernos locales y el central, y provocará una continua inestabilidad rural durante la siguiente década.[13]

Anastasio Bustamante fue el primer presidente de esta nueva etapa, pero de inmediato hubo una rebelión, ahora en San Luis Potosí. Para 1838 vendrán los franceses a reclamar por su panadero y, cuando se resolvió ese tema, Santa Anna, héroe de la guerra de los Pasteles en la que perdió una pierna, se levantó contra el gobierno. En su segunda presidencia estuvo nada más cuatro meses, intentando reformar las Siete Leyes. Renunció en julio de 1839, mientras que Bustamante regresó a la presidencia.[14] A duras penas pudo sobrevivir en ella los siguientes dos años, conforme crecía el descontento contra las Siete Leyes. En junio de 1840, un motín liberó de la cárcel a Gómez Farías, que a su vez detuvo a Bustamante e intentó regresar al federalismo. Con la intervención del arzobispo se evitó un conflicto mayor, pero Bustamante quedó desprestigiado. A principios de 1841, Gran Bretaña reconoció la independencia de Texas y para agosto empezaron los levantamientos en México. Como podría esperarse, Santa Anna regresa a la presidencia, ahora en carácter de dictador, en octubre de 1841.

Convoca entonces a un congreso constituyente, pero los proyectos que este elaboró no le gustaron, de manera que lo disolvió y abandonó la presidencia en manos de Nicolás Bravo, para regresar una vez más a su hacienda en Veracruz. Bravo convocó a una junta de notables que redactó las Bases Orgánicas, que moderaban las Siete Leyes, y con base en las cuales hubo nuevas elecciones, que ganó Santa Anna.[15] Nuevo levantamiento, ahora de Paredes y Arrillaga a fines de 1844, que terminó con la detención y el exilio de Santa Anna, y la llegada de José Joaquín Herrera a la presidencia. Nuevo intento de reformar, ahora las Bases Orgánicas, y nuevas conspiraciones. Paredes y Arrillaga, ahora comandante de San Luis Potosí, en lugar de movilizarse para defender el norte frente a la inminente invasión norteamericana, marcha hacia Ciudad de México para deponer a Herrera. Cinco meses después es derrocado por Mariano Salas y también exiliado, pero ya ha empezado el enfrentamiento con los Estados Unidos.

Santa Anna regresa desde Cuba y es elegido, nuevamente con Gómez Farías como vicepresidente, en diciembre de 1846. Los federalistas moderados, que organizaron una rebelión para sacar a Gómez Farías, fueron conocidos como los *polkos*, en referencia a James Polk, presidente de los Estados Unidos.

Santa Anna fue partícipe de las primeras guerras internacionales de México, todas en nuestro territorio: el intento de recuperación española de Isidro Barradas en Tampico, en 1829; la guerra de Texas, en 1836; la de los Pasteles, en 1838, y finalmente la guerra con los Estados Unidos, en 1847. En todas ellas tuvo papel destacado, perdiendo en las dos con los vecinos del norte. En contra de la creencia, Santa Anna no es ningún traidor, pero sí un irresponsable, que además nunca contó con fuerzas suficientes. Detener el avance de los Estados Unidos, sin barreras naturales (perdidas con la venta de Luisiana), sin ejército ni dinero, y, durante la guerra de 1847, sin contar con el apoyo de la mitad del país (solo siete de los 19 estados aportaron recursos) era tarea imposible.

El 15 de septiembre de 1847, la bandera de los Estados Unidos ondea en Palacio Nacional, Santa Anna renuncia y Manuel de la Peña y Peña ocupa la presidencia, desplazándose a Querétaro. Varios estados no reconocían ese gobierno e intentaron organizar otro en Lagos;

gran parte del territorio estaba ocupado y Yucatán, que se había declarado neutral, sufría ahora la Guerra de Castas. Fue una derrota absoluta, que no llegó a significar la pérdida total del territorio gracias a discrepancias internas del gobierno invasor.[16]

Si la narración precedente le parece confusa, es que así era la situación política de México en esos años. Salvo para especialistas, el detalle es innecesario, pero la imagen general es la inestabilidad de los gobiernos, sea bajo una república central o federal. Simplemente no había forma de organizarse. Los dos modelos intentados en este primer cuarto de siglo del México independiente fracasaron, y por las mismas razones: falta de recursos, de coordinación territorial, de capacidad de defensa y control de un territorio casi deshabitado, y por la resistencia de las élites regionales.[17] En realidad, como dice Escalante, pareciera que en el siglo XIX el Estado lo ocupa todo, pero «resulta que el Estado no está en ninguna parte: en ninguna parte hay organización jurídica suficiente de las relaciones sociales, ni es un hábito la obediencia, ni siquiera hay un razonable monopolio de la fuerza física».[18] Nos recuerda a Martín Luis Guzmán, que afirma que Iturbide, creador del Estado mexicano, es el símbolo mexicano de la componenda política fraudulenta y de la inmoralidad militar, y el nuevo Estado habría de acusar siempre las huellas de ese origen.[19]

A nadie, salvo a la clase política, le interesaba la creación de un Estado moderno: pueblos, hacendados, militares, atados a las viejas estructuras, buscaban cómo mantener sus privilegios. La intermediación sigue ocurriendo como antes, con la lealtad del pueblo al cacique, de los peones al hacendado y, entre los militares, al jefe. Las alianzas que esos liderazgos construyan permitirán a cierto grupo tener control de una región por un tiempo, sostener una rebelión, tal vez incluso alcanzar la presidencia, pero para gobernar nada más no servían. El orden político de México existe, pero no corresponde al de un Estado moderno. Por eso importaba poco si la constitución era federalista o centralista, y después si era liberal o conservadora, lo que definía el orden político eran esas alianzas. Y así se mantendrá después de la derrota de 1847, la intervención de 1862, durante el porfiriato y hasta el cardenismo: México era un país de hombres fuertes.

Después del 48

El Tratado de Guadalupe Hidalgo, en el que México cedía más de la mitad de su territorio, fue firmado en Querétaro, sede entonces del gobierno, bajo la presidencia de Manuel de la Peña y Peña, quien la dejó el 13 de junio en manos de José Joaquín Herrera. En enero de 1851 la toma Mariano Arista, elegido para gobernar cuatro años, pero, como tantos otros, no lo logró. Además de la derrota, y la epidemia de cólera de 1850, Yucatán estaba en medio de la Guerra de Castas, hubo un levantamiento popular en la Sierra Gorda, otros en la Huasteca y Tehuantepec, conflictos de origen eclesiástico en Michoacán y amenazas en el norte del país, donde aparecían filibusteros intentando independizar territorios en el noroeste y noreste del país. En 1853, Arista intenta enfrentar un nuevo plan, el del Hospicio, en Guadalajara, pero el congreso no lo autoriza, de forma que renuncia. Juan Bautista Ceballos se hace cargo del gobierno, disuelve el congreso y en febrero se organiza un grupo que dice representar al país y decide convocar, una vez más, a Santa Anna a la presidencia. Ahora como dictador en toda forma, pero con la presencia de Lucas Alamán en el gobierno, que da esperanzas a muchos de que, por fin, pueda México construir un gobierno aceptable.[20] Pero Alamán muere en junio, de forma que el dictador Santa Anna, ahora «su alteza serenísima», provocó nuevos levantamientos.

El 1.º de marzo de 1854 se firma el Plan de Ayutla, que pocos días después encabezará Ignacio Comonfort.[21] El 9 de agosto de 1855, Santa Anna abandona la capital, y el 4 de octubre se nombra presidente interino a Juan Álvarez, el cacique de Guerrero, sucesor del independentista de ese nombre. El 12 de diciembre, Comonfort es nombrado presidente sustituto por Álvarez, que se regresa a sus tierras. Antes de eso, el 23 de noviembre, Álvarez había promulgado la Ley sobre

Administración de Justicia y Orgánica de los Tribunales de la Nación, obra de Juárez que será determinante en la construcción de la república liberal.[22] Tanto lo era que de inmediato hubo pronunciamientos en su contra: Tomas Mejía en la Sierra Gorda o el de un cura de Zacapoaxtla (que se extendió a los estados de Puebla, Tlaxcala y Veracruz).

En junio de 1856 se presenta el proyecto de constitución en el congreso, un absurdo que nos va a complicar la vida por décadas: un Ejecutivo débil, controlado por un congreso unicameral, que dominaban los liberales radicales, o «rojos», como se les conocía. Así se aprueba la Ley Lerdo (por Miguel) para desamortizar bienes, que permitirá el enriquecimiento de muchos políticos (y sus amigos) a costa de las corporaciones, destacadamente del clero, pero muy pronto también de los pueblos.[23] La constitución se promulgó el 5 de febrero de 1857 y en marzo se exigió a los funcionarios jurarla. Ahí es cuando la Iglesia se mueve en contra y declara la excomunión para quien lo haga. Lo hace el arzobispo de Ciudad de México, pero cuenta con el aval de Pío IX, un antiliberal de hueso colorado (valga la expresión), que ha pasado a la historia no tanto por eso, ni como el promotor del dogma de la Inmaculada Concepción, sino por el nombre de un pastelito original de Andalucía, pero muy conocido en América: *pionono*. Sin embargo, no debe menospreciarse el papel de este papa en la radicalización conservadora de las iglesias en este continente.

Comonfort tomó posesión como presidente, bajo la nueva constitución, el 1.° de diciembre de 1857 y de inmediato se adhirió al Plan de Tacubaya, que la desconocía. Félix Zuloaga, promotor de este plan, ofrecía una dictadura, pero conservadora. Como tantas veces en el siglo, los estados se acomodan: México, Puebla, San Luis, Chihuahua, Durango, Tabasco, Tlaxcala, Chiapas, Sonora, Oaxaca y Yucatán se suman al Plan de Tacubaya; con Juárez, que toma la presidencia al renunciar Comonfort, en su papel de presidente de la Corte, van Jalisco, Guanajuato, Querétaro, Michoacán, Nuevo León y Coahuila, Tamaulipas, Colima y Veracruz. El Bajío y la costa del Golfo, por simplificar. La Guerra de Reforma dura prácticamente tres años completos, y termina el 25 de diciembre de 1860, cuando Jesús González Ortega, al mando de los ejércitos liberales, entra en Ciudad de México.[24]

Como ha pasado en otros momentos, no puedo detallar eventos relevantes de ese proceso, pero vale la pena mencionar el apoyo que recibió Juárez de parte de los Estados Unidos para impedir que Miramón lo detuviera en Veracruz, lo mismo que recordar que Miguel Miramón ha sido el presidente más joven de la historia de México. De esos detalles curiosos para complementar la agreste historia del siglo XIX mexicano.

Napoleón Bonaparte, sobrino del original, llega a la presidencia de Francia en 1848, en la Segunda República. Cuatro años después da un golpe de Estado con el que se convierte en dictador. Poco menos de diez años después, cuando los Estados Unidos entran en su guerra civil, la Guerra de Secesión, Napoleón III considera que es el momento de establecer un gobierno en América, por lo que le cae de perlas la solicitud de un grupo de mexicanos para establecer un gobierno europeo con el respaldo de Francia. Con la excusa de la suspensión de pagos del gobierno liberal, Francia, España y Gran Bretaña envían una fuerza conjunta para cobrar, que llega a Veracruz en enero de 1862. Los dos últimos se dan por bien servidos con un acuerdo, pero Francia realmente buscaba instalarse en México.

Como todos recordamos, el 5 de mayo de 1862 el ejército francés fue detenido en Puebla gracias a Ignacio Zaragoza, pero un año después lograron tomar la ciudad y avanzar hacia la capital del país. Juárez se convirtió en presidente itinerante, dirigiéndose al norte del país, donde instaló la capital por períodos en Monterrey y Paso del Norte, entre otros lugares. En 1865 termina la Guerra de Secesión en los Estados Unidos, con el triunfo de la Unión, y en 1866 comienza la guerra entre Austria y Prusia. Estos eventos convencen a Napoleón III de la imposibilidad de instalarse en México y la necesidad de tener sus ejércitos a la mano, frente a un posible ataque de Prusia, que efectivamente ocurrió en 1870, y se tradujo en el fin del gobierno del francés.

El temporal gobierno instalado en México bajo las armas francesas lo encabezó Maximiliano, hermano menor de Francisco José I, emperador de Austria. Maximiliano se denominó emperador de México, adonde llegó en mayo de 1864, junto con su esposa Carlota, hermana de Leopoldo II de Bélgica, el colonialista más criminal en África (el Congo). Podemos considerar a Maximiliano una especie de déspota ilustrado ya de última generación: liberal, promotor del desarrollo, coincidía más con las ideas de Juárez y los liberales que con las de los conservadores que lo habían invitado. Como fuese, su presencia en México dependía del apoyo militar francés, así que, cuando este desaparece, Maximiliano está condenado. De hecho, el gobierno juarista promulgó una ley, el 25 de enero de 1862, con base en la cual los invasores y mexicanos que los apoyaran debían juzgarse como bandidos, sujetos a la ley marcial. Con ese respaldo, Juárez decide fusilar a Maximiliano, acompañado de Tomas Mejía (el líder del levantamiento otomí de la Sierra Gorda) y Miguel Miramón (el mejor militar conservador), lo que ocurre el 19 de junio de 1867.

La muerte de Maximiliano fue muy criticada por los europeos, que estaban acostumbrados a que la nobleza dirigía las guerras, pero no moría en ellas, como lo vimos tantas veces en los siglos anteriores. Pero el tránsito a un Estado moderno parece que requiere ejecutar al rey, como lo hicieron los ingleses con Carlos I en 1649, los franceses con Luis XVI en 1793 y Juárez en el momento que narramos. Aunque todavía habrá una invasión norteamericana en el siglo XX, la soberanía de México quedó definida con ese fusilamiento.

Ahora bien, los contemporáneos mexicanos tampoco estaban tan contentos con Juárez. En particular, Jesús González Ortega, el líder militar en la guerra de Reforma, insistía en su derecho a ocupar la presidencia a partir de 1864, cuando terminaba el período para el que don Benito había resultado electo. Juárez se opuso a que hubiese elecciones por la situación de emergencia en que se encontraba el país. Puesto que González Ortega había salido del país, Juárez lo acusó de deserción. Juárez tuvo muchas virtudes, pero dejar el poder no fue una de ellas.

A su regreso a Ciudad de México, Juárez convoca a elecciones, en las que compite contra Porfirio Díaz, el héroe del 2 de abril, la batalla que determinó la derrota francesa. Juárez gana con tranquilidad y en 1871 vuelve a postularse, ahora en contra de Sebastián Lerdo de Tejada y nuevamente Porfirio Díaz, quien en esta ocasión no acepta la derrota y se levanta con el Plan de La Noria. Derrotado, se exilia, pero en julio de 1872 Juárez muere siendo presidente. Lerdo de Tejada, quien era entonces presidente de la Suprema Corte de Justicia, queda a cargo de la presidencia, a la que quiere reelegirse en la elección de 1876. Nuevamente participa en ella Porfirio Díaz (y ahora también José María Iglesias), y otra vez pierde, pero ahora se levanta con el Plan de Tuxtepec, que resulta victorioso.

Porfirio Díaz llega a la presidencia, por primera vez, en 1876.

Restauración

Los historiadores llaman República Restaurada al triunfo de Juárez sobre la intervención francesa, separando este período del porfiriato, que en mi opinión no tiene diferencias de fondo. Efectivamente, se restaura la vigencia de la Constitución de 1857, diez años después, que rige durante el período completo que Juárez gobernó, pero también en el que dejó inconcluso y correspondió a Lerdo de Tejada terminar (1872-1876). Pero su vigencia no desapareció con el triunfo de Porfirio Díaz de 1876, o con su regreso en 1884. Así como Juárez gobernó durante 15 años y su gobierno solo se interrumpió por causas, literalmente, de fuerza mayor (se murió), así le ocurrió a Díaz. Los dos fueron muy similares en su voluntad de poder, su capacidad de conciliar; tal vez Juárez tenía una idea más clara del derecho, pero Porfirio fue un excelente militar. Vaya, hasta eran ambos oaxaqueños.

La construcción del discurso nacionalista revolucionario en el siglo XX tuvo que convertir a Díaz en el mayor dictador para poder legitimar el movimiento armado que ocurrió a partir de 1911, y en ello le convenía mejorar la imagen de Juárez conforme se destruía la de Díaz, pero creo que ambos forman parte de los verdaderos constructores del México moderno, y deberían ser tratados con la misma crítica y condescendencia.

Se le llama República restaurada por el regreso a este tipo de sistema político después del (brevísimo) imperio de Maximiliano, y como república se mantuvo México desde entonces, aunque prácticamente hubiese nada más dos presidentes desde 1858 hasta 1911. Los breves interludios de Lerdo de Tejada, a la muerte de Juárez, y de Manuel González, durante la indecisión de Díaz, no cambian la esencia del régimen en que vivió el país. Como ya hemos comentado, el derrumbe del Imperio español (que así podía llamarse desde mediados del siglo XVIII) no convirtió sus posesiones americanas en repúblicas de la noche a la mañana. Por el contrario, lo que privó fue la desintegración. Específicamente en Nueva España, las estructuras que empiezan a verse con claridad hacia el primer tercio del siglo XVII, y que se consolidaron en ese siglo de la gran Nueva España, no fueron destruidas por las reformas borbónicas, sino que son el recurso de la población para sobrevivir durante el siglo que ahora analizamos.

Haciendas, pueblos de indios, gremios y corporaciones les dan sentido a los ahora mexicanos. La disputa por el poder ocurre en las ciudades, destacadamente Ciudad de México, y dentro de una nueva corporación, los militares. Como usted recuerda, apenas hacia fines del siglo XVIII empezó a construirse un aparato militar relevante en Nueva España, por la preocupación de invasiones y revueltas que desató la guerra de los Siete Años. La pésima idea de Hidalgo, además, dio lugar a un notable incremento en la inseguridad y el bandidaje: Vicente Gómez, Albino García, Bernardo «Huacal», los Villagrán, los Osorno.[25] Es también importante recordar que entre los insurgentes hay destacados contrabandistas, como los Galeana o los Bravo. Dicho de otro modo, además de esos militares, con o sin carrera, hay otro grupo violento relevante durante este siglo: los bandidos.

Los intentos de imponer una estructura política sobre esta desintegración no son exitosos. La idea federalista, que respeta las diferencias regionales, al mismo tiempo amplía las tendencias centrífugas; el centralismo, que busca impedir esto último, provoca una respuesta regional violenta. La humillante derrota frente a los Estados Unidos y luego la invasión francesa van a favorecer la construcción de alianzas entre todos estos grupos, pero estas tienen lugar gracias a las habilidades de los dos grandes personajes de la época: Juárez y Díaz, que lo mismo negocian con bandidos que con hacendados, que entienden intuitivamente la sociedad medieval en la que viven y son capaces de darle estructura: la República restaurada y el porfiriato no son otra cosa que un orden político centrado en estamentos y corporaciones, con señores regionales que aceptan subordinarse frente a un monarca. Ninguno de estos términos se utiliza, porque a todo se le da un barniz de modernidad y liberalismo, pero eso es lo que hay.

Mientras Juárez logra darle sentido a ese sistema, Porfirio hará las veces de déspota ilustrado, concentrando todo el poder en su persona e impulsa una estructura burocrático-militar que modernice a México.

Porfiriato

El país que tienen Juárez y Díaz ya no es esa gran Nueva España de la que hablamos antes. Guerras, enfermedades y destrucción lo han convertido en una nación pobre. Tanto la población como la economía sufren un siglo de estancamiento. No tenemos mucha información del período, pero la que hay nos permite tener una idea del desastre. En la figura 8.2 aparece el PIB per cápita de México durante el siglo XIX, acompañado de España, Perú, Colombia y Brasil. No incluyo Argentina, Chile y Uruguay, que para 1870 se empiezan a enriquecer, pero sí a España porque la utilizamos como referencia en siglos anteriores.

La caída de producción de inicios del siglo XIX, producto de la crisis climática y de una exacción fiscal por parte de España, que debe calificarse de saqueo, nos separó de la península. Por primera vez desde mediados del siglo XVII, España era nuevamente más rica que México. A ese país tampoco le va muy bien las siguientes décadas, pero el caso

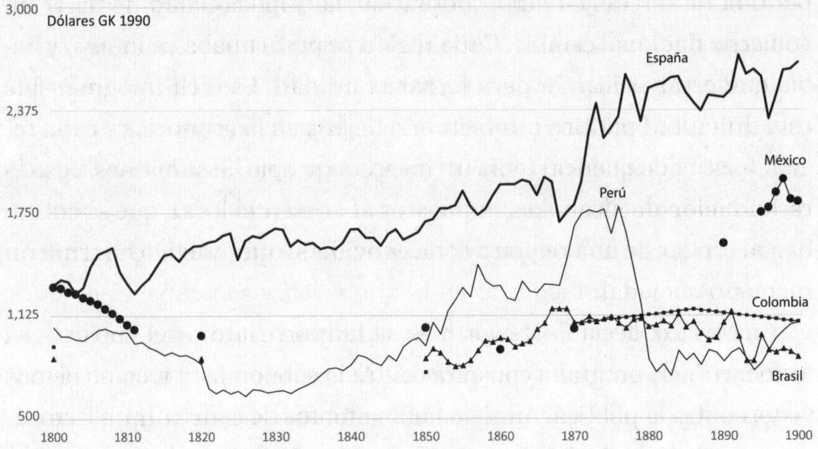

Fuente: Bolt, Jutta y Jan Luiten van Zanden (2024), «Maddison style estimates of the evolution of the world economy: A new 2023 update», Journal of Economic Surveys, 1-41. DOI: 10.1111/joes.12618.

Figura 8.2. Estimación del PIB per cápita, países seleccionados

de México es desastroso. En 1820 estaríamos al nivel de 1810, y lo mismo habría ocurrido, según esta estimación, en 1860 y 1870. Es decir, durante sesenta años el crecimiento económico en México fue cero.

Un elemento importante para entender la historia de México es la condición orográfica del país: estamos cruzados por dos grandes cordilleras que hacen muy difícil la comunicación y que también influyen en las condiciones climáticas. La lluvia no atraviesa desde los litorales hacia el centro del país, especialmente en el norte, pero a cambio satura de agua las regiones costeras. Por esta razón, el norte rara vez contó con población abundante y desde los tiempos prehispánicos era muy poco atractivo para las culturas mesoamericanas. También por eso podían establecerse grupos diferentes en cada cuenca. Con la llegada de los españoles, como hemos visto, esto no cambia, y acabamos con tres reinos distintos (Nueva España, Nueva Galicia, Nueva Vizcaya), territorios separados (Yucatán, Guatemala) y territorios casi desconocidos (Provincias de Oriente y Occidente).

Con la desintegración del Imperio español vino la de nuestro espacio, al extremo de sufrir secesiones (Guatemala, Yucatán por un tiempo), pérdida de territorio, pero, sobre todo, la imposibilidad de tener un gobierno nacional estable. Cada región se preocupaba de lo suyo y había que estar peleando para forzar la unidad. Es fácil imaginar que esta dificultad política también se reflejaba en la economía y cada región (casi cada cuenca) tenía un mercado propio. Si sumamos a eso la recaudación de alcabalas, impuestos al comercio local, que se cobraban al cruzar de una región a otra, es evidente que México no tenía un mercado nacional.

En México, decía Coatsworth en su famoso estudio del impacto del ferrocarril, «la orografía conspira contra la economía»[26] y, como hemos visto, contra la política. Aunque hubo intentos de construir un ferrocarril desde la Independencia, será solo hasta 1873 que pueda inaugurarse, con un viaje del presidente Lerdo de Tejada a Veracruz. Describo con algún detalle ese viaje, así como las dificultades en la construcción del ferrocarril y sus efectos en los diferentes mercados en otra parte.[27]

Porfirio logra construir una red ferroviaria que conecta Ciudad de México con Veracruz, Paso del Norte y Laredo, lo que da lugar a una economía orientada a la exportación (especialmente al norte, porque el de Veracruz sirve más para importaciones por un buen rato), que empieza a modificar tanto la estructura económica del país como la social y política. Por primera vez, el norte del país es relevante.

Por otro lado, Porfirio consigue el establecimiento de un banco (el Nacional de México), que servirá como señal internacional de que las cosas han cambiado. Eso permitirá recuperar el crédito nacional y atraer inversiones. Los años de estabilidad del porfiriato se reflejan en años de crecimiento económico y transformación.

Revolución

Como se sabe, Porfirio Díaz se reeligió todas las veces que quiso, incluyendo la última, en 1910, a pesar de que cumplía 80 años, y todo mundo esperaba que no pudiese concluir ese período de seis años. Por esa razón, el interés político se centraba en quién sería su vicepresidente, que ocuparía la presidencia a su muerte. Competían para ocupar ese espacio Bernardo Reyes y José Yves Limantour, que, vistos con ojos del siglo XX, eran el político y el tecnócrata. Porfirio, que no por nada duró tantos años en el poder, después de dejarlos avanzar en su disputa, se deshizo de ambos y nombró a Ramón Corral como vicepresidente. Limantour siguió como responsable de Hacienda, y sería el gran apoyo de Díaz en su exilio, pero a Reyes lo mandó a estudiar a Europa.

Alrededor de Bernardo Reyes se había construido una multitud de grupos políticos, entonces conocidos como *clubes*, que al verse sin líder, pero ya a la descubierta, buscaron quién pudiese cobijarlos. Se encontraron con el ingeniero Francisco Madero, que acababa de publicar un libro: *La sucesión presidencial de 1910*, en el que se desvivía en elogios hacia Porfirio, pero criticaba a quienes lo rodeaban, afirmando que era necesario tener un gobierno más moderno y promotor del cambio tecnológico. Por la presión de estos grupos, Madero decidió convertirse en candidato presidencial y, aunque no tenía ninguna posibilidad, Díaz prefirió encarcelarlo. Como era frecuente entonces, Madero se fugó y camino a San Antonio proclamó el Plan de San Luis, en el que convocaba al levantamiento popular el 20 de noviembre de 1910 a las 18 horas.

No detallaremos aquí el proceso que llaman Revolución mexicana, y que es en realidad una secuencia de guerras civiles, que terminan con el establecimiento de un nuevo sistema político, el cual no es otra cosa que un regreso a las estructuras de la gran Nueva España. Si está interesado en todos los detalles, publiqué hace casi veinte años un libro que se reimprime con frecuencia, titulado *Cien años de confusión*. De forma breve, aunque prácticamente nadie se levantó el 20 de noviembre, para enero de 1911 sí hubo reacciones y, después de unas pocas batallas, la más importante de ellas en Ciudad Juárez, Díaz decide renunciar y abandona México en mayo de ese año. Hay elecciones, que gana con amplitud Madero, pero desde su llegada a la presidencia empiezan los conflictos, destacadamente el levantamiento de Emiliano

Zapata en su contra, exigiendo la devolución de tierras a su pueblo, perdidas a manos del ingenio de Zacatepec, pero también el de Pascual Orozco, su principal «militar» en la toma de Ciudad Juárez.

Todo indica que Madero no tenía una idea muy clara del país que se proponía gobernar, que con la salida de Díaz vuelve a sufrir ese proceso de desintegración que ya veíamos. Sin una autoridad central fuerte, regresan los bandidos y la inseguridad en los caminos; sin un eje para las alianzas con las regiones, cada una de ellas empieza a cuidarse por separado; los estamentos (Iglesia, hacendados), para entonces muy anacrónicos, también se mueven; también los pueblos de indios, que han sufrido las reformas de los liberales que, en la búsqueda de un país moderno, desaparecieron la propiedad colectiva a favor de la individual y no solo terminaron con los bienes de la Iglesia, sino también de los pueblos.[28]

El 9 de febrero de 1913 ocurre un levantamiento conocido como la Decena Trágica, encabezado por Bernardo Reyes y Félix Díaz (ambos prisioneros, en cárceles diferentes, pero aún así lograron organizar el golpe). Reyes muere ese mismo día, al intentar llegar a Palacio Nacional, y sus seguidores se hacen fuertes en la Ciudadela. Las fuerzas leales a Madero lo hacen en Palacio y ambos grupos destruyen, durante diez días, el centro de la ciudad sin hacerse daño significativo. El enfrentamiento termina debido a la traición de Victoriano Huerta, que asesina a Gustavo Madero, hermano de Francisco, y detiene a este y a su vicepresidente, Pino Suárez. Los matará también, tres días después.[29]

Desde el norte viene la respuesta: el gobernador de Sonora, Maytorena, se inconforma con el golpe de Huerta, pero abandona el país; Abraham González, gobernador de Chihuahua, es pronto asesinado, y Venustiano Carranza, gobernador de Coahuila, quien también enfrenta a Huerta, pero dado el poco apoyo conseguido en su estado se desplaza a Sonora.[30] Es en ese estado que se organiza la fuerza más importante en contra de Huerta, dirigida por un puñado de jóvenes de clase media a los que Carranza les es muy útil para evitar destruirse entre ellos. En Chihuahua, poco después, Francisco Villa se convierte en el líder revolucionario importante. Esta segunda fase de la Revolución, iniciada con la decena trágica y culminada con la huida de Huerta en julio de 1914, da origen a la tercera y más destructiva.

Las fuerzas revolucionarias se han dividido. De un lado, los sonorenses que respaldan a Carranza; del otro, Villa y Zapata, promoviendo algo distinto que, aunque los historiadores califican de movimiento popular, es más bien una alianza temporal y débil de grupos que tienen intereses muy distintos. Zapata, como sabemos, quiere recuperar las tierras de su pueblo, y muchos líderes que lo acompañan buscan algo similar. Su fuerza militar es limitada y no les gusta salir de su territorio: Guerrero, Morelos, parte del Estado de México, regiones de Puebla y Veracruz. Villa es un criminal que ha encontrado un sentido en la guerra civil, que goza de carisma y valentía, pero que no es estratega.[31] Junto a ellos hay intelectuales que proponen medidas de justicia social, como Luis Cabrera o Soto y Gama, o militares de carrera que sí entienden, como Felipe Ángeles. Pero la alianza, consolidada en la Convención de Aguascalientes, resulta derrotada por el grupo sonorense en 1915.

Carranza asume como presidente en 1916 y convoca a un congreso constituyente, que se celebrará a fines de ese año para promulgar la Constitución de 1917, la aún vigente. Aunque la intención de Carranza era simplemente modificar la Constitución de 1857 para fortalecer el Ejecutivo a costa del Legislativo, quien controla el congreso es Obregón, y el resultado es un documento muy diferente. La «primera constitución social» del siglo XX, como les gustaba decir, es un documento que, a diferencia de una constitución normal, además de incluir los derechos de los ciudadanos (aquí llamados garantías individuales) y las reglas con las que funciona el gobierno, incorpora los «capítulos sociales», como se les dice a los artículos 3.º, 27 y 123, en los que se regula la educación, la tenencia de la tierra y las relaciones laborales.

La Constitución de 1917 es en el fondo un regreso a las estructuras medievales que estaban en las mentes y costumbres de los revolucionarios, incluso de aquellos que habían estudiado un poco (como Francisco J. Múgica, redactor en jefe de la constitución). La propiedad de la tierra, por ejemplo, era ahora «original y originariamente» de la nación, como siglos antes había sido de la Corona; se recuperaba la propiedad comunal de la tierra, bajo el nombre de *ejido*, castellanización del latín *exitus*, que se refería a los terrenos a las afueras de los pueblos, de carácter comunal; se convertía el Estado en rector de la educación, como lo había sido el monarca, en relación con lo que debía saberse, aunque no se llamara entonces así; los derechos de los trabajadores, ficticios todavía por varios años más, terminaron en realidad en la construcción de grupos corporativos llamados sindicatos, construidos desde el mismo Estado.[32]

Nuevamente, México tiene una referencia legal que nadie en realidad quiere o puede aplicar, y que apenas sirve como la base de negociación entre los grupos. En eso también se mantiene el orden político de la gran Nueva España y del siglo XIX. Esa negociación que Pietschmann confundía con corrupción, por decirlo de algún modo.

Venustiano Carranza muere en 1920, cuando intenta escapar del Plan de Agua Prieta, que lleva al poder, ahora sí de plano, a los sonorenses.

QUINTO SIGLO
Confusión (1921-2021)

El quinto siglo, el más reciente, es el siglo norteamericano. No era seguro en el inicio, cuando Gran Bretaña todavía intentaba sostenerse como el eje global, pero no pudo lograrlo. El costo de la guerra y el crecimiento del nuevo mercado neoyorkino le impidieron mantener el patrón oro y, por lo mismo, obstaculizaron su liderazgo. El desorden creado por el fin de los imperios, acelerado por errores de la política económica estadounidense, dará espacio al ascenso de líderes capaces de destruir el mundo: Mussolini, Hitler, Stalin.

Después del período más negro de la historia humana, la Segunda Guerra Mundial, se instituye un nuevo arreglo controlado por el gran vencedor, los Estados Unidos. El poder de otro país, la Unión Soviética, dará lugar a un enfrentamiento continuo desde el fin de la guerra hasta casi el fin del siglo, con la derrota de este invento del siglo xx.

Sin enemigo real enfrente, empiezan los conflictos internos, y así le ocurre a los Estados Unidos desde finales de la década de 1990.

9
El siglo estadounidense

Segunda Guerra

La manera en que terminó la Primera Guerra Mundial fue de gran importancia para la ocurrencia de la Segunda. Después de acabar con una generación entera, Alemania tiene que rendirse por ser incapaz de sostener un enfrentamiento que ya estaba estancado, pero que ahora tenía un jugador adicional, Estados Unidos.

Alemania había logrado terminar con el frente oriental al promover una rebelión en Rusia. Fue ese país el que facilitó la llegada de Lenin a San Petersburgo, con el objetivo de terminar con ese frente. Así ocurrió, como usted lo sabe, pero las consecuencias fueron un poco más allá de lo que los alemanes imaginaban. Aunque la guerra había dejado claro que el zar Nicolás II era incapaz, el primer intento de transformar a Rusia fue la República de Kerensky, creada tras la Revolución de Febrero (de 1917). Por un terrible error de cálculo, Kerensky se opuso a terminar con la participación de Rusia en la guerra, un clamor popular. Eso facilitó el golpe de los bolcheviques, mejor conocido como la Revolución de Octubre. Después vendría la guerra civil contra los «blancos», el asesinato del zar con su familia y, para 1924, la creación de la Unión Soviética.

Pero la salida de Rusia no le sirvió a Alemania en tanto que los Estados Unidos decidieron intervenir en la guerra, desequilibrándola a favor de Gran Bretaña, Francia e Italia. La rendición del Imperio alemán y sus aliados, los imperios austro-húngaro y otomano, implicó la desarticulación de sus territorios (que incluyó la devolución de Alsacia y Lorena a Francia) y un pago exorbitante por reclamaciones de guerra, que va a producir una inflación extraordinaria en el centro de Europa, con las tasas inflacionarias más elevadas registradas en la historia.

El derrumbe de los imperios y la inflación provocan serias dificultades sociales en todo ese espacio. Es el momento que aprovechan diversos grupos para intentar hacerse del poder, especialmente en Alemania, Hungría e Italia. En este último país hay un descontento adicional debido a que, a pesar de formar parte de los ganadores de la guerra, Italia no recibió los territorios que esperaba. Sobre eso va a construir Mussolini desde 1919, y para 1922 el fascismo que él encabeza toma el poder en ese país.

Después de un intento infructuoso de una revolución comunista (1919), en Alemania se constituye una república, que después llamarán de Weimar, la cual sufrirá la gran inflación de 1923. Ese mismo año ocurre un intento de golpe conocido como el Putsch de la cervecería, en Múnich, con motivo del cual es detenido y encarcelado Adolf Hitler. Aunque la pena debió ser cadena perpetua, solo le dieron cinco años, que aprovechó para escribir *Mi lucha*, el libro guía de su movimiento en los siguientes años.

En enero de 1933, Hitler fue nombrado canciller, si bien su partido solo contaba con un tercio del parlamento. El 27 de febrero ocurrió el incendio del Reichstag (parlamento), evento que aprovechó Hitler para mejorar su posición rumbo a la elección que ocurriría una semana después. El 5 de marzo logró incrementar sus escaños en 44% y, con sus alianzas, a más de la mitad. El 23 de marzo obtuvo la aprobación de la «ley habilitante», que le daba a él el Poder Legislativo. En los siguientes dos años irá ocupando todo el espacio político en Alemania, eliminará a sus aliados originales, iniciará el rearme y para 1936 será el dueño del país.

En marzo de 1938 ocurre la *Anschluss*, la unificación de Austria con Alemania (que en México aprovechará Cárdenas, como veremos), y aumentará la presión sobre los Sudetes (sur de Checoslovaquia). En septiembre de ese año se llevará a cabo la reunión de Múnich, en la que el primer ministro británico Chamberlain quedó convencido de que había evitado la guerra. Al año siguiente, Hitler invade Praga y, el 1.º de septiembre de 1939, Polonia, que en secreto ya se había repartido con Stalin.

Nuevamente nos resulta imposible dedicar más espacio a este suceso histórico, tan importante como es. Lo relevante para este libro es el final de la guerra, que implica la caída definitiva del Imperio británico, la posición hegemónica de Estados Unidos y la elevación de la Unión Soviética como potencia adversaria.

Primero, recordemos que el Imperio británico había empezado a caer como resultado de la Primera Guerra, que trajo consigo endeudamiento y, por consiguiente, el debilitamiento de la libra y el final del patrón oro. Durante la entreguerra no hubo forma de que Gran Bretaña se recuperara y, cuando comienza la Segunda Guerra, a duras penas puede detener a Alemania el tiempo suficiente para que la llegada de los Estados Unidos cambie la fortuna de Europa. Pero ese apoyo estadounidense tuvo un costo: no solo el reemplazo como centro financiero del mundo, sino también como potencia naval hegemónica.

Al término de la Segunda Guerra, los Estados Unidos, como vencedor incontestable, convocaron a sus aliados a construir un nuevo sistema financiero global, que se conoce como Bretton Woods, en memoria del lugar donde se llevaron a cabo las reuniones. A grandes rasgos, la idea era evitar una nueva guerra mundial, de manera que, argumentando que el caldo de cultivo de los dictadores consistía de inflación y desempleo, se crearon dos instituciones para evitar crisis en estos indicadores: el Fondo Monetario Internacional (FMI), que se encargaría de evitar crisis en la balanza de pagos (que suele ser una fuente relevante de inflación), y el Banco Mundial (inicialmente con otro nombre), encargado de impulsar proyectos para el desarrollo de sus miembros. También se quería crear la Organización Internacional de Comercio, pero, debido a la oposición latinoamericana, no se logró. A cambio, los Estados Unidos propusieron el Acuerdo General de Aranceles y Comercio (GATT, por sus siglas en inglés), que cubrió ese papel por los siguientes cincuenta años.[1]

El acuerdo incluía algo más importante para la estabilidad financiera global. Se tendrían tipos de cambio fijos entre países, mientras que el dólar lo tendría con el oro. Se repetía así algo parecido al patrón oro, pero no idéntico. En lugar de que cada moneda tuviese su tipo de cambio con el oro, lo tenía con el dólar, que así resultaba un intermediario con una posición privilegiada. Los Estados Unidos eran el triunfador de la guerra, y los que controlaban todos los mares del mundo, de manera que no hubo forma de evitarlo.

Un detalle importante de este tipo de arreglo es que el tipo de cambio fijo implica que no haya flujos de capital entre países. Algo había, especialmente a través del FMI y el Banco Mundial, pero era poco. Si no hay flujos de capital, entonces los países tienen que evitar un déficit comercial elevado, porque no conseguirían cómo financiarlo. Por esa razón, los años de posguerra muestran un comercio internacional relativamente pequeño (lo veremos en un momento más).

Debido al «privilegio exorbitante» que le daba al dólar este arreglo, a la fuerza militar que le permitía controlar todos los mares del mundo y a su tamaño (geográfico, demográfico y económico), los Estados Unidos se convirtieron en el poder hegemónico. Sin embargo, debido a la fuerza demostrada por la Unión Soviética en la Segunda Guerra, con un ejército poderoso en tierra, y también con un tamaño considerable, se convierte en la potencia adversaria de inmediato. Por décadas se sobreestimó la capacidad económica de la URSS y por ello se creyó que los Estados Unidos no podrían sostenerse, pero fue una ilusión, como veremos. La URSS se desplomó en la década de 1980.

Guerras de liberación nacional y Guerra Fría

El derrumbe del Imperio británico no nada más implicó su reemplazo por los Estados Unidos, sino que hubo un período de descolonización casi de inmediato. Las colonias británicas en Asia se separan en 1947 (India, Pakistán, Birmania) y 1949 (China). El protectorado de Palestina llegó a su fin en 1948. Después de la crisis de Suez, en 1956, las colonias africanas se independizaron rápidamente, comenzando por Ghana (1957) y Nigeria (1960), y poco después el resto. Rodesia y Sudáfrica se independizaron de forma diferente. No por voluntad de los pobladores originales, sino de los colonos británicos y holandeses, ya transformados en afrikáners.

Francia también perdió su imperio colonial, pero de mala manera. Desde 1946 intentó impedir la independencia de Vietnam, al que tuvo que abandonar en 1954, dejándolo escindido en norte y sur, lo que provocó años después la intervención estadounidense en defensa de Vietnam del Sur frente al avance de Vietnam del Norte, apoyado por China y la URSS. Francia tampoco quería dejar Argelia, lo que provocó una guerra cruel e innecesaria. Al final, Francia incluso aceptó la independencia de los países del Sahel (Chad, Níger, Burkina Faso, etc.), pero los siguió controlando hasta hace muy poco, cuando Rusia la desplazó, lo que provocó guerras civiles que están en curso.

Como hemos mencionado, una parte relevante del proceso de descolonización es la ocurrencia de guerras civiles, promovidas no tanto por las potencias coloniales, que ya no tenían la fuerza para ello (salvo el caso de Francia, que tampoco la tenía, pero no quería aceptarlo), sino por las dos potencias en disputa por la hegemonía. En los lugares donde la independencia favorecía a un grupo con cercanía a los Estados Unidos, la URSS promovía una rebelión; donde el grupo favorecido tenía tendencias socialistas, los que fomentaban el conflicto eran los Estados Unidos. A ese proceso lo llamo *guerras de liberación nacional*, y es una parte relevante de la Guerra Fría, como se le llama al conflicto continuo, pero sin enfrentamientos directos, entre los Estados Unidos y la Unión Soviética.

Las guerras de liberación nacional fueron una carga enorme para las colonias que dejaban de serlo. En muchos casos, la destrucción y discordia producidas entonces han impedido la estabilización de los países que, además, se crearon como naciones artificiales después de la Primera Guerra Mundial en Europa y Medio Oriente: sin respeto alguno por los intereses o la opinión de sus habitantes.

Se puede incluir en estas guerras el caso de la revolución en Cuba, que si bien no era colonia, es un ejemplo de un grupo rebelde apoyado por la Unión Soviética, en contra de un gobierno establecido apoyado por los Estados Unidos. Por eso en el santoral comunista se encuentra uno lo mismo a Lumumba o El Che que a Castro o Ho Chi Minh. Es también un ejemplo de la destrucción y discordia que impiden el desarrollo.

Neoliberalismo

Me parece que podemos seleccionar 1968 como el año de la derrota global de la izquierda. En ese año, la Unión Soviética aplastó los intentos de crear algo parecido a una democracia en Checoslovaquia, lo que se conoce como la Primavera de Praga. También en ese año, las manifestaciones estudiantiles en París fueron derrotadas por los trabajadores, que prefirieron el regreso de De Gaulle al poder. En ambos casos era claro que la población, cuando podía elegir, no optaba por el comunismo, aunque los jóvenes pensaran que eso era lo que había que hacer.

En otros países, jóvenes con esas ideas intentan rebelarse, provocando una respuesta importante de los gobiernos, con respaldo de la sociedad. El caso más importante tal vez sea el de los Estados Unidos, donde en ese año son asesinados Martin Luther King y Robert Kennedy, mientras que la Convención Demócrata en Chicago debe realizarse con un fuerte dispositivo de seguridad. En México es el año de la movilización estudiantil, que termina con la conocida matanza del 2 de octubre. A partir de 1968, el activismo procomunista, frecuentemente de jóvenes, será violento y marginal: es el tiempo de las Brigadas Rojas, la banda Baader-Meinhof, la Liga 23 de Septiembre, Septiembre Negro y la Organización para la Liberación de Palestina (OLP) por poner algunos ejemplos. Ya no encuentran respaldo social en los países occidentales. En 1968, Vietnam del Norte invade el sur, lo que provocará una respuesta de Estados Unidos al año siguiente.

También en 1968, las cosas empiezan a cambiar en la economía. El Gobierno de Lyndon Johnson, que impulsa grandes transformaciones sociales en los Estados Unidos, incluyendo un conjunto de programas llamado Gran Sociedad, ha incrementado el gasto público de manera importante. Al sumarse a esto la ofensiva en Vietnam, los europeos empiezan a dudar de los Estados Unidos, que podrían estar emitiendo dólares en una cantidad mayor de lo que sus reservas de oro le permitían. Como veíamos, el sistema financiero dependía de este tipo de cambio fijo entre el dólar y el oro. Tres años después, Richard Nixon reconoce que efectivamente han emitido más de lo debido y por lo tanto no pueden mantener esa relación fija: el 15 de agosto de 1971 anuncia que los Estados Unidos dejan de tener una moneda respaldada en oro.

Para evitar un desastre financiero internacional, los países más importantes se reúnen a buscar un acuerdo. Alemania, Gran Bretaña, Francia, Japón y los Estados Unidos (G5) acuden al Instituto Smithsoniano, en Washington, para establecer un proceso mediante el cual las monedas puedan transitar a un tipo de cambio flexible, pero no funcionó muy bien. Por otra parte, el 6 de octubre de 1973, Egipto, Siria y Jordania atacan Israel durante la festividad de Yom Kippur, son derrotados muy rápido e Israel prácticamente invade Egipto, lo que provoca una seria crisis internacional. En respuesta a su derrota, Gamal Abdel Nasser, hombre fuerte de Egipto, promueve un embargo petrolero de los países árabes a los países occidentales. El precio internacional del crudo pasa de 3.50 dólares por barril a 10 dólares en 1974, y continuará subiendo.[2]

El efecto de un incremento de esa magnitud en los países occidentales, todos importadores de crudo, es significativo e inmediato. Los economistas llaman a este tipo de eventos «choques de oferta», porque la producción de bienes se hace más cara y por lo tanto hay una menor cantidad disponible. A nivel agregado, eso significa contracción económica con inflación, o, como se le llamó entonces, *estanflación*.

Como recordará, eso es precisamente lo que se trataba de impedir con el arreglo de Bretton Woods, porque todos coincidían en que esos fenómenos habían posibilitado el ascenso de los dictadores en la década de 1930. Si le suma usted la presencia de los grupos violentos y marginales que mencionamos, podrá hacerse una idea de lo que pensaban las personas en la década de 1970. Frente a esto, los gobiernos reaccionaron como lo habían hecho durante toda la posguerra: incrementando el gasto para evitar la caída de la economía. Ese gasto adicional, aunque aminoraba la contracción, favorecía la inflación, pero no les parecía entonces un problema serio. Cuando la rebelión de los ayatolas toma el poder en Irán, a inicios de 1979, las cosas cambian. El precio del petróleo, que era de 15 dólares, en menos de un año estaba en 30. Visto de otra forma, en cosa de un sexenio el petróleo había multiplicado su precio diez veces.

La inflación estaba sin control y la población muy enojada. Es entonces cuando los votantes deciden cambiar la dirección de sus países, notablemente en Gran Bretaña, donde impulsan a Margaret Thatcher, y en los Estados Unidos, donde Ronald Reagan se convierte en presidente. Ambos han prometido bajar la inflación, y lo hacen, al costo de una severa contracción económica. Como parte del programa antinflacionario se eleva la tasa de interés de referencia, también de forma dramática. La tasa de los Estados Unidos, que había oscilado entre 5 y 10% durante la década de 1970, llega en 1980 a 17%, y en 1981 a 19%, en donde se mantiene por meses. Para quienes habían contratado deuda, esto es una tragedia.

Había muchos en esta circunstancia. El abandono de los tipos de cambio fijos en 1971 trajo consigo la posibilidad de flujos de capital entre países. En consecuencia se podía conseguir dinero y con ello financiar un déficit comercial importante, o simplemente el déficit público. Eso hicieron los países latinoamericanos, que justamente enfrentaban en esa década el gran crecimiento poblacional de la década anterior. Había grandes demandas sociales y poco dinero, de forma que los créditos internacionales cayeron como del cielo. Más aún porque buena parte de ese dinero provenía originalmente de los países árabes, que se habían vuelto multimillonarios con el alza del precio del crudo, y colocaban sus recursos en bancos europeos o norteamericanos que, por lo mismo, necesitaban conseguir a quién prestar, así que los márgenes eran pequeños.

En la década de 1970, varios países latinoamericanos reportan altas tasas de crecimiento que tienen su origen precisamente en el endeudamiento. No era porque fuesen más productivos, sino porque estaban consumiendo en el presente algo que tendrían que pagar en el futuro. Y no imaginaron que lo pagarían a una tasa tres o cuatro veces mayor. Esa es la causa de la década perdida de América Latina. En la década de 1980 sufrimos aquí esa contracción con inflación que los países europeos sufrieron en la década de 1970. Aquí también eso provocó serias presiones políticas.

Un efecto adicional del alza en la tasa de interés fue la sobrevaluación del dólar. Puesto que la Reserva Federal pagaba tasas elevadísimas, todo el mundo se movió al dólar para comprar bonos del tesoro de ese país, provocando daños a la posición comercial estadounidense. Para encontrar una salida se llevó a cabo una reunión del G5 en Nueva York, en el Hotel Plaza, que se recuerda con ese nombre, Acuerdo del Plaza. En él, los países grandes ya mencionados harían un esfuerzo por auxiliar a los Estados Unidos con la depreciación del dólar. A ese acuerdo culpan algunos del crecimiento de la burbuja inmobiliaria japonesa que, cuando estalla en 1989, termina con casi cuatro décadas de «milagro económico».

Por otra parte, estos desajustes económicos globales, a los que se sumó el activismo del papa Juan Pablo II, mostraron la debilidad de la Unión Soviética, lo que aprovecharon los países de Europa del Este, controlados desde el fin de la Segunda Guerra por la URSS, para tratar de deshacerse de ella. El 9 de noviembre de 1989, aparentemente por un error de comunicación, los alemanes del este se dirigieron masivamente a cruzar el Muro de Berlín. Era tan grande la concurrencia que los vigilantes abrieron las puertas. Era el inicio del fin del comunismo soviético.

La tercera ola

Se hizo popular la referencia a «la tercera ola» para designar los procesos de democratización ocurridos a fines del siglo XX. De acuerdo con esa idea, una primera ola democratizadora habría ocurrido en el siglo XIX en Europa, seguida de una segunda, posterior a la Segunda Guerra Mundial, y esta tercera comenzaría con el tránsito a la democracia en Grecia y Portugal, seguidos pronto por España, a inicios de la década de 1970. El derrumbe de la Unión Soviética (iniciado en 1989, como veíamos, continuado en 1991 con su transformación en la Comunidad de Estados Independientes y finalmente su disolución en 1993) facilitó que los países que había ocupado a fines de la Segunda Guerra pudiesen elegir su camino. La democratización de los países de Europa del Este incluyó la desaparición de las naciones ficticias de la entreguerra, como Checoslovaquia (dividida en Chequia y Eslovaquia) y Yugoslavia (dividida en cinco países, que pronto estuvieron en conflicto).

Pero también en América Latina las presiones políticas resultantes de la década perdida provocaron el fin de dictaduras militares en Argentina, Uruguay, Paraguay, Chile, e incluso pusieron en jaque al sistema político mexicano, que todavía aguantaría unos años más.

La transformación era tan grande que en la década de 1990 hubo un gran entusiasmo global al que muchos se refieren citando (sin leer) el libro de Francis Fukuyama, *El fin de la historia y el último hombre* (1992), para descalificar lo que consideran una ilusión neoliberal. Este entusiasmo se vino abajo con el ataque a las Torres Gemelas de Nueva York, el 11 de septiembre de 2001. Curiosamente, a partir de entonces el que se hizo famoso fue el profesor de Fukuyama, Samuel Huntington, que había publicado en 1993 un artículo en *Foreign Affairs* titulado «El choque de civilizaciones», que después amplió a libro. El argumento de Huntington era que el liberalismo no había triunfado, como decía Fukuyama, sino que ahora habría una disputa global entre diferentes culturas/civilizaciones. Puesto que el ataque a las torres provino de un grupo fundamentalista musulmán, parecía confirmar las ideas de Huntington.

En ese mismo 2001, China fue aceptada en la Organización Mundial de Comercio, creada en 1995 para reemplazar al GATT y ampliar su membresía. La transformación que había iniciado China en 1979, que la llevó a un momento definitorio diez años después, cuando también ahí hubo modestos intentos democratizadores que fueron aplastados

(Plaza de Tiananmén), había dado grandes resultados que le permitieron incorporarse plenamente a la economía global. Los siguientes años, China creció a gran ritmo, aunque no sabemos con exactitud cuánto, porque los datos de ese país no son totalmente confiables. Sin embargo, el avance de China es indudable.

En la década de 1990, en ese entusiasmo por el futuro, se consolidan bloques comerciales. Por un lado, la Unión Europea se convierte en una unión monetaria; por otro, se crea el bloque de Norteamérica (México, Estados Unidos y Canadá). Aunque no establecen acuerdos tan detallados, hay también avances considerables en Asia alrededor de la asociación de naciones del sureste asiático, ASEAN. El ascenso de China provoca disrupciones en estos bloques, pero, al ampliar la mano de obra disponible para la economía global, el efecto final es un gran crecimiento en el comercio y las finanzas globales.

Después del ataque a las torres, los Estados Unidos deciden invadir Afganistán, lugar desde donde se llevó a cabo el ataque. Aunque esa guerra tenía algo de razón, en represalia por el ataque, la idea de establecerse ahí para promover la democracia no tenía sentido alguno. Esto resultó evidente cuando los Estados Unidos decidieron salir, en 2021, de la peor manera posible. Pero así como el ataque a Afganistán puede considerarse razonable, la decisión de invadir Irak en 2003 no tenía argumento alguno. En su momento se dijo que Saddam Hussein, el dictador iraquí, estaba construyendo «armas de destrucción masiva», lo que resultó falso. Aunque la invasión a Irak fue inmediatamente exitosa, el derrocamiento del dictador provocó un caos que no pudieron controlar los Estados Unidos, a pesar de mantenerse ahí durante varios años.

Ese caos se convertirá en un desastre pocos años después.

El fin de lo conocido

Permítame recuperar lo que hemos comentado, para entender mejor los últimos años. Como recordará, después de la Segunda Guerra se establece un sistema financiero global centrado en el dólar, con flujos de capital entre países muy bajos, en el que cada país desarrolla un mercado interno más o menos sólido, con poco comercio internacional. Esto llega a su fin en 1971 y a partir de entonces los flujos de capital son crecientes. Primero por el enriquecimiento de los países árabes, que mueven su dinero a bancos de países europeos o estadounidenses, con una oferta importante de fondos. Después, cuando los planes antinflacionarios de los Estados Unidos y Europa promueven más ahorro en esos países, también hay como resultado una mayor oferta de capitales. A partir de la década de 1990, esto ocurre más bien asociado al creciente comercio internacional.

Puede verse todo esto en la figura 9.1. En ella aparecen las exportaciones como proporción del PIB para todo el mundo. Los datos arrancan en 1827, de manera que podemos identificar claramente los períodos del patrón oro y de Bretton Woods, ambos de crecimiento moderado del comercio, pero crecimiento. En cambio, a partir de 1913 hay una caída, que se acelera en 1930 cuando entra en vigor la Ley Smoot-Hawley en los Estados Unidos, que eleva significativamente los aranceles. La caída del comercio internacional provoca tanto la Gran Depresión (que, aunque se suele fechar en octubre de 1929 por

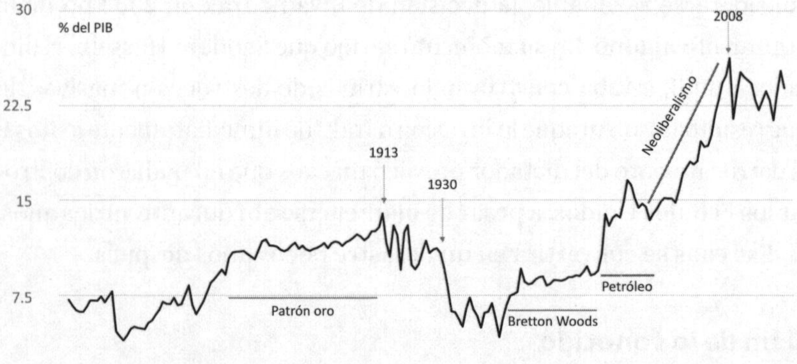

Fuente: Federico, Giovanni and Antonio Tena-Junguito (2016 b). 'A tale of two globalizations: gains from trade and openness 1800-2010'. London, Centre for Economic Policy Research. (CEPR WP.11128). – processed by Our World in Data. A partir de 2014, calculado con base en World Bank.

Figura 9.1. Exportaciones como porcentaje del PIB (global)

la gran caída de la bolsa de valores, en realidad no resulta de ella) como el desorden en Europa en el que crecen los dictadores. Por eso los negociadores de Bretton Woods querían, además del FMI y el Banco Mundial, la Organización Internacional de Comercio. Cuando el comercio internacional cae, las cosas se complican mucho.

Pero la figura no termina ahí. Observe lo que ocurre a partir de 1971: el flujo internacional de capitales permite un crecimiento extraordinario del comercio. Aunque hay una pequeña burbuja debida a los altos precios del petróleo entre 1975 y 1985, el crecimiento posterior es claro. Y también su final: la Gran Recesión de 2008. Ahí se inicia un proceso muy parecido al de 1913: el comercio internacional empieza a reducirse como proporción del PIB global.

La Gran Recesión tuvo su origen en la búsqueda de ganancias cada vez mayores por parte de financieros, quienes incluso llegaron a construir vehículos de inversión en los que el riesgo se escondía. Se trataba de paquetes de créditos hipotecarios en los que se mezclaban distintos niveles de riesgo, pero que se ofrecían como inversiones seguras. Cuando empieza a haber dificultades de flujo en 2007, estos vehículos empiezan a fallar y, para septiembre de 2008, grandes bancos de inversión y aseguradoras están literalmente en quiebra. Aunque el gobierno de los Estados Unidos intentó evitarlo, no tuvo más remedio que rescatar a las más grandes financieras, so pena de que el sistema entero entrara en falta de pagos. Es algo similar a lo que ocurrió en México en 1995, que llevó a la necesidad de rescatar bancos que habían otorgado créditos sin la precaución debida. Incluso el costo de ambos programas parece ser similar, cercano a 20% del PIB, pero claro que, en el caso de los Estados Unidos, hablamos de cifras inmensas.

La Gran Recesión golpeó a todo el mundo. México, por ejemplo, aplicó medidas contracíclicas (es decir, aumentó el gasto del gobierno para aminorar la contracción económica), que después no pudieron revertirse por completo. China lo hizo de manera mucho más drástica, lo que provocó una burbuja inmobiliaria que llegó a su fin en octubre de 2021 y ha puesto a ese país en serias dificultades, que está posponiendo mediante un crecimiento ahora sí exagerado de sus exportaciones. En Europa, la Gran Recesión incrementó los problemas de deuda, que en el caso de Grecia llegaron al límite de lo aceptable, pero no fue el único caso.

En 2011, el norte de África enfrentaba incrementos de precios, especialmente en alimentos. Eso provocó movilizaciones populares, a las que llamaron «primavera árabe», y que produjeron la caída de varios gobiernos. En Túnez, la población obligó al rey a cambiar al primer ministro; en Egipto, el gobierno se vino abajo, pero finalmente quedó en manos de radicales (Hermandad Musulmana). En Libia, los franceses quisieron aprovechar para deshacerse del dictador Mohammad Gaddafi, logrando que ocurriera lo mismo que en Irak años antes: la llegada del caos.

Ese mismo año, en el otoño, el congreso estadounidense se negaba a ampliar el límite de endeudamiento del gobierno (llamado «techo de endeudamiento») y esto llevó la discusión a horas de que el gobierno dejase de funcionar. Esta nueva fuente de incertidumbre se sumó a las complicaciones europeas y los movimientos del Magreb para desequilibrar a Europa, que tuvo desde entonces dificultades para crecer.

Redes

Importa en este momento llamar la atención sobre el cambio en las tecnologías comunicacionales. Aunque desde la década de 1980 hay computadoras personales, y desde los noventa comienza internet y aparecen algunas redes de usuarios, el fenómeno conocido como *redes sociales* puede fecharse a partir de 2006, con la aparición de Facebook. Las redes son un instrumento de comunicación masivo pero interactivo. Aunque hay un esfuerzo de interacción mediante la televisión a partir del primer gran *reality show, Big Brother*, en los Países Bajos en 1999, lo que las redes permiten es algo transformador. El poder de comunicación se hace masivo con la aparición del teléfono inteligente (*smartphone*) en 2007, al grado de que la «primavera árabe» se asocia al uso de teléfonos celulares como mecanismo de comunicación entre manifestantes.

La transformación de las tecnologías comunicacionales ha tenido un efecto determinante en la configuración de las sociedades modernas. Como explicamos en su momento, aunque hubo muchos intentos reformadores en la Iglesia católica antes del siglo XVI, fue con Lutero que alcanzaron el éxito, y fue gracias a la imprenta. El fenómeno no solo ocurre en este tema, sino que es perceptible en la manera como viajan las ideas entre países y adquieren una dinámica que no se conocía. La gran transformación en la forma de pensar de los europeos en ese siglo y el siguiente sienta las bases del mundo moderno.

En el siglo XVIII, los periódicos (hojas sueltas, folletines), que permiten la transmisión de información «en tiempo real» y que no solo llegan a quienes saben leer, sino que son discutidos públicamente en casas de café, té y chocolate, provocarán una dinámica social que ya no se queda en las élites científicas o políticas, como era el caso de los libros. Los periódicos incluyen a muchas más personas, son de corta vida y empiezan a orientarse a alimentar no solo el intelecto de sus lectores, sino sus sentimientos y pasiones.

A fines del XIX, y mucho más claramente en el siglo que ahora analizamos, llegan los medios masivos: telégrafo, cine, radio, y para la segunda mitad del siglo, la televisión. Estos medios ya no necesitan lectores, porque transmiten sonidos e imágenes. Por lo mismo, son mucho más proclives a atacar de forma directa los sentimientos y las pasiones, dejando el alcance intelectual a un lado (en lo general). Como hemos visto, los aspirantes a dictadores hacen uso extensivo de estos medios, porque su poder depende de las pasiones de sus seguidores.

Todos estos medios comunican lo que unos pocos hacen a grupos cada vez mayores: unos pocos lectores de libros, un grupo amplio de lectores (y escuchas) de periódicos, grupos amplísimos de escuchas y espectadores. Conforme crece el número de receptores, la información que se transmite debe ser menos compleja y debe circunscribirse a los gustos y las creencias de las mayorías, so pena de no encontrar público. Es precisamente el uso del cine, y posteriormente de la televisión, lo que permitirá crear las «ideas nacionales»: ideas que interesan a todos, sin importar la edad, el grupo social o el lugar en el que viven.

Si bien los expertos internacionalistas hablan del Estado-nación a partir de la paz de Westfalia, como hemos visto, no es sino durante el siglo XVIII que en realidad se van construyendo Estados anónimos, burocrático-militares, que se separan paulatinamente de los monarcas. Primero reemplazándolos por aristocracias gobernantes, pero a partir del siglo XX por un grupo muy distinto: la clase política. Finalmente, la gente se convence de que cualquiera debe poder gobernar y de que basta obtener el respaldo popular para ello.

En este proceso se debe crear un cuento común a la nación, es decir, una narración que da sentido a esa «comunidad imaginaria»: de dónde venimos, cómo somos, qué nos preocupa, cómo nos organizamos. Los temas locales, de la familia extendida, que eran casi lo único en que pensaban las personas en el siglo XV, van perdiendo terreno frente a preocupaciones más amplias: en qué somos distintos de quienes viven en otros lugares, de qué manera es diferente nuestra religión, por qué viven mejor en otras zonas.

Convertir estas preocupaciones en una fuerza única, para sociedades de millones de habitantes, solo es posible con los medios masivos. De forma incipiente con los periódicos, pero con toda claridad con el cine, la radio y la televisión. Por mucho tiempo, los emisores son apenas un puñado y eso permite uniformizar las creencias, reducir las discusiones a unos pocos temas y, por lo tanto, construir discursos políticos inteligibles para las masas. Esos discursos son la base de los partidos políticos, una construcción que realmente solo existe a partir del siglo XX. Antes de eso, donde había, eran más clubes aristocráticos (con título nobiliario o no). Cuando aparece la televisión privada restringida, después convertida en múltiples canales, esta unidad empieza a resquebrajarse.

El internet y las redes sociales son un mecanismo de comunicación que permite transmitir escritos, imágenes y sonidos de forma interactiva, potencialmente de millones a millones de usuarios. Como los medios masivos, tienden a favorecer sentimientos y pasiones. Por las cantidades de emisores y receptores, tienden a la dispersión. En consecuencia, su crecimiento trajo consigo la aparición de muy diferentes interpretaciones acerca de la realidad, en muy poco tiempo. El estallido de la Gran Recesión (2009) fue el detonador de la expresión de todas esas ideas, desde las islas en las que se habían construido.

Como reacción a la crisis financiera, se crea en los Estados Unidos el grupo 99%, que afirma que el rescate del sistema financiero beneficia a 1% de la población a costa del restante 99%. En España, el movimiento 15M (antecedente de Podemos) surge el 15 de mayo de 2011, frente a la crisis que en ese país explota alrededor de la «primavera árabe» más que la Gran Recesión (por lo que ya veíamos). Movimientos de este tipo surgen en todas partes, porque la población rechaza las posturas tradicionales de los partidos políticos, propias de la época de los medios masivos, y busca liderazgos diferentes. Desde 2009, el centro político en los países occidentales se vacía, mientras que los extremos se llenan. A diferente ritmo, con diferente resultado, pero claramente a partir de 2015, es más fácil ganar una elección si el electorado percibe al candidato como proveniente de fuera del sistema político. Este fenómeno ayuda a entender los triunfos de personas como Donald Trump, López Obrador (que vendió siempre ser diferente de los políticos), Daniel Noboa (Ecuador), Javier Milei (Argentina), Emmanuel Macron (Francia).

Por todo lo anterior, el momento final del siglo que analizamos ahora podría fecharse en 2009. Poco más de diez años después ocurre la pandemia de covid-19, cuyos efectos todavía no conocemos en detalle. Lo que resulta claro es que, desde entonces, el mundo no es lo que era antes.

10
Cien años de confusión

Eso que conocemos como Revolución mexicana llegó a su fin con la promulgación de la nueva constitución, en febrero de 1917, o con el asesinato de Carranza, que dejó las manos libres a los sonorenses, en mayo de 1920. A partir de ahí es ese grupo el que tendrá en sus manos el futuro del país. Aunque la constitución tenía directrices sociales que después fueron muy celebradas, la intención de incorporarlas era pagar el apoyo que el grupo de Obregón había tenido para ganar la guerra civil: las adiciones al Plan de Guadalupe, de fines de 1915, se convertirán en el eje del artículo 123; la Ley Agraria de 1916 en la base del 27, pero ninguno de los dos será aplicado seriamente en los siguientes años.

Reconstrucción

Los sonorenses tienen una idea de que el país puede ser como la Sonora que habían conocido, un lugar de pequeños propietarios, poco religiosos pero muy esforzados, con la capacidad de producir para el mercado interno, pero también para exportar. No creen mucho en proclamas socialistas, a pesar de que algunos de sus cercanos lo son de hueso colorado, ni tampoco les atrae la idea de repartir tierras o devolvérselas a los pueblos.

Sin embargo, después de las guerras civiles, el país es nuevamente presa de la dispersión y hay regiones que se mueven de manera muy diferente. Por ejemplo, en Yucatán, Salvador Alvarado, también sonorense, sí tiene veleidades socialistas: funda el Partido Socialista de Yucatán y coloca a Felipe Carrillo Puerto como su presidente (y gobernador a partir de 1921). En Veracruz, Adalberto Tejeda sí se toma en serio lo de repartir tierras, con el apoyo de Úrsulo Galván, y casas, con el de Herón Proal, ambos miembros del Partido Comunista.[1]

Una de las primeras preocupaciones de Obregón será someter al ejército que, como usted recordará, era uno nuevo, que derrotó por completo al anterior, el de la República restaurada, disuelto el 13 de agosto de 1914 mediante los Tratados de Teoloyucan. En lugar de ese ejército federal quedaron las huestes de los obregonistas, las que seguían a la Convención de Aguascalientes (villistas y zapatistas) y un surtido de levantados por todo el territorio. Benjamín Hill, Enrique Estrada y Francisco Serrano desfilaron por la Secretaría de Guerra durante su gobierno, pero fue finalmente Joaquín Amaro quien logró darle orden al ejército mexicano durante la presidencia de Calles.

La otra preocupación fue el reconocimiento internacional, que se alcanzó con la firma de los Tratados de Bucareli en agosto de 1923. Los Estados Unidos quisieron aprovechar el asesinato de Carranza como palanca de negociación para revertir lo que se había escrito en la Constitución de 1917, especialmente lo relacionado con la propiedad nacional del subsuelo. A Obregón le urgía el reconocimiento, y aún más cuando se acercaba el momento de la sucesión presidencial, de manera que aceptó firmar una prórroga para la aplicación de ese ordenamiento. Su secretario de Hacienda, y predecesor en la presidencia, Adolfo de la Huerta, renunció por esa razón y desde Veracruz convocó a un levantamiento en contra de Obregón. Por fortuna para este, Villa había muerto semanas antes (asesinado) y, aunque la delahuertista no fue una rebelión menor, logró someterla y pasar la presidencia a Plutarco Elías Calles, a quien pensaba que podía controlar.

No fue el único levantamiento contra Obregón. Cuando queda claro que este piensa reelegirse (el congreso enmienda la constitución para permitirlo), empiezan movilizaciones en su contra. Luis N. Morones, el dirigente sindical importante del período, inicia los preparativos para competir en la elección de 1928, mientras que Francisco Serrano y Arnulfo R. Gómez, que preparaban una rebelión armada, fueron muertos en 1927, lo que convenció a Morones de no complicarse la vida. Aunque Obregón resulta reelecto, poco antes de tomar posesión es asesinado. La gran capacidad de los sonorenses para matarse entre ellos dejó todo en manos de Plutarco Elías Calles, propiamente hablando el único líder sobreviviente.[2]

Por si matarse entre ellos no bastara, los sonorenses provocan una nueva guerra civil a partir de 1926, con el enfrentamiento entre Plutarco Elías Calles y la Iglesia católica. El 21 de febrero de 1925, los Caballeros de Guadalupe, orden creada por Morones, toman la iglesia de la Soledad, expulsan al párroco y ponen en su lugar al padre Joaquín Pérez, como patriarca de la Iglesia católica apostólica mexicana.[3] Poco después se modifica el código penal para prohibir manifestaciones religiosas públicas. En 1926 estalla el enfrentamiento, que ocupará buena parte del Bajío y otras regiones del occidente. La guerra no fue solo religiosa, también agraria, ya que en esas zonas abundaban ranchos y pequeñas propiedades cuyos dueños se sentían seriamente amenazados por la reforma agraria. Pero el factor religioso sin duda fue determinante, en tanto que varios de los generales revolucionarios eran fanáticos comecuras.

No todo fue una matazón en estos primeros ocho años de los sonorenses, también se llevó a cabo la construcción de un marco institucional del nuevo régimen. Entre otras cosas, se pudo implantar el impuesto sobre la renta, se creó el Banco de México, así como el Banco Nacional de Crédito Agrícola y Ganadero.[4] Sin embargo, en el gobierno de Obregón, y en el de Calles, se reconstruirá la estructura económica del porfiriato, en muchas ocasiones incluso con las mismas personas. Nada más había que dar cabida a los nuevos, los generales sonorenses, quienes no habían luchado de balde.

Frente al asesinato de Obregón, que eliminaba al líder revolucionario más importante (el último de los grandes que habían combatido en la Revolución), y al mismo tiempo al presidente electo, Calles convence a Emilio Portes Gil, obregonista, de tomar él la presidencia.

Convoca a las «fuerzas vivas» a construir un partido político que unifique los restos de la Revolución, y este se constituye el 4 de marzo de 1929, con el nombre de Partido Nacional Revolucionario (PNR). La convocatoria había sido para el día anterior, pero Calles prefirió ir a enfrentar la última rebelión, la escobarista, lo que aprovecharon sus seguidores para bloquear el acceso de los obregonistas a la fundación del partido, facilitando así que Calles no solo controlara esta nueva institución, sino que pudiera imponer a su candidato presidencial, Pascual Ortiz Rubio.

El período para el que había sido elegido Obregón iba de 1928 a 1934. En su lugar, Emilio Portes Gil fue interino hasta febrero de 1930, puesto que hubo elecciones extraordinarias en octubre de 1929, en las que resultó triunfador Ortiz Rubio. En esas elecciones participaron Aarón Sáenz, obregonista de cepa y quien aspiraba a ser el candidato del PNR, pero no lo dejaron entrar, y José Vasconcelos, que había sido secretario de Educación de Obregón, gran promotor del nacionalismo revolucionario, y ahora un desencantado de los sonorenses. Ya después sería admirador del nazismo.

Ortiz Rubio se dio cuenta rápido de que no podría gobernar y de que todo el poder seguía en manos de Calles, de manera que renunció en septiembre de 1932 y fue relevado por Abelardo L. Rodríguez, presidente sustituto que terminó el sexenio. Es más conocido por ser el fundador del hipódromo de Agua Caliente en Tijuana y gran impulsor de la «época de oro» del cine mexicano. Sabía que no iba a gobernar, pero también que se podían hacer negocios desde la presidencia, y eso hizo.

Este período, que debió corresponder a la segunda presidencia de Obregón y que fue cubierto por un interino, un extraordinario y un sustituto, se conoce con el nombre de Maximato, por conocerse a Calles como el jefe máximo de la Revolución. Termina cuando este decide elegir como nuevo presidente a Lázaro Cárdenas, michoacano. Las matanzas entre sonorenses (más de cien generales muertos en las revueltas de 1923, 1927 y 1929) terminaron costándoles el poder.[5]

Las cadenas del pasado

Lázaro Cárdenas es ungido presidente el 1.º de diciembre de 1934. Sabedor de que Calles intentará controlarlo, como lo hizo con sus antecesores, Cárdenas ha construido una base propia de poder, por fuera de las fuerzas armadas. Por un lado, desde sus tiempos como gobernador de Michoacán se convirtió en un promotor del agrarismo, y es con su liderazgo que se construye la Confederación Campesina Mexicana, en mayo de 1933, con el apoyo de Saturnino Cedillo, Emilio Portes Gil y Marte R. Gómez, entre otros. Por otra parte, aunque no contamos con evidencia documental, todo indica que las actividades de Vicente Lombardo Toledano en la organización obrera también seguían la guía de Cárdenas.

Lombardo Toledano, miembro de los Siete Sabios (con Castro Leal, Gómez Morín y Alfonso Caso, los más conocidos), se convirtió en líder sindical, miembro de la Confederación Regional Obrera Mexicana (CROM), de Luis N. Morones, a la que abandona en 1932 para crear la CROM «depurada», y poco después la Confederación General de Obreros y Campesinos de México, CGOCM. Como parte del «desmoronamiento» sufrido por la CROM, como resultado de las sospechas de que Morones estuviera detrás del asesinato de Obregón, se fundó en 1929 la Federación Sindical de Trabajadores del Distrito Federal, dirigida por cinco personajes a quienes se apodaba los «cinco lobitos». Esta organización se suma a la CGOCM en su fundación, en 1933.

Desde diciembre de 1934 hay problemas laborales en Águila Petroleum Company, que en febrero de 1935 entra en huelga por pagos de horas extra del período 1906-1933. Enseguida viene la huelga general en Puebla, a la que le siguen los choferes en la capital del país y luego de Veracruz. El 7 de marzo, la huelga es de ferrocarrileros y, poco después, de tranviarios. En abril, la huelga general en Puebla ya es estatal, seguida por electricistas y petroleros en Tampico. En la primera mitad de 1935 estallaron dos huelgas por día.[6]

El 12 de junio de 1935, Ezequiel Padilla publicó en *Excelsior* y *El Universal*, los dos periódicos más importantes de entonces, una entrevista con Plutarco Elías Calles en la que este afirmaba que a Cárdenas le «está ocurriendo exactamente lo que sucedió en el período de Ortiz Rubio». El periódico *El Nacional*, del gobierno, no publicó la entrevista por órdenes de Cárdenas. Al día siguiente abundaron las muestras de apoyo a Calles. Un día después, Cárdenas envió emisarios a los gobernadores y jefes de zona militar para confirmar su lealtad al presidente. El 14 de junio, Cárdenas solicitó al gabinete su renuncia. Dos días después, Calles anunció su retiro de la política nacional y abandonó el país el 19 de junio.[7]

De pronto, toda la clase política se volvió cardenista, y así siguió hasta el regreso de Calles, el 13 de diciembre, acompañado de Luis N. Morones. Regresaba porque estaba en curso su venganza: el general José María Tapia visitaba las zonas militares para ello. El 18 de diciembre, este general, junto con varios diputados y senadores, así como funcionarios de todo nivel fueron expulsados del PNR. El 22 de diciembre hay una manifestación obrera multitudinaria en Ciudad de México, respaldando a Cárdenas. El 8 de febrero de 1936, Cárdenas viaja a Monterrey para enfrentar a los empresarios que están proponiendo un paro patronal frente a las movilizaciones obreras. El 24 de febrero, la CGOCM, acompañada de otras organizaciones obreras, funda la Confederación de Trabajadores de México (CTM). El 11 de marzo, los patrones le escriben a Cárdenas para manifestar su preocupación por lo que interpretan como un avance del comunismo en México. El día 13, la CTM responde que no es comunista, pero, el día 14, Cárdenas se pone del lado de los trabajadores y les vuelve a insistir a los empresarios que, si no pueden con sus empresas, el gobierno sí.

Para el 25 de marzo empiezan las voladuras de trenes, primero en Tultenango y, dos semanas después, en Paso del Macho. El 9 de abril, Morones, Melchor Ortega y Luis L. León son detenidos. A las 22 h se apersonan en la casa de Plutarco Elías Calles cuatro militares, quienes lo encontraron en piyama, leyendo *Mi lucha*. Se le permitió hacer su equipaje y, al amanecer, junto con sus tres amigos mencionados, fue enviado a Brownsville, Texas.[8]

Cárdenas tiene ahora todo el poder, que ha construido sobre dos pilares: campesinos y obreros. Las movilizaciones obreras que le han permitido deshacerse de Calles también les hacen pensar a los trabajadores que el poder está a su alcance. Es el momento en que Cárdenas utiliza la otra pinza, los campesinos, mediante el reparto agrario más agresivo de la historia. De esa manera neutraliza las ilusiones de una revolución obrera o socialista, se coloca como el elemento de equilibrio político en el país y muy pronto consolida la construcción del nuevo régimen político, mediante un acto simbólico fundacional y la institucionalización de su creación política.

El acto simbólico es la expropiación de la industria petrolera. Los conflictos laborales en las empresas petroleras fueron escalando hasta llegar a manos de la Suprema Corte, que juzgó en contra de los patrones. Cárdenas no actuó de inmediato, pero cuando Hitler se anexa Austria, el 12 de marzo de 1938, los astros se alinean. El 18 de marzo, Cárdenas anuncia la expropiación de las empresas y en el mismo discurso informa de una devaluación del peso, a la que nadie hizo caso. El inminente conflicto en Europa y la cercanía personal del embajador estadounidense, Josephus Daniels, con Cárdenas le ayudan a conseguir el apoyo del gobierno de ese país para evitar complicaciones con los expropiados. Es también relevante recordar que la producción de petróleo en México decaía desde 1921, cuando el descubrimiento de petróleo en Maracaibo, Venezuela, se sumó a la Constitución de 1917 para hacer más atractivo invertir allá.

Dos semanas después, Cárdenas reconstruye el PNR o, mejor dicho, usa el esqueleto de ese partido para crear el verdadero instrumento del Estado durante el siglo XX, con el nombre de Partido de la Revolución Mexicana (PRM). En este, lo importante no son los individuos, sino las corporaciones: obreros, campesinos, militares y un híbrido surtido al que llaman sector popular. A través de esta estructura se gobernará México los siguientes cincuenta años sin ningún obstáculo.

Con una intuición genial, Cárdenas ha entendido que el país que gobierna está formado de estructuras medievales, corporaciones que él redefine y agrupa en su partido político, y estamentos (empresarios, jefes militares, intelectuales) que mantiene a raya. Como siglos antes, el monarca lo es porque cuenta con el respaldo de los señores locales, y porque tiene mecanismos de negociación e intermediación con las corporaciones. Tiene a su favor el momento histórico, cuando el Estado se impone frente a la sociedad en todos los países, ya sea como gran planeador e impulsor, como en los Estados Unidos; como guía de una raza superior, en el fascismo, o como vanguardia del proletariado, en la Unión Soviética.

Parecería que, como en el virreinato o el porfiriato, México mantiene sus estructuras sociales, pero no es exactamente así. Las corporaciones sobre las cuales construye Cárdenas el régimen de la Revolución son creaciones suyas. Las centrales campesinas no son los pueblos de indios, ni los sindicatos son los gremios. El corporativismo priista va a ser una imposición sobre las estructuras corporativas heredadas del pasado. La fricción, que no se nota entonces, va a resultar en una nueva desintegración.

Arrastrados por la inercia

Lázaro Cárdenas concentró todo el poder en el monarca, es decir, el presidente, y fue capaz de elegir como sucesor a alguien que pudiera equilibrar a los grupos. Manuel Ávila Camacho también era general, pero abiertamente católico y moderado. Después de él se eligió al primer presidente civil después de la Revolución, Miguel Alemán (1946-1952), de quien se acostumbra decir que con él se inicia la industrialización del país. En realidad, lo que ocurre los siguientes 25 años es que el mundo tiene un nuevo sistema financiero global, Bretton Woods, del que ya hablamos, el cual permite un crecimiento sin inflación en la mayor parte de los países. Aquí también ocurrió así. No hay nada excepcional en el crecimiento económico de México de esa época cuando considera uno que, entre 1910 y 1940, el país estuvo totalmente estancado. Aunque a partir de entonces se haya crecido a 3% anual por habitante, una parte no menor de ello es simplemente la recuperación de lo perdido con las guerras civiles.

Como usted recuerda, con el nuevo sistema financiero global el flujo internacional de capitales es muy pequeño, de forma que la industrialización de México tuvo que financiarse con una extracción de recursos del campo. Esto ocurre por medio de tres mecanismos. Primero, la movilización de población hacia las ciudades; segundo, el subsidio a las inversiones industriales, financiado por impuestos a la producción agropecuaria; tercero, la importación de bienes de capital, pagados por las exportaciones del campo.

La urbanización es extraordinaria en este período. Con los datos de las estadísticas históricas del INEGI, 70% de la población vivía en localidades de menos de 2000 habitantes en 1921. Para 1950 (elevando el límite a 2500 habitantes), la proporción se había reducido a 57% y hacia 1960 se cruzaron ambas líneas. Ciudad de México, que representaba 4% de la población nacional al inicio del siglo XX, y que para 1921 apenas llegaba a 6%, en 1950 se ha duplicado y alcanza 14% de la población nacional en 1960.[9]

Este gran incremento poblacional en las ciudades, especialmente después de 1950, va a resultar en grandes dificultades de urbanización y dotación de servicios, pero es en parte producto de la intención de industrializar el país. En las ciudades, además de las ventajas que estas siempre han representado, había la posibilidad de conseguir alimentos subsidiados. Gracias a los subsidios, el salario urbano rendía más que el rural, lo que atrae a la población. Pero eso también significaba que las empresas podían pagar salarios bajos, con lo que el subsidio terminaba beneficiando al empresario.

La falta de tecnología se resuelve atrayendo empresas extranjeras que, como no pueden instalarse por dificultades legales y por la imposibilidad de mover grandes cantidades de dinero, funcionan a través de lo que entonces se llamó «prestanombres». A este proceso se le llama «industrialización vía sustitución de importaciones» (ISI), porque, al no poder incurrir en un déficit comercial importante, todas las importaciones debían cubrirse con exportaciones, y lo que México exportaba eran productos primarios: un mecanismo más con el cual el campo financió la aparición de la industria.

El argumento detrás de la ISI es algo que los economistas llaman «mercantilismo», que ya comentamos brevemente y es una idea muy antigua. Es la creencia en que la producción genera la riqueza y, por lo tanto, hay que producir en el país lo que quieran comprar los consumidores. Importar, desde esta perspectiva, es dañino, porque la producción podría hacerse aquí. Este argumento tiene el problema de que lo que genera la riqueza no es la producción, sino el intercambio. Si usted produce cosas que nadie quiere comprar, no ha generado riqueza, sino basura. Cuando se intercambia, el consumidor obtiene algo que vale más que el dinero que paga, si no, no lo compraría. Del otro lado, el vendedor obtiene una cantidad de dinero que supera el valor que para él tiene lo que está vendiendo, porque, si no, no vendería. Entonces, cuando vendedores y compradores pueden intercambiar sin que alguien controle el mercado (los precios, las cantidades), los dos terminarán en una mejor situación que antes: se ha creado riqueza.

Sin embargo, en la década de 1930 del siglo pasado la creencia en que todo debería producirse en el país se hizo hegemónica. Por esa razón, en los Estados Unidos los congresistas Smoot y Hawley impulsaron una ley para elevar los aranceles, lo que, ya vimos, fue la causa principal de la Gran Depresión. Lo mismo ocurría en los países fascistas, para los cuales la producción nacional era además un tema de orgullo y de seguridad nacional. El caso de la Unión Soviética es todavía más marcado. Muchos de estos países crearon planes gubernamentales para dirigir la producción en el camino que consideraban importante: el New Deal de Roosevelt, los planes quinquenales de Stalin o el plan sexenal de Cárdenas.

Al término de la Segunda Guerra Mundial, aunque se logró crear el nuevo sistema financiero internacional, veíamos que no se pudo crear la Organización Internacional de Comercio debido a la oposición de los latinoamericanos. Poco antes de Bretton Woods se reunieron en

México, en Tlatelolco, representantes latinoamericanos para conciliar una posición frente al nuevo orden mundial.[10] Ahí se impuso la idea de que el comercio internacional sería negativo para los latinoamericanos, atrasados como estaban en materia tecnológica. Poco después, bajo el liderazgo de Raúl Prebisch, la Comisión Económica para América Latina (CEPAL) se convierte en la promotora de esta idea.[11]

El camino seguido consistió en atraer a las empresas internacionales, permitirles su instalación bajo un prestanombres y producir para el mercado interno. Se suponía que, conforme estas empresas crecieran, podrían empezar a exportar y ya entonces se consideraría abrir las fronteras. No ocurrió así. Sin competencia, estas empresas vendían sin preocuparse por la relación calidad/precio de sus productos. Los consumidores no tenían opción. Puesto que la instalación de estas empresas era parte de una «interpretación laxa» de la ley, y debido a que las importaciones requerían permisos, al final toda la economía dependía de la palabra del monarca. Es así como las grandes empresas nacionales, especialmente las del centro del país, orientadas al mercado interno, aparecen gracias a la venia presidencial, que tiene su costo. A eso le llaman los economistas *crony capitalism*, capitalismo de compadrazgo. En este esquema, quien hace negocio no es porque sea creativo, emprendedor o audaz, sino porque tiene cercanía con el poder político, el que permite o impide los negocios.

El esquema se inicia con Alemán y continúa con Ruiz Cortines (1952-1958) y López Mateos (1958-1964), prácticamente sin cambios. Buena parte del equipo económico del gobierno es el mismo sexenio tras sexenio, a veces cambiando de puesto, pero sin efectos relevantes. Se mantiene un crecimiento económico importante, como decíamos, pero nada excepcional para la época. Perú y Brasil logran cifras similares, los países europeos las superan y el verdadero milagro económico de entonces es Japón.

Buena parte del crecimiento se sostenía, como hemos dicho, del crecimiento del campo, que después del desastre de la Revolución tenía espacio para crecer, pero también gracias a los incrementos de productividad, en los que no debe menospreciarse la huella de Norman Borlaug, el padre de la Revolución Verde, que desarrolló variedades de trigo en México que transformaron ese cultivo. A inicios de la década de 1950, el campo aportaba cerca de 20% del PIB; en la primera mitad de la década de 1960 ya era 15%; dos puntos menos en la segunda mitad, y en la década de 1970 ya promedia 10%. Esto se debe a un mayor crecimiento de los otros sectores, industria y servicios, y en cierta forma es una señal de avance económico. Sin embargo, conforme el campo se rezaga frente al resto de la economía, el excedente exportable se hace más pequeño. Así, las exportaciones caen sexenio tras sexenio: con Cárdenas y Ávila Camacho rondaban 13% del PIB; con Alemán llegan a 11%; en el gobierno de Ruiz Cortines no alcanzan 9%; con López Mateos ya están debajo de 6%, y con Díaz Ordaz ni siquiera llegan a 5% del PIB.[12]

En el sistema de Bretton Woods, como hemos visto, menores exportaciones obligan a menores importaciones, porque no puede sostenerse un déficit comercial elevado. En consecuencia, el gobierno tiene que ir frenando las compras en el exterior y lo hace mediante aranceles, pero sobre todo con permisos previos de importación. Al cerrarse el mercado, los productores nacionales tienen aún menos competencia y menos incentivos para incrementar la productividad. Como decíamos, el consumidor no tiene opciones.

El deterioro del modelo de crecimiento era evidente en la primera mitad de la década de 1960. Prácticamente dejamos de exportar maíz en esos años, según los datos de la FAO. Ya no alcanzaba para financiar el déficit comercial, de manera que la deuda externa pasó de 813 millones a 2 500 millones de dólares entre 1960 y 1968.[13] El incremento posterior va a ser desastroso.

Tercera docena trágica: la locura

En julio de 1968 ocurre un pleito público entre una escuela privada y una vocacional del IPN alrededor de un partido de futbol callejero. La reacción desmedida de la policía provoca manifestaciones estudiantiles crecientes, que terminan en la matanza del 2 de octubre. Más allá del detalle de los hechos, de las especulaciones acerca del proceso, lo relevante es que ese momento, y la narrativa que se construye alrededor de él, destruyen la legitimidad del gobierno. Ya hemos comentado que ese año resultó en la derrota generalizada de la izquierda a escala global, lo que se tradujo en grupos clandestinos violentos y, por consecuencia, en una amplia represión en muchas partes del mundo. También en México.[14]

Coincide con el agotamiento del sistema financiero global, que llega a su término en 1971, pero también con el modelo de crecimiento que había intentado México y que desde 1965 ya no era sostenible. Desafortunadamente, el presidente que deberá enfrentar esto es el menos preparado para ello: Luis Echeverría. El primer presidente que llega al cargo sin haber desempeñado antes ningún puesto de elección popular, Echeverría se imagina como una reencarnación de Cárdenas. Con veleidades socialistas, no solo decide enfrentar las crecientes dificultades económicas haciendo crecer al gobierno, sino que intenta convertirse en el líder del entonces llamado Tercer Mundo, y para ello corteja a gobiernos de esa orientación, provocando conflictos con otros.

El manejo de la economía es desastroso durante el sexenio de Echeverría, quien destruye al grupo que había estado a cargo de este tema en los 25 años previos y lo reemplaza con académicos de la Facultad de Economía de la UNAM que comparten sus veleidades socialistas, así como su falta de experiencia.[15] Después de un primer año de estancamiento, que entonces se llamó «atonía», se intentó reactivar la economía contratando deuda externa. Como usted recuerda, desde fines de 1971, con tipos de cambio flexibles, los flujos de capital entre países ya pueden crecer. La deuda externa en 1970 ascendía a 4 263 millones de dólares; para 1974 ya llegaba a 10 000 millones, y para el último año del gobierno de Echeverría, 1976, estaba en 19 600 millones.[16] Se multiplicó por casi cinco veces, mientras que las exportaciones nacionales seguían cayendo, lo que implicaba que no tendríamos divisas para pagar.

Precisamente por esa razón, para su último informe de gobierno, el 1.º de septiembre de 1976, se anunció una devaluación del peso, que pasó de 12.50 (paridad fija desde 1954) a 22 pesos por dólar. Echeverría terminó su sexenio en las peores condiciones, pero su sucesor, José López Portillo, llegó en una situación muy diferente. Pudo anunciar, en su toma de posesión, el descubrimiento de un manto petrolero inmenso en la sonda de Campeche, que llegó a estimarse como el segundo más grande del mundo, después del de Ghawar en Arabia Saudita: Cantarell.

Con el precio del petróleo al alza y bajas tasas de interés internacionales (por la abundancia de ahorro internacional, parte de él originado en los países árabes, como comentamos), era el momento de cumplir, por fin, con la industrialización de México. Era el momento de «administrar la abundancia». La deuda externa se multiplicó por tres durante este sexenio, en el que la economía siguió en manos del grupo llegado con Echeverría. Cuando los Estados Unidos y Gran Bretaña deciden enfrentar en serio la inflación y elevan sus tasas de interés de forma muy agresiva, el pago del servicio de la deuda se multiplica por tres, mientras que el precio del petróleo deja de crecer. México no tiene cómo hacer frente a su deuda y, en su último informe de gobierno, López Portillo decide implantar un control de cambios y estatizar la banca.

Es la peor crisis que ha sufrido México en tiempos de paz. El peso se movió en pocos meses de 25 a 150 por dólar, multiplicando por seis el valor en pesos de las deudas que tenían las empresas con financieros internacionales, lo que contablemente implicaba la quiebra de casi todo el aparato productivo nacional. La estatización de la banca, por otro lado, eliminaba el financiamiento privado y ponía en serio riesgo la credibilidad de México a escala internacional.

Miguel de la Madrid toma la presidencia en esas circunstancias y anuncia en su toma de posesión que «el país se nos va entre las manos». En los siguientes tres años se intentará enfrentar la grave crisis sin modificaciones de fondo. De la Madrid devuelve a los banqueros un tercio de las acciones de los bancos, facilita la creación de casas de bolsa, establece un programa para financiar dólares a un precio menor para las empresas endeudadas (pero también para importaciones indispensables), desaparecen artículos de las tiendas, se prohíbe adquirir más de cien dólares al año por persona. No sirvió de mucho y, cuando se hunden los precios del petróleo a fines de 1985, prácticamente la única exportación mexicana entonces, hay que cambiar todo. El año de la transformación será 1986.

Engranes desajustados

Veamos de nuevo lo ocurrido, para tener una mejor perspectiva. La desintegración que siguió a la renuncia de Porfirio Díaz se convirtió en una serie de guerras civiles, ganadas por el grupo sonorense que, a su vez, se destruyó a sí mismo. Cárdenas recoge lo que había y construye un nuevo arreglo, que tiene la virtud aparente de coincidir con las estructuras sociales históricas, pero también con el contexto internacional del momento. Se trata de un régimen corporativo y estamental, centrado en el monarca, que hace eco con la gran Nueva España, pero no desentona con el ascenso del comunismo, el fascismo y el estatismo estadounidense.

Sin embargo, a diferencia de las formas anteriores en México, Cárdenas sí inicia la construcción de un Estado impersonal, burocrático-militar. Es, pues, un Estado moderno en ciernes, que, sin embargo, hace uso de estructuras premodernas y que por lo mismo tiene la necesidad de no cerrar las puertas a las negociaciones entre grupos. En este camino, la decisión de Cárdenas de no perpetuarse en el poder, ni entregarlo a alguien de su mismo grupo, fue determinante. Los hombres fuertes, que fueron la base de los gobiernos de Juárez y Díaz, van desapareciendo a partir de Cárdenas y son los puestos los que cuentan.

El período que acabamos de analizar, y que desde la visión económica va de 1946 a 1971, seguido de la docena trágica y la crisis, para terminar en 1986, puede verse, desde una perspectiva política, de otra forma. La propone Fernando Escalante.[17] El sistema político del siglo XX se construye de 1929 a 1958, y desde entonces comienza su deterioro, que culminará en 1988. Su planteamiento es acerca del PRI, que arranca como un instrumento de negociación entre líderes militares (PNR), se amplía para captar a casi toda la población mediante corporaciones (PRM) y finalmente se convierte en el eje de la institucionalización del país (PRI).

El partido se creó desde el poder y es un instrumento de gobierno, pero es también el eje con el cual funciona la intermediación: recoge demandas y protestas, entrega representación y orden. No sobra recordar que el PRI es dirigido por militares durante todo este tiempo: Sánchez Taboada (1946-1952), Leyva Vázquez (1952-1956), Olachea Avilés (1956-1958), Corona del Rosal (1958-1964).[18] La crisis se inicia, dice Escalante, con la pérdida de legitimidad en 1968. Creo que, más en línea con su planteamiento, el momento de deterioro comienza en el sexenio de López Mateos, cuando la intermediación con trabajadores y campesinos empieza a dificultarse: las huelgas ferrocarrileras de ese año, el asesinato de Rubén Jaramillo y, ya en tiempos de Díaz Ordaz, de maestros, médicos y, finalmente, estudiantes. La intermediación del PRI deja de funcionar y el partido y la sociedad se mueven en direcciones diferentes. Al no tener ya las líneas de comunicación que antes habían sido eficientes, el gobierno deja de entender, y la docena trágica, más allá de las evidentes fallas económicas, representa un fracaso político.

En otra parte he sugerido interpretar esto como la dificultad del partido político para incorporar un grupo nuevo, la clase media, que no es fácil de «corporativizar». Mientras que distintos grupos urbanos dedicados a prestar servicios pudieron incluirse como parte del sector popular del PRI, quienes participan en servicios más sofisticados no tienen cabida en ese tipo de organización. Por eso, la ruptura provocada por López Portillo al estatizar la banca, que le sirvió como mecanismo de escape para los sectores priistas tradicionales, provocó un movimiento importante hacia la oposición, concretamente el Partido Acción Nacional.

Escalante fecha el inicio del fin del PRI en 1988, cuando la elección presidencial resulta fallida. Creo que es preferible utilizar 1986, porque es entonces que se fractura el partido, pero también cuando se impulsa una reforma electoral a contrasentido de las anteriores (1964, 1977), que buscaban liberalizar la competencia sin perder el control.

Permítame ahora una interpretación un poco distinta. La creación de Cárdenas de un régimen corporativo, que parece corresponder a la herencia estructural histórica, no lo es en realidad. Lo que Cárdenas impulsa es más cercano a su presente: el corporativismo fascista o comunista, es decir, la agrupación funcional de las personas de acuerdo con las condiciones vigentes, que no son aquellas en las que originalmente se había estructurado la sociedad. Ya decíamos, las centrales campesinas no son ni las repúblicas de indios ni los municipios del XIX, y el sindicalismo construido desde el Estado no es el que orgánicamente se había establecido en las décadas previas, en organizaciones católicas y comunistas. El Estado impone una estructura que guarda parecido con la histórica, pero en realidad la reemplaza.

Esto va a producir dos resultados. Uno muy obvio es que las estructuras corporativas no son muy buenas para incrementar la productividad, y por esa razón, aunque México crece, lo hace más agotando recursos que a partir de una mejor y más eficiente producción. De esto ya he hablado en otro lado. Pero hay otro resultado, que solo ahora he percibido. Las dos estructuras, la histórica y la impuesta por el cardenismo, producen fricción. Se mueven diferente. Esto no se percibe mientras es posible, desde el Estado, repartir la riqueza, sea con la reforma agraria, con el empleo o los servicios públicos, ciertamente crecientes. Cuando esto se hace imposible, por la quiebra de las finanzas, la fricción se hace evidente.

El año del cambio

La caída del precio internacional del crudo en la primera mitad de 1986 es trágica para México. El crudo de referencia West Texas Intermediate pasa de 30 dólares por barril, en noviembre de 1985, a 12 dólares en marzo de 1986. La mezcla mexicana cayó de 24 a seis dólares, y era, como hemos dicho, prácticamente la única exportación que teníamos. Las finanzas públicas estaban en una seria crisis frente a la cual se plantearon dos salidas. El secretario de Hacienda, Jesús Silva Herzog, proponía un nuevo ajuste al gasto; el de Programación y Presupuesto, Carlos Salinas de Gortari, que se soltara el déficit. El primero ofrecía una solución económicamente defendible, el segundo aseguraba que el país estaba en condiciones sociales muy riesgosas y era preferible patear el bote, entrar de plano en inflación galopante, y ya después resolverlo.

La discusión la ganó Salinas de Gortari y Silva Herzog fue separado del gabinete poco después, e incluso atacado en los medios. Con ese triunfo, Salinas se posicionaba como el claro sucesor de De la Madrid, lo que provocó preocupación en una parte del PRI. Desde Cárdenas, se había mantenido la regla de elegir un sucesor que proviniese de un grupo político distinto. Cuando Miguel Alemán quiso actuar diferente, para la elección de 1952, el mismo Cárdenas promovió la candidatura de Miguel Henríquez Guzmán por la oposición, sometiendo a Alemán. Echeverría repitió el intento, pero no estaba ya Cárdenas para impedirlo, de forma que pudo imponer a José López Portillo, su amigo de juventud y a quien pensaba controlar, aunque no lo logró. El paso de estafeta de De la Madrid a Salinas, que muchos priistas consideraban impropio, por incumplir la regla no escrita, tenía en realidad ese antecedente. Y puesto que buena parte de los priistas inconformes provenía de esa época, no tuvieron éxito en sus reclamos.

Salieron del PRI y, para la elección de 1988, aprovecharon uno de los partidos satélite de la época (el PARM) para lanzar como candidato a Cuauhtémoc Cárdenas. El apellido pesaba bastante y en varios lugares tuvo gran éxito la campaña, al grado de que se fueron sumando otros partidos, e incluso la izquierda (entonces en el Partido Mexicano Socialista) terminó en el mismo tren.

Había varios aspirantes en el PRI. Los echeverristas que habían preferido no romper esperaban que Alfredo del Mazo fuese el elegido.

Los cercanos a De la Madrid acompañaban a Carlos Salinas. Un tercer postulante era Manuel Bartlett, secretario de Gobernación, que fue quien impulsó la contrarreforma electoral de 1986, la causa principal de que los votos no pudieran contarse en la elección de 1988, lo que dio lugar a las acusaciones de fraude.

También en 1986, como parte de los esfuerzos por salir de la crisis que ya llevaba años, México decidió sumarse al GATT, ese instrumento para el comercio internacional que cumplía casi cuarenta años y al que nunca nos habíamos querido acoger. La apertura comercial que eso significó, sumada al proceso inflacionario ya mencionado, que no se estaba enfrentando, permitió que millones de personas pudieran tener acceso a bienes que hacía décadas no se veían en México. Aunque a fines de 1987 se aplica un plan antinflacionario, el efecto en términos de empleo no fue demasiado grande y las ventajas de las importaciones siguieron pesando a favor del gobierno.

Aunque hubo grandes reclamos por el «fraude de 1988», creo que la mejor situación económica en ese momento, en comparación con los años previos, le permitió a Salinas tomar la presidencia con un poco de margen, que él logró ampliar con medidas espectaculares (encarcelar al dirigente sindical petrolero, renegociar la deuda externa) y que incluso le permitieron negociar un acuerdo comercial con los Estados Unidos, algo totalmente contrario a la ideología priista. Es importante enfatizar cómo el PRI funcionó como instrumento de gobierno durante toda esa década. A pesar de la profundidad y duración de la crisis económica de 1982, de la fractura interna de 1986, de desastres como el terremoto de 1985, de tener como funcionarios a personas con una ideología contraria, el PRI sostuvo al gobierno todo ese tiempo. Se agotó en el proceso y murió con el asesinato de Luis Donaldo Colosio el 23 de marzo de 1994.

Reformas y reacciones, van tres

Desde el siglo XVIII ha habido tres intentos de convertir a México en un país moderno, económicamente hablando. Lo intentaron los Borbones, como parte de sus reformas que, en realidad, implicaban transformar a México en una colonia. Eso provocó una reacción en contra de parte de los mexicanos, y el saqueo de recursos en los primeros años del siglo XIX, además del desastre de los reyes frente a Napoleón, cancelaron ese intento. Le siguió la desintegración.

El segundo intento es de los liberales, con Juárez y Díaz, que promueven el avance económico, pero no una transformación política, de forma que vivimos bajo un sistema de hombres fuertes (estilo señoríos) subordinados al monarca. La vejez de Díaz provocó la desintegración.

Como vimos en este capítulo, Cárdenas construye un sistema político premoderno, no exactamente coincidente con las estructuras sociales, y no impulsa el avance económico. Tampoco ocurre este durante la posguerra, cuando la economía que se construye es una de capitalismo de compadrazgo y agotamiento de los recursos.[19] Sin embargo, después de 1982, haciendo uso de ese gobierno corporativo y estamental, el grupo en el poder intenta la modernización de México por tercera ocasión.

La primera parte de esa modernización ya la veíamos: la disminución del Estado a partir de 1982, la apertura comercial en 1986, el Tratado de Libre Comercio en 1993. En el camino, el PRI se fractura y, en 1994, el candidato presidencial es asesinado. Una nueva crisis económica (profunda pero breve) y la reforma electoral verdaderamente democrática parecen impedir la desintegración, pero no es así.

Gracias a la reforma política, la oposición triunfa en la elección intermedia de 1997, y eso posibilita la llegada de un presidente no priista en 2000. Con el PRI maltrecho, sin el control de las cámaras y sin el presidente, hay una dispersión política. Los gobernadores se independizan y lo mismo hacen los sindicatos, los empresarios, los medios y las universidades. Aunque se reforma la Suprema Corte, y con ella la impartición de justicia funciona un poco mejor, la procuración sigue los viejos métodos, pero ahora sin un control central.

Pero este proceso de desintegración no comenzó con la elección de 1997. Para entonces ya llevaba veinte años de existencia. Desde fines de la década de 1970, la escasez de recursos del gobierno le impide seguir aceitando la fricción entre los dos corporativismos, el histórico y el cardenista. Los grupos se separan y se empieza a ver dos Méxicos distintos: el formal y el informal. Uno que sigue, con la laxitud propia del país, las reglas escritas; el otro, que se va alejando, regresa a las formas tradicionales: el clan/*calpulli*, el líder/*tlatoani*, las formas religiosas cada vez menos cercanas a la ortodoxia católica, la zona gris, la violencia.

Queda claro entonces que no era México realmente un país moderno, sino uno que seguía funcionando mediante la intermediación entre corporaciones, estamentos y, nuevamente, hombres fuertes. Ahora, esos hombres fuertes existen en muy diversas dimensiones: gobernadores, líderes sindicales, empresarios, pero también líderes criminales. En el proceso de desintegración, un líder político inescrupuloso fomenta y administra los conflictos sociales, fracasa en su intento de llegar a la presidencia en 2006, pero convierte el fracaso en victimización.[20]

Como parte de la desintegración, los señores locales financian la llegada al poder, en 2012, de un priista, aunque para entonces ese término ya no signifique mucho. Quienes lo rodean creen posible terminar el proceso de reforma de los tiempos de Salinas, sin entender que el viejo PRI ya no existe, pero además sin darse cuenta de que las reformas que proponen, a diferencia de la incorporación al TLCAN, son un ataque directo a las corporaciones y los empresarios de compadrazgo. Mientras que el Tratado de Libre Comercio ampliaba los mercados, sin afectar directamente a los empresarios creados alrededor del viejo régimen, las reformas estructurales planteadas como parte del Pacto por México implicaban la pérdida de privilegios de sindicatos como el de maestros, petroleros y electricistas, pero también afectaban a los grandes empresarios de medios electrónicos, telecomunicaciones, servicios financieros, entre otros.

Aunque las reformas ponían indudablemente a México en una ruta económica más moderna, lo hacían al costo de enfrentar a los pilares mismos del régimen construido por Cárdenas y ajustado en las siguientes décadas para incluir a los amigos empresarios. Si Echeverría y López Portillo ya no tuvieron un sistema eficiente de información e intermediación, por el desgaste del PRI, y Salinas ya nada más tuvo un instrumento de imposición, Peña Nieto no tenía realmente nada. El Pacto por México pudo funcionar unos meses por la ilusión priista de regresar al poder y el enfrentamiento interno de los partidos de oposición, que optaron por sumarse para deshacerse de las figuras de 2006, que amenazaban su existencia: Calderón en el PAN y López Obrador en el PRD.

La respuesta fue respaldar al líder victimista, promotor y administrador de conflictos sociales, para que pudiera por fin llegar a la presidencia. Si faltaba algo, el ajuste en las finanzas públicas de inicios de 2017, conocido como *gasolinazo*, le dio un impulso adicional. En 2018, López Obrador gana ampliamente las elecciones presidenciales, incluso con mayoría en las cámaras. Proveniente de ese grupo de priistas viejos que fueron derrotados desde 1986, llegó decidido a borrar todo lo hecho desde entonces. En el camino, estuvo a punto de perder el control de los diputados en 2021, de manera que se decidió a no limitar la destrucción de la gestión pública, sino a llevarla hasta sus últimas consecuencias.[21]

RUMBO AL SEXTO SIGLO

México da inicio a su sexto siglo de vida. No hemos logrado convertirlo en un país liberal y, desde 2024, ya no es un país democrático. De república tenemos el nombre, pero no las estructuras.

Como en otras ocasiones, al proceso de modernización económica le sigue la desintegración. No de la misma manera, pero es indudable que en eso estamos.

La desintegración que respondió al fin del Imperio español pudo haber sido incruenta, pero Hidalgo perdió la cabeza (metafóricamente, pero, meses después, físicamente). Los intentos de construir una república fracasaron, sin importar su orientación, y solo después de varias guerras internacionales, muchos pronunciamientos y una dura guerra civil se logró recuperar el orden político bajo una figura parecida a la de la gran Nueva España, ahora con un monarca civil, aunque vitalicio.

La desintegración resultante de ese período nos llevó a una serie de guerras civiles aún más cruentas, que solo terminaron con la reinstalación de algo que parecía ser el viejo sistema, ahora en odres nuevos, pero que en realidad fue la imposición de un sistema corporativo con estructuras del siglo XX, lo que no era idéntico a las que existían en México desde el siglo XVII. La fricción entre ambas estructuras, que no produjo sismos mientras pudo aceitarse con recursos públicos, se convirtió en un terremoto a fines de la década de 1970. El instrumento de mediación y control creado por Cárdenas, el PRI, aunque sirvió para capotear las crisis económicas de la década de 1980, no podía detener la desintegración.

Más aún, el origen de la desintegración actual fue precisamente ese instrumento de mediación. La imposición de un sistema corporativo del siglo XX en una sociedad estructurada en corporaciones del siglo XVII, transformadas todo lo que usted quiera, produjo esa fricción que terminó en una sociedad fracturada, la cual se mueve entre diversas capas que van de lo moderno a lo anacrónico, de la luz a la oscuridad.

11
Tzompantli, calpulli, nuná ume'ti'go

Intento ahora describir la situación de la cultura mexicana en el momento actual. Me refiero a cultura en el sentido de la combinación de tres tipos de relación que definen a una sociedad. La relación con lo divino o sobrenatural, un elemento determinante tanto en el tamaño de la sociedad como en el tipo de relaciones que pueden darse a su interior; la relación con los demás, es decir, la conformación de las unidades básicas de esa sociedad, y la relación con las cosas, las relaciones de propiedad. Para ello tengo que describir con cierta amplitud mi hipótesis acerca de la evolución de las religiones, que no he escrito en otro lugar, aunque la he desarrollado ampliamente en el formato de video, que abreva de muchas fuentes, pero, en virtud de la sencillez, me referiría simplemente a *How Religion Evolves*, de Robin Dunbar.

Después de esa exposición, planteo las tres dimensiones, de forma breve también, como parte del proceso de construcción del México actual.

Religiones y su evolución

Los seres humanos somos animales sociales. Nos es imposible vivir aislados. El grupo humano «natural» se ha estimado que no puede ser mayor de 150 individuos, por una limitación que ahora explico. Para que un grupo humano sea exitoso, en el sentido de que pueda sobrevivir y reproducirse, es necesario que sus integrantes cooperen. Pero cuando varias personas cooperan, el resultado de su esfuerzo debe beneficiar a todos. Hay dos posibilidades de que esto no ocurra. Una es que uno de los integrantes del grupo prefiera no cooperar, pero sí quiera gozar del resultado. Es lo que en inglés llaman *free-rider*, y que en español podemos calificar de gorrón u oportunista. La otra posibilidad es que haya uno que quiera tomar más de lo que le corresponde y para lograrlo amenace al resto con usar la fuerza. Es el *bully*, matón o abusivo.

Cuando alguno de esos dos tipos de persona existe en una sociedad, los resultados del trabajo común son menores. Si hay muchos gorrones o matones, la sociedad simplemente se viene abajo. En consecuencia, para los humanos es importante identificar a quienes no cooperan y eso lo hacemos recordando cómo participó cada quien en ocasiones anteriores, cuando hubo necesidad de trabajar juntos.

Y aquí viene la limitación. Aunque podemos recordar miles de rostros (incluyendo a artistas, deportistas y políticos), nuestra capacidad de recordar nuestras relaciones con otros a duras penas llega a ese número: 150. Robin Dunbar propuso ese número y, aunque sigue siendo una hipótesis, hay abundante información circunstancial que la apoya.

Con lo que sabemos, la organización «natural» de los humanos consiste en círculos concéntricos que empiezan con los cinco individuos de la familia nuclear, que se convierten en 15 miembros de la familia extendida, tal vez 45 o 50 en la comunidad cercana y hasta 150 en el grupo mayor. Círculos que son múltiplos de tres, como puede ver. Esta «sociedad multinivel» es en la que vivimos la mayor parte del tiempo que ha existido el ser humano, es decir, 200 000 o 300 000 años.

Sin embargo, hace más o menos 50 000 años aparece una idea que permite la reunión pacífica, tal vez periódica, de estos grupos. Aunque no sabemos con certeza lo ocurrido, es alrededor de ese tiempo que tenemos evidencia de grupos que se reúnen alrededor de cuevas en las que hay imágenes de personas, símbolos, pero sobre todo animales. Por esas imágenes, la estructura de las cuevas y la evidencia de los últimos siglos (que no necesariamente representa lo de entonces, pero también es útil) suponemos que es cuando aparece un conjunto de creencias que, con una palabra moderna, podemos calificar de «chamánico». Una forma de ver estas creencias es considerar que los humanos, que ya tenían lenguaje, imaginaron la posibilidad de otro lugar, otra dimensión, donde los animales pudiesen hablar, de manera que bastaba ir allá para averiguar cuándo pasaría la manada (la fuente principal de proteínas en esa época) o cuándo vendrían los leones, para guiar nuestro comportamiento. Una persona del grupo, entrenada y calificada, era capaz de trasladarse a esa otra dimensión, alterando sus sentidos, recorriendo de forma inversa el trayecto del nacimiento rumbo a la matriz, evitando en el camino al *trickster* (embaucador), para regresar con la valiosa información.

Milenios después, un grupo combinó estas creencias con el uso de cráneos de antepasados para demarcar territorio, dando lugar a una nueva creencia. En ella, una persona del grupo, al fallecer, en realidad no moría, sino que viajaba de forma permanente a esa otra dimensión, desde donde no solo podía enviar información al grupo, sino que podía ayudar a la cooperación interna. A partir de entonces, ya no es necesario depender del recuerdo de las relaciones para saber si alguien es confiable o no, sino que basta con saber si es descendiente (real o imaginario) de ese habitante de la otra dimensión. A estas creencias las llamamos *adoración de los antepasados*.

Estas dos creencias, que también podríamos llamar religiones, se han mantenido desde entonces. Todo indica que los humanos que atravesaron Bering para poblar América las traían consigo. No creo que haya duda en el caso del chamanismo, pero tampoco en el de la adoración de los antepasados, a pesar de ser muy posterior. La evidencia con que contamos indica que esta creencia surgió entre los natufianos, un grupo que vivió hace 15000 años en el Levante, por lo que es perfectamente posible que haya viajado hasta Bering para que las últimas oleadas de migrantes, que cruzaron hace 11000 o 12000 años, las trajeran.[1]

La adoración de los antepasados permite crear grupos más grandes, con más de los 150 integrantes que naturalmente eran el límite. Estos grupos, unidos por el recuerdo de ese antepasado, es lo que después se ha llamado clan. Debido a que el arranque de esta creencia partió del uso de restos humanos como demarcación territorial, no solo permitió contar con más individuos en el grupo, sino que ayudó al sedentarismo. Las primeras evidencias que tenemos de establecimientos fijos provienen precisamente de los natufianos.

La asociación de varios clanes en un solo lugar es lo que llamamos *ciudad*. Para la época en que aparecen, hace 8 000 o 10 000 años, esas ciudades son apenas lugares fijos en los que viven unos pocos centenares de personas, más bien un pueblo. Dos o tres clanes con trescientos o quinientos individuos cada uno, pero también cada uno con un antepasado. De alguna manera, uno de esos antepasados se convierte en la referencia de la ciudad y adquiere características nuevamente asociadas al chamanismo: son los pequeños dioses, casi siempre figuras zooantropomórficas, que, además de seguir siendo la referencia de un clan, son ahora poseedores de alguna capacidad sobrehumana: la lluvia, el sol, el agua, la guerra, el trueno.

Las conquistas, las fusiones, la agrupación de estos pequeños pueblos en ciudades más grandes reproducen el proceso, y una de esas pequeñas deidades se convierte en un gran dios o diosa. El pueblo victorioso eleva su pequeño dios a ese nuevo nivel, que a partir de entonces representa a un amplio grupo, con miles de participantes: Marduk, Ra, los dioses y diosas de lo que conocemos como Edad de Bronce. En mi opinión, Mesoamérica se encontraba justamente en esta etapa de la evolución religiosa.

Hace 3 000 años, después de varias catástrofes climáticas, estos grandes dioses se transforman en algo más cercano a los humanos. Tienen ya características nuestras, digámoslo así: envidia, ira, lujuria, que guían sus acciones, provocando en los humanos sufrimiento. También ya son dioses «morales», que, además de esos pecados, enseñan virtudes. Son los dioses de la «mitología» griega o nórdica, o los dioses de los pueblos levantinos, Baal, Yahvéh, Ceres. Es en esa época cuando una de las culturas opta por tener solo un dios, Zoroastro. De ahí aprenden los judíos esta idea, durante el cautiverio de Babilonia, aunque después le darán a su dios un origen legendario (como lo han hecho todos los grupos humanos).

El problema de tener un solo dios es el problema del mal. Si Dios, el creador, es bueno por naturaleza, el mal es inexplicable. No me detengo en esto. Surge entonces la idea del enfrentamiento continuo, de la luz contra la oscuridad, del águila contra la serpiente, del bien contra el mal. El monoteísmo tiene, obligadamente, este anexo.

Cuando Roma se transforma en imperio, descubren que la forma más eficiente de controlar los territorios que conquistan es mantener las religiones locales sin cambio, pero añadiéndoles un nuevo dios: el César. Este «monoteísmo político» le va a permitir a Roma construir un imperio inmenso, y mantenerlo funcionando por varios siglos. Y eso es lo que le va a facilitar a la Iglesia ocupar los restos de ese imperio: se trataba de reemplazar el monoteísmo político con el religioso.

Sin embargo, la base política de ese monoteísmo implicó la permanencia de religiones locales, algunas de pequeños dioses, otras de grandes dioses, muchas todavía chamánicas o de antepasados, sobre las cuales se había montado esa creencia en un solo dios. Replicando la forma en que los grandes dioses se impusieron sobre los pequeños, el monoteísmo convirtió en vírgenes y santos a los dioses que desplazaba. De hecho, el ajuste inicial del cristianismo es adoptar la base ternaria de las creencias indoeuropeas en un dios trinitario. El proceso para construir esta religión es extraordinario y las discusiones de los padres fundadores y los concilios son fantásticas.

A diferencia del cristianismo, que se construye y adapta en sociedades con tradiciones muy diversas, el islam es un monoteísmo creado por un grupo muy homogéneo. Su cercanía con el judaísmo es mucho mayor que la que este tiene con el cristianismo, y tal vez por eso su gran conflicto. En cualquier caso, el islam es una religión monoteísta, sin adaptación alguna, que se impone por la fuerza en el caso más exitoso de expansión que se ha registrado. En poco más de un siglo cubre desde la península Ibérica hasta India, sometiendo a todos a su religión, sin imágenes ni vírgenes, ni santos.

Este proceso evolutivo de las creencias religiosas hace diferentes a las sociedades en una cosa: les permite ser mayores. En la búsqueda de fomentar la cooperación entre individuos, y frente al límite natural que tenemos, el establecimiento de una garantía sobrenatural resulta muy funcional. Y así como en la evolución biológica los rasgos que favorecen la reproducción permanecen, así en la evolución de las ideas, o en este caso las religiones, esos rasgos se transmiten entre generaciones. A diferencia de la evolución biológica, que es lenta, la de las ideas puede ajustarse rápidamente, puede desaparecer de golpe, puede regresar.

Cada una de estas etapas, chamanismo, antepasados, pequeños dioses, grandes dioses, monoteísmo, permite la construcción de sociedades cada vez mayores, pero además diferentes. En el «chamanismo puro», los grupos aún son menores de 150 individuos, pero se reúnen (tal vez periódicamente) para intercambiar información y genes, lo que facilita el desarrollo del lenguaje. Con los antepasados, se podía vivir en un solo lugar la mayor parte del año, en grupos mayores de los 150 miembros, y gracias a eso domesticar plantas y animales. Los dioses pequeños darán lugar a sociedades jerárquicas, que viven en pueblos de unos pocos miles de personas, en las que un clan logra imponer su antepasado como el dios del pueblo, y eso se magnifica con los grandes dioses, cuando no solo se impone ese antepasado (ya convertido en dios) al pueblo, sino al conjunto de pueblos que se dominan.

Es en esta etapa cuando aparecen las grandes culturas: Egipto, Mesopotamia, el valle del Indo, el del Huang Ho, Mesoamérica y Sudamérica. Las del Viejo Continente lo hicieron mil años antes de Cristo, las últimas dos, mil después. La diferencia resulta del poblamiento original de cada región: más de 40 000 años en el caso de Eurasia, tal vez 20 000 en el caso de América. No hay ninguna implicación «desarrollista», ni mucho menos racista, en esto. Los humanos, desde hace centenares de miles de años, somos esencialmente iguales. Las culturas no.

Bajo estas creencias, es posible construir ciudades de decenas de miles de habitantes como centros de regiones con unos pocos millones de personas, que aportan tributo a la sede. Los gobernantes son considerados divinos, se invierten enormes esfuerzos en la demostración física del poder divino (templos, tumbas) y se mantiene la cohesión mediante el ritual sacrificial. Frecuentemente, el sacrificio humano.

La transformación de esos dioses lejanos en figuras semihumanas reduce la importancia del ritual, elimina el sacrificio humano y lo reemplaza con animales, y permite separar religión y gobierno, por decirlo de algún modo. El panteón (es decir, el conjunto de dioses) es un paraguas sobre el que muchos establecimientos funcionan como ciudades independientes, las ciudades-Estado, con formas de gobierno diversas. Hay un respaldo religioso del gobierno, que se fortalece con frecuentes fiestas religiosas que incluyen sacrificios, pero ese gobierno actúa por separado de aquellos que cuidan la religión, los sacerdotes. Es en este período que se experimentan distintas formas de organización social: monarquía, oligarquía, democracia. Es el tiempo de las repúblicas.

El advenimiento del monoteísmo abre el espacio a la creación de imperios. Aunque a veces se refieren a Egipto como un imperio, en los tiempos del Reino Antiguo o Medio, es en realidad una ciudad muy larga, o un pequeño grupo de ciudades que ocupan la escasa franja fértil a los lados del Nilo. Por lo tanto, el control del río significaba el control de toda la población adyacente. Tal vez el primer imperio pudiera ser el aqueménida (Persia), ya bajo la influencia del zoroastrismo, pero el mejor ejemplo es el romano, a partir de Augusto, creador del «monoteísmo político» mediante el uso de Julio César como referencia divina. Es conocido el gran enfrentamiento del Imperio romano con el monoteísmo judío (el único que encontraron) y que terminó con la destrucción de Judá e Israel, y la invención de Palestina.

Fuera de ese caso, Roma no encontró dificultad en mantener las creencias religiosas de cada lugar que conquistaba, imponiendo la adoración al César como elemento de cohesión imperial. La mitad de Europa, el Levante, el norte de África mantuvieron sus creencias por siglos, mientras eran parte de un imperio que les exigía tributo. La invasión de pueblos de las estepas y la desaparición del César provocan, en lo que se llama Imperio Romano de Occidente, una desintegración parcial, porque ya entonces la Iglesia ha logrado reemplazar la referencia divina. Con dificultades, logran convertir a los invasores, homogeneizar creencias y, para el siglo VII, se puede hablar de una Europa cristiana.

Al mismo tiempo, el derrumbe del Imperio Romano de Oriente (aunque todavía no su desaparición) abre el espacio al otro monoteísmo, el islámico, que ocupa desde el Levante hasta la península Ibérica, por todo el norte de África, pero también se expande hacia oriente, hasta la mitad norte de India. A diferencia del monoteísmo cristiano, el islámico no absorbe las creencias previas. Ambos son expansivos, totalizadores, impositivos.

Si bajo el Imperio romano hubo ciudades de millones de habitantes, con el nuevo arreglo esto ya no ocurrió. A cambio, estaba el paraguas de la creencia común, matizada en cada región con vírgenes y santos propios. Tampoco el islam construye ciudades tan grandes y su paraguas no sobrevive mucho tiempo con una sola forma, ya que diversos califas se disputan el control. Apenas los primeros dos, el omeya y el abasida, y el último, el otomano, ya en una región restringida, pueden considerarse hegemónicos.

El tipo de sociedad que existe bajo estas creencias ya no es de repúblicas, sino de señoríos. En cada región hay quien logra imponerse por la fuerza, para ofrecer al grupo que controla una cierta seguridad frente a otros señores, a cambio de una parte de su producción. También se convierte en el impartidor de justicia. Los economistas dirían que es el proveedor de los bienes públicos por excelencia (seguridad nacional, impartición de justicia) que deben financiarse con impuestos. Regresaremos a esto más adelante.

La legitimidad del señor local no depende solo de su fuerza, sino del respaldo que pueda obtener de parte de la religión. Esto produce una sociedad tripartita: señores, sacerdotes, pueblo. Conforme los señoríos crecen, o se asocian con otros, se conforma una estructura piramidal, en la que los señores más poderosos reciben su legitimación del papa y van adquiriendo títulos «nobiliarios» que reflejan su origen: duque (*dux*, general), conde (*comitatus*, compañero), marqués (*marche*, fronterizo), etcétera.

A esa sociedad la llamamos *Edad Media*, por separar al Imperio romano de la modernidad, pero ha resultado ser un mal término. Creo que sería mejor llamarla sociedad corporativa, en tanto que la base de legitimidad, ya lo habíamos comentado, depende de la reproducción del cuerpo divino de la Iglesia en el cuerpo terrenal de la sociedad, en la que cada grupo, cada persona, tiene una posición que cubrir y un papel que cumplir.

Lo ocurrido después, que es en buena medida lo que hemos cubierto en los capítulos precedentes, lo dejo para el siguiente, para entender mejor el presente y el futuro.

Tzompantli

Esta sección se titula *Tzompantli*, el nombre de las hileras de cráneos producto de los sacrificios que se realizaban sobre todo a Huitzilopochtli, el gran dios de los mexicas. Los primeros cronistas hablan de decenas de miles de cráneos, aunque es probable que hayan exagerado. Miles sí había.

Como hemos comentado en la sección anterior, el sacrificio humano es algo propio de las religiones de pequeños dioses e incluso del inicio de la época de los grandes dioses. El que se ignore cuando se estudian las culturas de la Edad de Bronce, como Egipto o Mesopotamia, es producto de la vergüenza familiar, que prefiere esconder las malas obras de los antepasados como si fuesen un simple desliz. Es similar al esfuerzo de muchos nacionalistas mexicanos del siglo XX, que insistían en que los sacrificios mexicas eran invento de los conquistadores.[2] Para nuestra forma de ver el mundo, el sacrificio humano es horrífico, y afortunadamente también ya lo es la esclavitud, pero hasta hace poco no lo era. De hecho, la esclavitud, como base de la producción, es una creación de las repúblicas, de la época de los dioses «morales», aunque usted no lo crea. Por eso es muy importante no juzgar el pasado con los ojos del presente. Hay que conocerlo lo mejor que se pueda, para así conocernos a nosotros.

La sociedad corporativa que cierra la sección previa es de la que salieron los castellanos y extremeños que llegaron a Mesoamérica, donde encontraron una religión de grandes dioses apenas en sus inicios. Se estremecieron frente a los rituales sacrificiales propios del momento que vivían las culturas de Mesoamérica, mientras que los locales se aterraron ante la idea de un solo dios, destructor y vengativo. Con la llegada de los frailes, utópicos y milenaristas, este dios siguió siendo destructor, pero ocasionalmente compasivo. Una figura paterna autoritaria, que no admitía réplicas y a la que con mucha dificultad se le pudieron sumar unas pocas vírgenes, unos pocos santos, a través de los cuales los dioses locales pudieron sobrevivir, ocultos.

El catolicismo que llegó era ya muy localista y santero, de forma que los cultos locales más bien aprovecharon esos santos y vírgenes para mantener sus creencias, adoptando las fiestas peninsulares y el ritualismo sacrificial. En el fondo, nada tienen que ver con la teología católica las abundantes fiestas de santos patronos ni las inmensas peregrinaciones guadalupanas (ya no digamos la fascinación mexicana con los cuetes). Pero fue así que pudo construirse una religión capaz de legitimar los gobiernos de Nueva España, la misma Independencia y al México actual.[3]

La religión que se construye en Nueva España, que esta le hereda a México, no es entonces un catolicismo similar al europeo. Acá, el culto se refuerza con vírgenes y santos que, aunque existan en otras partes, no tienen la presencia de la que aquí gozan. Alrededor de ellos se organiza la vida religiosa de la comunidad, en la que el mayordomo del santo es la persona más importante, y gasta en ello todos sus recursos, pasados y futuros. Así, aunque la comunidad forma parte, en teoría, de algo más grande, de la Iglesia, en realidad se está manteniendo aislada, autosuficiente. No es vacío ese dicho común: «más que católico, soy guadalupano». Así es.

Calpulli

Como hemos dicho, cada etapa evolutiva de la religión permite, o restringe, una forma específica de la sociedad. Los *calpultin*, que rápidamente tradujeron los españoles como barrios, eran en realidad clanes. Cada *calpulli* tenía su estructura social, su *tlatoani* (luego llamado cacique), pero también su pequeño dios. Aunque en las grandes ciudades todos se sumaban a las festividades de Quetzalcóatl, Tlaloc o Huitzilopochtli, el receptor principal de su adoración no era ninguno de ellos, era su pequeño dios.

Aunque la terrible mortandad del siglo XVI y de principios del siglo XVII destruyó muchas de estas comunidades, que además tuvieron que congregarse junto con otras, la vocación del clan se mantuvo. Las repúblicas de indios van a cuajar alrededor de la recuperación del *calpulli*, con un pequeño dios que tal vez tenga cobertura católica, con festividades que se busca que no se contrapongan con los dictados de los frailes, y después de los diocesanos, pero ahí queda el santo patrón del pueblo, su mayordomo y su feligresía. Su fiesta, sus cuetes.

El tránsito de las repúblicas a municipios, y después la amenaza constante de la República restaurada, no parece haber terminado con esta estructura social. Se defendieron durante la Independencia[4] y se levantaron con la Revolución. No es claro qué tanto pudieron sobrevivir a la reforma agraria y a la política social asistencialista del régimen de la Revolución, pero claramente, a partir del derrumbe de ese régimen, entraron en un proceso de desintegración que, me parece, forma parte de lo que Claudio Lomnitz llama «tejido social rasgado».[5]

La persistencia de los clanes, que comparten espacio con los señoríos que acá se llamaron haciendas, implica que, en el paso de Nueva España a México, la sociedad era esencialmente corporativa (o medieval, como decíamos antes). En ese contexto, nadie estaba interesado en construir una república, más allá de una breve clase política y un puñado de militares ambiciosos. Los municipios indígenas querían mantenerse aislados; las haciendas, estar en paz. Las regiones, haciendo caso a quienes las conforman, no quieren una Ciudad de México que les dicte su futuro, pero tampoco son capaces de organizarse en su contra, y por eso fracasan ambos intentos, federalista y centralista.

El derrumbe absoluto después de la pérdida del territorio, la guerra civil y la invasión francesa abre el paso al triunfo de la República que, sin embargo, no implicó la imposición de un Estado de derecho, sino de una estructura política concentrada en el monarca civil, eje de las negociaciones permanentes de los hombres fuertes. Así gobernaron Juárez y Díaz. Los pueblos, de nuevo, aislados, pero ahora enfrentando no solo a los señoríos adyacentes, sino a todo el poder del Estado.

La desintegración ocurrida al final de ese período, que se convierte en un alud de enfrentamientos de todo nivel, termina integrando a la sociedad en una estructura corporativa, en la que, sin embargo, es más difícil la supervivencia de pueblos y haciendas. En la segunda mitad del siglo XX, la sociedad de *calpultin* tiene que transformarse en un país moderno. Lo hace en parte migrando, en buena medida a Ciudad de México, y reproduciendo en lo posible el *calpulli*, ahora sí en el barrio. Algunos incluso lo hacen en los Estados Unidos, en La Villita en Chicago, en Olvera en Los Ángeles, arrastrando hacia allá al santo patrono y al aislamiento.

Nuná ume'ti'go

Toca ahora hablar de la relación entre las personas y los bienes. Siguiendo la estructura del capítulo, quise también poner un nombre autóctono a esta sección. Lo hago en este caso como homenaje a un pueblo que los mexicas despreciaban, pero que también formó parte de su caída. El pueblo que fundó una de las ciudades más prósperas del siglo XXI, Querétaro. Fernando de Tapia, mejor conocido como Conín, fue un otomí que fundó esa ciudad. También fue otomí Tomás Mejía, líder de la revuelta de la Sierra Gorda y acompañante de Maximiliano en su fusilamiento. Gracias a Ana Hernández, esta sección se titula «Propiedad», en el otomí de Lerma. De acuerdo con ella, este concepto se traduce como 'esto es mío'.

Hay una forma de clasificar los bienes y servicios que usan mucho los economistas para entender mejor la función del Estado, los problemas ambientales, la extensión del mercado. Podemos clasificar los bienes de acuerdo con qué tanto el consumo de una persona reduce la oferta disponible para los demás. Cuando se come un pastel, cada rebanada que se reparte deja menos para el resto de los invitados. Este tipo de bienes se conocen como *rivales.*

Por otra parte, podemos clasificar los bienes de acuerdo con la capacidad que exista de excluir a otros de su consumo. Cuando un par de equipos se enfrenta en una cancha de futbol rápido o basquetbol, ningún otro equipo puede participar. Se puede esperar al término para entrar, como ocurre con el sistema de «retas» conocido por cualquiera. La cancha, que solo puede ser ocupada por dos equipos de forma simultánea, es un bien excluible.

Combinando estas dos clasificaciones, obtenemos cuatro posibilidades que son fundamentales para entender la organización social. Cuando los bienes son rivales y excluyentes, como es el caso del pastel, estos bienes se conocen como *privados*, y se considera que la mejor forma de producirlos es a través del libre mercado. La inmensa mayoría de los bienes cabe en ese lugar.

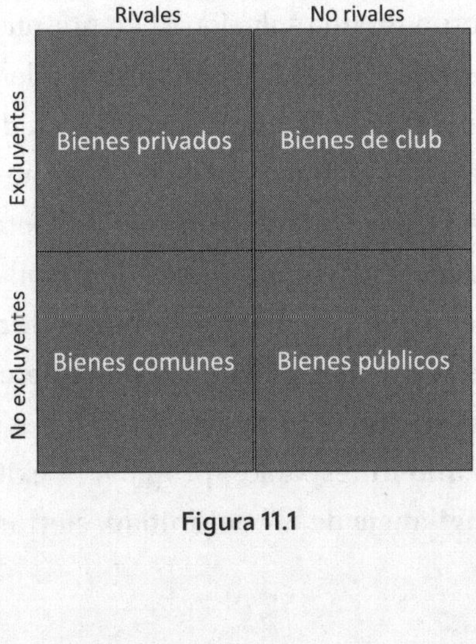

Figura 11.1

Un segundo tipo de bienes, en el cuadrante opuesto, es cuando estos son no rivales y no excluyentes. Dicho de otra forma, si alguien consume, no se reduce lo que otros pueden consumir, pero además no hay forma de impedir que cualquiera consuma. Estos bienes son considerados públicos porque, se dice, si el gobierno no los produce, nadie lo haría porque no pueden tener un precio. Esto no es exacto. La televisión abierta, cuando la había, era un bien no rival y no excluyente, pero eso no obligaba a que fuese provista por el gobierno. Lo podían hacer los privados, si encontraban una forma de financiarlo, que fue mediante los comerciales. Los bienes públicos tradicionales, que sí están en manos del gobierno, son la seguridad nacional y la impartición de justicia, la excusa original para cobrar impuestos.

Los bienes rivales pero no excluyentes se conocen como *bienes comunes*. El ejemplo más claro es el terreno de la comunidad, que no tiene un dueño y es utilizado para que pasten los animales. Nadie de la comunidad puede ser excluido, pero el pasto sí es un bien rival. Si se lo comen los borregos, no alcanza para los burros. Este tipo de bienes se volvieron famosos en la década de 1970, como ejemplo de la destrucción ambiental. El ambiente está ahí para todos, es no excluyente, pero, si todos lo usan indiscriminadamente, lo van a destruir, por lo que es rival. Para evitarlo, decían, es necesario que el gobierno tome control de ese bien e impida su uso irrestricto.

Elinor Ostrom propuso una solución diferente, que le permitió ganar el Nobel (primera mujer Nobel de economía, y además no economista). Ostrom nos muestra que la mejor forma de cuidar un bien común no es mediante el gobierno (que a fin de cuentas no es algo abstracto, sino un funcionario específico, que no siempre actúa bien), sino mediante la comunidad.[6] Las comunidades desarrollan, con el tiempo, reglas que permiten cuidar los bienes comunes de mejor manera. Un ejemplo de esto es la manera en que los pescadores de langostas en Nueva Inglaterra pudieron organizarse para evitar la pesca excesiva, otorgando a cada uno un espacio «propio». El éxito de este tipo de arreglos exige la vigilancia de la comunidad, ciertamente.

Por último, está el grupo de bienes que son excluyentes pero no rivales. A estos se les llama bienes de club, porque aquellos que forman parte del club tienen acceso a esos bienes que, por ser para un grupo pequeño, parece que alcanzan para todos.

El cuadro de la figura 11.1 (véase p. 269), y su explicación, se puede ver en muchos libros de texto, pero le agrego ahora algo: el cuadro no es fijo. Los dos ejes que lo forman no son estáticos y sus movimientos abren o cierran posibilidades para una sociedad. La rivalidad entre bienes es, al menos hasta cierto punto, una función de la tecnología. Este libro puede ser un ejemplo. El ejemplar físico solo puede ser leído por una persona y hay un número limitado de ejemplares. La versión electrónica no tiene ese límite. En términos más amplios, el conocimiento, gracias a la tecnología, es cada vez menos un bien rival. Si funcionan bien los modelos de lenguaje que ahora llaman *inteligencia artificial*, capaz que la inteligencia tampoco será un bien rival. Ya veremos.

Por su parte, la exclusión resulta, en buena medida, de las restricciones legales, que no son otra cosa que amenazas de fuerza física, más o menos creíbles. Para ver con más claridad lo que esto significa, la figura que sigue muestra el espacio del «gobierno» en diferentes arreglos. El primero corresponde a los tiempos corporativos, o medievales. Como decíamos, el monarca no solo era responsable de los bienes

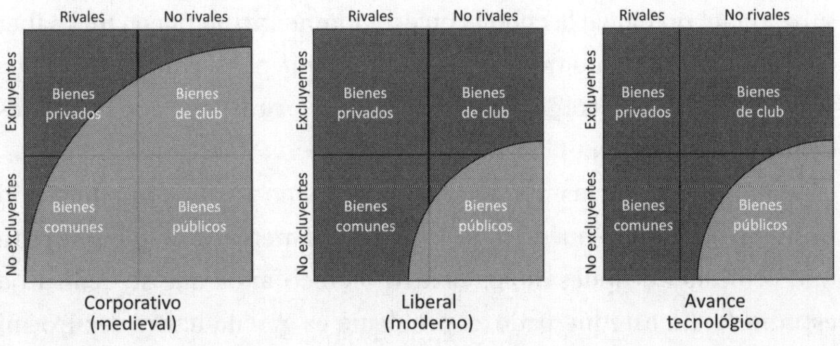

Figura 11.2

públicos, sino que además tenía los bienes comunes y determinaba quiénes y cómo podían participar en la producción de bienes privados. No es que fuese una sola persona la que decidía todo; el monarca, recordará usted, era el árbitro entre grupos y estamentos, pero al final tenía la última palabra.

El cuadro de en medio de la figura 11.2 muestra, de forma esquemática y conceptual, claro, el papel del gobierno en las sociedades modernas, o liberales. Cubre una pequeña parte de los bienes comunes y ni siquiera por completo los bienes públicos. Finalmente, el último cuadro sugeriría lo que ocurre con el avance tecnológico, que ha hecho la provisión de muchos bienes tan amplia que pueden considerarse no rivales. Es el caso del conocimiento, le decía, que para poderse financiar tiene que funcionar como un bien de club: lo que usted aprenda no reduce la posibilidad de que otros aprendan, y en ese sentido es no rival. Pero, si no se impone alguna forma de exclusión, el conocimiento no podría cobrarse y su producción se desplomaría. Por eso hay cuotas en las universidades, se venden las revistas especializadas y los libros, y hay que pagar suscripciones en páginas de internet. No se queje, de eso vivimos los que buscamos más conocimiento.

Puede uno agregar al cuadro otras clasificaciones y hacerlo de más dimensiones, y hay una que vale la pena incluir, aunque no lo haré gráficamente. Hay ciertos bienes, o servicios, para los que la información existente es siempre incompleta. Por ejemplo, para sembrar. Aunque sabe uno el precio de la cebolla en este momento, no puede uno saber cuál será al momento de la cosecha. Algo que parece un negocio hoy puede resultar algo trágico mañana. Esto se ha resuelto con mercados de futuros y seguros.

Con las diferencias que guste, es el mismo caso de la educación universitaria. No se puede saber cuál será el mercado disponible para una profesión después de los cuatro o cinco años que se dedican a estudiarla. En este mercado, el problema es que no hay ni seguros ni mercados de futuros. El riesgo lo corre el estudiante.

Otro caso importante es cuando los bienes tienen implicaciones de orden moral, como es el caso de la salud. Menciono esto porque son ejemplos de bienes y servicios que en algunos países se ofrecen desde el gobierno y en otros mediante el sector privado. Hay ventajas y desventajas en ambos casos.

Pero la esencia del cuadro, vista con estos ejes dinámicos que ahora le propongo, permite entender mejor tanto el alcance de la tecnología como la forma en que los arreglos políticos, traducidos en la violencia legítima del Estado, amplían o reducen el espacio del mercado. En una sociedad corporativa, el acceso al mercado está determinado desde el poder y se reduce a los gremios y las lonjas que cuentan con su apoyo. Los bienes comunes son en realidad de la Corona (o de la nación, que es lo mismo), y por lo tanto las comunidades, sin el visto bueno del poder, no sobreviven. O, visto al revés, pueden ser destruidas cuando desde el poder se les otorga un bien común frente al cual no han desarrollado las estrategias de las que habla Ostrom.[7]

La ruptura

La gran Nueva España sobrevive a los abusos y el derrumbe de los Borbones. Impide la creación de una república, centralista o federal, por décadas. Aguanta la pérdida de territorio, la guerra civil, la invasión, y resiste a la República restaurada. Los pueblos se mantienen, con sus creencias, su estructura de clan, sus propiedades privadas y comunales, todo lo que pueden. Los señoríos, con las mismas creencias, su estructura orgánica y corporativa, lo mismo.

La gran ruptura ocurre con la construcción del régimen de la Revolución. De pronto se les impone un Estado moderno, en términos del poder burocrático-militar, pero medieval, en términos de la estructura corporativa que, sin embargo, ya no incluye a esas corporaciones heredadas de Nueva España. Ahora son otras las partes del cuerpo de eso que llaman República, pero que no es sino una «monarquía temporal, hereditaria en línea transversal». No caben los indios, así que los transforman en indígenas y crean el indigenismo para fosilizarlos. No caben las haciendas, cuyas tierras quedan en manos de los generales y los funcionarios, y las que reparten resultan un fracaso. No caben los artesanos, pero sí los obreros sindicalizados a fuerza.

La industrialización y urbanización promovidas desde el Estado destruyen a los pueblos y convierten a sus habitantes en parias citadinos, en muchos casos dependientes por completo de las dádivas gubernamentales, controladas por líderes «populares», una figura creciente del nuevo régimen. También creció la clase media, no hay duda, pero esa tampoco cabía en el régimen y así se le hizo notar en diversos enfrentamientos, desde 1962 hasta 1971.

Cuando el Estado quiebra, y es incapaz de mantener las dádivas que repartía, como política social o como empleo burocrático, la desintegración se hace evidente. Pero ocurría desde antes. Fue la imposición de un nuevo sistema de intermediación el que rompió lo anterior. Si el PRI logró ocupar ese espacio con claridad en 1958, es porque para entonces ya no existen los mecanismos anteriores. La modernización destruyó la sociedad y no aceptó reemplazarla por la ciudadanía, porque no tenía espacio para ella.

Con la gran crisis de 1982, los miasmas suben a la superficie. Resulta que no todos caben y millones deberán migrar a Estados Unidos, mientras que, de los que quedan, la mitad no tiene espacio en los mercados y debe ganarse la vida en lo que ahora llamamos *informalidad* Tampoco puede el Estado garantizar el orden, de manera que aparecen las zonas que Lomnitz denomina «de soberanía negativa»,[8] es decir, donde se imponen mediante la violencia grupos que dejan claro que en esas regiones no existe la soberanía del Estado, sino la de ellos, cuyo trasvase con la economía informal las hace ubicuas. Desde el gobierno se rompen los límites de la violencia y de la legitimidad.[9]

Yerran entonces quienes ven en el capitalismo el origen de los problemas de México, porque ese sistema jamás logró desarrollarse. El compadrazgo puede tener ese nombre, pero no es lo mismo: no hay mercado libre, sino un Estado que decide qué y cómo se produce, pero, sobre todo, por quién. Mayor aún es el error de quienes atribuyen al neoliberalismo las dificultades actuales, porque el desastre es previo a cualquiera de las medidas de política económica achacables a esa lógica.

El tránsito de una sociedad corporativa a un Estado moderno sin duda implica mucho sufrimiento. Se rompen las dimensiones culturales que hemos visto y se reemplazan con otras. Pero, en el caso de México, no fue eso lo que ocurrió. Se intentó construir un Estado con estructura burocrático-militar, con un mecanismo de intermediación corporativo que, sin embargo, reemplazaba las corporaciones existentes por otras, inventadas. El monarca medieval, sin interlocución con su gente, se convirtió en el solitario de Palacio, y perdió la razón. De eso han pasado ya cincuenta años.

12
Sexto siglo

Recapitulación: la sociedad

Las culturas que existían en esta región de América habían construido ciudades de gran tamaño, con templos y tumbas que servían para refrendar su religión, que no era exactamente la misma en todas partes, pero estaba ya construyendo grandes dioses: Tláloc (ubicuo), Quetzalcóatl (tolteca), Huitzilopochtli (mexica). Había varias formas de escritura, todas logográficas (es decir, combinaciones de imágenes y signos que pueden leerse como sílabas). Las ciudades se componían de *calpultin*, que los europeos tradujeron como *barrios*, pero son más bien clanes, con un dirigente (*tlatoani*), un dios propio y varias familias con alguna relación entre sí. La mayoría de la población no vivía en las ciudades, sino en pequeños pueblos, conocidos como *altepeme* (plural de *altepetl*: agua-cerro), que los recién llegados tradujeron como *pueblos* o *señoríos*.

Los europeos que llegaron tenían una religión monoteísta, eran católicos y provenían de los reinos que recientemente habían ocupado ya toda la península, después de varios siglos de enfrentamientos con otro gran monoteísmo, el islam. Cuando lo lograron, también expulsaron a los creyentes del tercer monoteísmo, los judíos. La religión que traían los peninsulares era, pues, expansiva e impositiva, aunque cada uno de ellos puede haberla entendido distinto, ya que el catolicismo peninsular tenía características locales, reflejadas en vírgenes y santos patronos, y en rituales y tradiciones. Sin embargo, era esa religión la que los legitimaba para poblar las Américas.

En un territorio varias veces mayor que la península, con millones de habitantes, los pocos que habían llegado eran incapaces de establecer su control. Por ello prefirieron mantener, en lo posible, las estructuras sociales que encontraron, reemplazando solo a los poderosos. El control implicaba la conversión de los locales al catolicismo, por la legitimidad que he mencionado, pero también porque de otra manera no podrían sostenerse esos pocos conquistadores en el poder.

La Corona exigía el oro y la plata que pudiera mandar América y al mismo tiempo evitaba que estos nuevos territorios se salieran de control; los conquistadores querían encomiendas o mercedes y trabajadores, para cosechar ellos los tributos que antes los locales entregaban a sus líderes; y los frailes, además de evangelizar, querían construir utopías milenaristas. Lograr un equilibrio entre todos estos actores no fue sencillo.

La sociedad que se construye entonces es una réplica de lo que los peninsulares conocían como Edad Media. Una sociedad que replica en la Tierra el cuerpo divino, asignando a cada persona y cada grupo una posición que refleja una parte del cuerpo. La cabeza es sin duda el rey, que sin embargo necesita el resto del cuerpo, y por eso concilia y negocia. Es un gran árbitro, no un gran déspota, como serán los reyes unos siglos después.

En ese cuerpo hay tres estados diferentes: los que mandan, los que rezan y los que trabajan. Desde el inicio hay, entre los mandantes, una cantidad importante de locales que ya eran jefes de sus pueblos y continuaron así. Hay una gran disputa dentro de la Iglesia para incluir a los indios entre los que rezan, pero no hay duda de que, entre los que trabajan, prácticamente todos eran locales.

La violencia de los recién llegados, pero sobre todo la invasión biológica, de animales, plantas y enfermedades, transformó los ecosistemas, incluso destruyendo algunos, pero su efecto inmediato más importante fue la muerte de más de la mitad de los locales. La Corona respondió congregando a los supervivientes en pueblos que tuvieron que reconstruir sus *calpultin* como pudieron, y ahí los frailes instalaron sus conventos. Los terrenos que quedaron libres los fue asignando la Corona, y de encomiendas y mercedes se pasó pronto a las haciendas.

La sociedad de mediados del siglo XVII es el resultado de la combinación de estructuras medievales importadas sobre las locales, basadas en clanes; la imposición de una religión monoteísta en personas que apenas estaban construyendo sus grandes dioses, y por lo tanto no podían entender la religión que les obligaban a seguir, de manera que la adaptaron, aprovechando la inclinación peninsular a dioses y santos, incluyendo su panteón en el santoral; se reprodujo la estructura productiva propia de la época en Europa, con haciendas dedicadas a la producción agropecuaria, asociadas a minas de las que salía la plata para España, con un éxito sorprendente: Nueva España es la joya de la Corona hispánica desde mediados del siglo XVII.

España, con Felipe II, se convirtió en el último reducto del catolicismo y fue el gran soporte de la Contrarreforma cristalizada en el Concilio de Trento. Mientras que las otras potencias europeas se deshacían del control papal y empezaban a construir religiones diferentes, más útiles para los nuevos tiempos, España quiso hacerles frente, empezando por la patria de Carlos I, Flandes.

El desgaste de esa guerra se sumó a malos tiempos climáticos y la expulsión de los moriscos para derrumbar a Castilla, y aunque de Nueva España sacaban suficiente para sostenerse, ya no le alcanzó a España para ser potencia. En el derrumbe, que también ocurre en la familia Austria, la Corona acaba en manos de los Borbones.

Como rama secundaria de la familia de Luis XIV, los Borbones españoles creen tener un imperio colonial como el que ya tenían entonces los Países Bajos y construían Gran Bretaña y Francia. A diferencia de los Austrias, que gobernaron ultramar como una parte integral de sus reinos, los Borbones querían colonias que pudieran saquearse. Nueva España resiste, pero a fines del XVIII y los primeros años del XIX la metrópoli la exprime. Malos años climáticos se suman y, en esa primera década del siglo XIX, Nueva España declina.

Justo entonces, los dos peores reyes de España, Carlos IV y Fernando VII, se someten a Napoleón, lo que provoca la desintegración del Imperio y que conocemos como la independencia en América.

En Nueva España, la desintegración ocurre también en el interior: se separa Centroamérica, lo intenta Yucatán, se enfrenta Nueva Galicia con Nueva España y los intentos de construir una forma republicana de gobierno fracasan, tanto en su versión federalista como centralista.

La sociedad del México independiente era la heredada de Nueva España, con sus estamentos (a los que se agregaban ahora los militares, como reemplazo de los mandantes originales), sus corporaciones, sus pueblos de españoles y pueblos de indios, y ninguno quería terminar subordinado. Si eso tenía sentido en los viejos tiempos del rey negociador y conciliador, lo dejó de tener con los reyes saqueadores, y mucho menos lo tendría con algún militar o tinterillo local.

La desintegración interna facilitó la invasión norteamericana y la pérdida del territorio. Le siguió a ello la gran guerra civil en la que se enfrentan quienes quieren nuevamente un rey y quienes proponen un monarca civil. Los conocemos como *conservadores* y *liberales*, y la guerra es la de Reforma. Sufrimos una nueva invasión, de Napoleón el pequeño, que quiere tener una cabeza de playa en América aprovechando la guerra de secesión en Estados Unidos. No lo logró y fusilamos al emperador.

La sociedad aún es la misma, la heredada de Nueva España, que no parece tener interés alguno en las disputas de militares y políticos, pero las sufre. Los enfrentamientos terminan, no porque la población disfrute la República restaurada, sino porque esta ha encontrado un acomodo: cada región se estructura a su gusto, replicando los viejos señoríos, ahora encabezados por un hombre fuerte. El monarca, se llame Juárez o Díaz, es el árbitro entre ellos. La Iglesia ha perdido fuerza y se hace a un lado. En eso hay un avance similar al que, dos o tres siglos antes, habían logrado esos países que se quitaron de encima al papa.

El problema de la monarquía ha sido siempre la secuencia dinástica. Ni Juárez ni Díaz construyeron eso y, a la muerte del primero, el segundo debió instalarse por la fuerza. Con la vejez del segundo, una nueva desintegración. Si la primera ocurrió con la caída de los Borbones, y fue impulsada en México por la región más rica de entonces, el Bajío, la segunda, a la caída de Díaz, lo es también por la región más rica, que ahora es el norte. En ambos casos siguieron décadas de matanzas y pobreza.

Los ganadores de la guerra civil, los sonorenses, no tienen la cohesión interna necesaria para establecer la dinastía y se matan entre ellos. Recuperar al monarca civil, montado en la estructura de los hombres fuertes locales, es lo que intenta Calles con la fundación del PNR.

Cárdenas construye el primer Estado impersonal en México, el aparato burocrático-militar que puede imponer su voluntad en todo el territorio. Lo hace eliminando a los hombres fuertes, pero también creando una estructura que los reemplace. Lo hace al estilo de sus tiempos, mediante corporaciones que no coinciden con las heredadas de Nueva España. La organización campesina y la reforma agraria no respetan las estructuras de los pueblos, las subvierten. A veces les toca el reparto a los habitantes de un pueblo, pero otras veces es a los peones de la hacienda, o incluso a los foráneos que se trasladan. Las comunidades que habían sobrevivido desde mediados del siglo XVII se diluyen en lo nuevo, el ejido. En las ciudades se impone la organización sindical desde arriba, lo que crea una clase dirigente que no representa ni a los trabajadores (a los que somete) ni a los ciudadanos (a los que ignora).

Los ciudadanos, como es evidente, aparecen en las ciudades. Son personas que se dan cuenta de que pueden vivir mejor si todos siguen reglas acordadas entre ellas, en comparación con las que puede imponer algún poderoso. Para ello hay que reconocer derechos de las personas y hay que obligar al cumplimiento de las reglas acordadas: son los derechos humanos y el Estado de derecho. Para evitar que eso se venga abajo es necesario que quien tenga el poder también esté subordinado a las reglas, y eso solo puede alcanzarse cuando el poder está limitado. De ahí la división de poderes y los equilibrios y controles sobre el Ejecutivo. Este proceso fue largo en todos los países, y en muchas ocasiones violento.

En Nueva España eso no ocurre, porque no pasó en ninguna parte de la monarquía. Es solo con su derrumbe que se intenta un tránsito acelerado (Cádiz) que no fructifica. En ninguno de los territorios que antes fueron la monarquía. Juárez y Díaz inician el proceso, que no había culminado, como lo descubrió Madero de mala manera.

Cárdenas no abre espacio a los ciudadanos, de los que había pocos, y al resto lo organiza de una forma que no es idéntica a la que tenían. Se hace un esfuerzo considerable para esconder esta distancia mediante la recuperación de tradiciones, con alguna distorsión, y la construcción de una narrativa mítica que legitime el nuevo régimen, el nacionalismo revolucionario. La religión laica del Estado va minando al viejo monoteísmo, incluso cooptando algunas de esas tradiciones.

Sin embargo, el elemento más importante para evitar que las fricciones entre las nuevas y viejas estructuras provoquen un sismo es aceitando mediante los recursos públicos. Eso es justamente la repartición de tierras, la creación de empleos burocráticos, las prebendas sindicales, que en el fondo son una redistribución de la riqueza, pero no con el objetivo de mejorar las condiciones de vida o elevar la productividad, sino para evitar el conflicto que causa la imposición de estas nuevas estructuras.

Por la necesidad de ampliar los recursos, y porque así se mueve el mundo en esa época, se busca industrializar el país y para ello hay que transferir a esta nueva forma productiva los recursos de la antigua, del campo. Así crecen la industria y las ciudades, se empobrece el campo y crece un grupo nuevo, que a veces se llama clase media. Son los ciudadanos en embrión, que poco a poco siguen el guion que veíamos hace un momento: se dan cuenta de que podrían vivir mejor con derechos humanos, Estado de derecho, controles y equilibrios del poder. El régimen no puede, ni quiere, abrirles espacio. Hay conflicto.

Como antes, se intenta eliminarlo con el aceite tradicional, los recursos públicos. Pero ya no hay tierras para repartir y los incrementos en prebendas sindicales y el empleo público, con un campo depauperado y una industria en manos de capitalistas de compadrazgo, terminan en una crisis económica monumental.

Ahí comienza una nueva desintegración, menos espectacular que las dos anteriores, pero parece que más profunda y longeva. Las corporaciones del régimen de la Revolución se vacían: unos se van a los Estados Unidos, otros a la informalidad, unos más se incorporan en los crecientes grupos criminales. Los habitantes de las ciudades, ahora una amplia mayoría, se enteran de que la riqueza nacional era un mito. Porque no había muchas más opciones, encauzan su enojo en las urnas, que poco a poco se van abriendo. Pero los problemas nacionales no eran producto de las personas encargadas de gobernar, sino de esa fricción estructural que ya se había convertido en desintegración. Por esa razón, la transición a la democracia, en lugar de solidificar los derechos, el imperio de la ley o los controles al poder, alimenta las fuerzas centrífugas: legisladores, gobernadores, empresarios, sindicatos, medios y universidades se independizan del poder presidencial.

En el primer cuarto del siglo XXI fuimos testigos de cómo cada uno de estos grupos extorsiona al presidente, extrayendo recursos y poder. Lo mismo ocurre, pero de forma violenta, con criminales y militares. La legitimidad democrática se diluye, en buena medida porque no pudo resolver los problemas de la desintegración, sino que los potenció. La población busca ahora un hombre providencial, colérico y compasivo, como se entendió la promesa de salvación hace quinientos años.

Al momento de escribir este libro, la desintegración es total.

Situación global

La legitimidad de la Iglesia católica como representante de su dios, Cristo, se pone seriamente en duda desde el siglo XIII, pero no es sino hasta el siglo XVI cuando los reclamos se convierten en ruptura. Les hacía falta ese gran instrumento que es la comunicación y fue hasta la llegada de la imprenta que los quejosos alcanzan una masa crítica.

Ese período es lo que conocemos como *Renacimiento*, para tratar de separar esa Edad Media que no gusta de la Modernidad que brilla por todos lados. Dependiendo de la disciplina, empieza en un siglo u otro, y termina en ese siglo XVI, más o menos.[1] Ya decíamos que fechamos el fin de la Edad Media en el XV.

La clave, me parece, es el inicio del fin del monoteísmo. Se rompe la autoridad de la Iglesia y eso libera, poco a poco, a monarcas y nobles, pero sobre todo a ciudadanos. Sobre esos ciudadanos se construyen las nuevas formas de gobierno, y en ese sentido son liberales, tengan o no ese nombre desde sus inicios: la base es la concepción de la igualdad esencial entre esos ciudadanos, que en un principio son solo hombres mayores, capaces de leer y con propiedades, pero en el transcurso de los siglos serán todos.

Si los grandes dioses favorecieron la existencia de repúblicas, y el monoteísmo la de una sociedad corporativa, el eclipse paulatino de Dios libera a los ciudadanos. Primero se independizan los reyes del papa, luego se subordina la Iglesia al Estado, que poco a poco se vuelve laico. Finalmente, la religión se vuelve un asunto doméstico, privado. El eclipse de Dios.

El proceso lo vimos en capítulos precedentes: es la historia del resto del mundo que usamos para contraponer a la nuestra. En el camino vimos el costo en guerras y el ascenso de potencias como los Países Bajos, Gran Bretaña o, finalmente, los Estados Unidos, sobre una base económica que, en todos los casos, resultó de una ciudadanía potente que limitaba a su gobierno.

A partir de la Gran Recesión, antecedida por la aparición de las redes sociales, estamos en una nueva etapa en la que parecería que el eclipse de Dios estaría llegando a su fin. La presencia del otro monoteísmo en Europa, la actuación de miembros radicales de esa creencia en ese continente y en otros, el avance de grupos fundamentalistas cristianos en Europa y los Estados Unidos han provocado una polarización que es contraria a las ideas liberales elementales: derechos humanos, Estado de derecho, gobierno limitado.

Con acierto, se ha llamado a este proceso «democracia iliberal», en tanto que se atiende la opinión mayoritaria, pero sin que haya los elementos indispensables para lo que llamábamos elección democrática en los tiempos liberales: reglas claras, no intervención del gobierno, financiamiento transparente.

Al momento de escribir este libro, Donald J. Trump, presidente de los Estados Unidos, ha roto con sus aliados históricos, empezando por Canadá, pero continuando con toda Europa; ha provocado una gran incertidumbre en los mercados financieros, y ha iniciado una guerra comercial con China, cuyo resultado es imposible de prever, pero incluye pérdidas para todos. Parece una repetición, con las salvedades de siempre, de aquellos años de entreguerra que veíamos en la figura 9.1 (véase p. 224). En el momento inicial del alza de aranceles, que Trump denominó *Liberation Day*, la tarifa promedio de los Estados Unidos superó la que se alcanzó con la Ley Smoot-Hawley de 1930, que aparece en esa gráfica. Ya ve lo que ocurrió después.

Situación nacional

Al principio del eclipse divino, España nace y alumbra a Europa, y nace junto con ella Nueva España, para convertirse en la joya de la monarquía hispánica. Pero en ella el sol nunca se oculta, y Dios no se eclipsa. El rezago, los malos reyes, derrumban a España y con ello desintegran el ya Imperio español. La región más rica de Nueva España intenta encabezar un experimento y es destruida en el intento. Sobre los restos de Nueva España se impone una república liberal, que no es lo uno ni lo otro, sino una recuperación de las estructuras sociales bajo un monarca civil, cabeza de hombres fuertes. Se intenta, sin embargo, avanzar en lo económico y en la creación de la ciudadanía.

La nueva desintegración, ahora producto del envejecimiento del monarca, impulsada desde la región más rica del momento, el norte, después de un cuarto de siglo de matanzas tiene como resultado una nueva sociedad corporativa, con un nuevo monarca, ahora temporal, y con un instrumento de intermediación creado sobre esas corporaciones nuevas, no sobre las heredadas del pasado. Se fuerza la industrialización y la urbanización, y con ello se crea ciudadanía, pero también se rompen los hilos que habían mantenido unida esta sociedad desde los tiempos de la gran Nueva España. Nadie parece darse cuenta, hasta que la locura del solitario de Palacio destruye aquello que ocultaba los conflictos: el dinero público.

Sin ciudadanía, porque el régimen le había tenido miedo y le impidió crecer, se enfrentó el problema económico haciendo uso del control del mecanismo de intermediación, que aguantó como pudo. La huida hacia delante trajo consigo apertura comercial, inversión extranjera, un acuerdo comercial, democracia, elementos todos que, con ciudadanía, hubiesen convertido a México en un país desarrollado.

Pero no la había. Lo que había eran los capitalistas de compadrazgo, que cosecharon lo que pudieron y mantuvieron cerrados sus mercados; líderes sindicales, que actuaron de la misma manera; gobernadores, que, liberados del control del monarca, elevaron la corrupción gubernamental a niveles nunca vistos; criminales, que expandieron sus negocios y sus territorios ocupando el espacio que el Estado perdía, que empezó a perder a fines de la década de 1970. De los militares ya hablaremos.

No había ciudadanos. No en cantidad suficiente. No de forma integral. No era posible en un espacio social cruzado por diferentes cortes: formal-informal, legal-ilegal, mercado-corporación. Un ciudadano pleno no puede transitar por esos cortes, día a día, impunemente: respetar las reglas escritas hace imposible funcionar cuando los demás no las siguen, sea para hacer trámites, circular o hacer negocios. Impulsar una empresa sin asociarse con un sindicato fantasma, comprar la buena voluntad de los inspectores o de plano entregar parte de las ganancias a los criminales es imposible.

No se podía funcionar como ciudadano, pero tampoco había ya la posibilidad del retorno al *calpulli*, al clan, salvo en esos espacios alejados de lo moderno: lo informal, ilegal, corporativo.

Es así que los mexicanos prefieren aislarse de una manera muy particular: evitan voltear a ver a la sociedad. En otra parte, al describir el proceso de creación de ciudadanía y mediciones acerca de distintas dimensiones culturales en México, hice énfasis en que somos el país más «permisivo» del planeta.[2] Creo que ahora entiendo por qué.

Momento

En México, nuestra participación en la democracia iliberal ocurrió durante el sexenio pasado, incluyendo la participación abierta del crimen organizado en las elecciones locales de 2021, y la franca intervención del presidente y su uso de recursos públicos en la elección presidencial y del congreso de 2024, que se coronó con la integración ilegal de la Cámara de Diputados, en algo que he llamado golpe de Estado. Con esa mayoría espuria se asestó un golpe al Poder Judicial, que pone en serios riesgos los derechos de los mexicanos, y que sin duda nos aleja de cualquier idea razonable de Estado de derecho.

Pero, como hemos visto, en nuestro caso se trata de un proceso que no se inició con la Gran Recesión. Es una desintegración producto de la manera en que el régimen de la Revolución intentó modernizar al país sin permitir el avance de la ciudadanía. Rompió los mecanismos tradicionales de intermediación, imponiendo el propio, que dependía del soporte del Estado y que, por lo mismo, fue perdiendo su doble sentido: de información y acceso, de control y ejecución. Desde fines de la década de 1970, y con toda claridad en la de 1980, México vive en capas que se intersecan en términos de organización social, economía, representación política y reglas, que atraviesan desde el corporativismo medieval hasta la modernidad. Empresas que dependen de concesiones públicas, con mercados cerrados y sindicatos a la medida; universidades que sirven tanto para lavar dinero como para organizar grupos de choque; medios de comunicación que son voceros de grupos (económicos, políticos y criminales), y, claramente desde el sexenio pasado, gobiernos aliados a grupos criminales y militares involucrados en el negocio.

Mención aparte merece el ejército, cuya historia es muy peculiar. La Independencia la impulsa y firma quien había sido hasta meses antes el militar real de más alto rango. En esa traición desaparece el ejército español y nace el mexicano. En la guerra civil llamada de Reforma, ese ejército nacional es derrotado y reemplazado por el nuevo, el liberal. En la Revolución, ese ejército nacional es derrotado y reemplazado por el nuevo, el revolucionario. Disculpe la repetición, no tengo la culpa de lo ocurrido. Ese ejército revolucionario, que casi se destruyó a sí mismo en los tiempos sonorenses, se convirtió desde Cárdenas en un engrane más de la estructura corporativa. Ya mencionamos que los líderes del PRI fueron militares durante todo el período de formación y hasta 1964. Siguieron subordinados al poder civil otras dos décadas, pero empezaron a ser utilizados contra la insurgencia guerrillera y el tráfico de drogas en la década de 1970. Veinte años después, su papel fue más público y se incrementó en 2006. En los últimos años, los militares han invadido todas las esferas públicas.

Evaluación

México funciona por inercia.

Hay quienes creen que podrían estar mejor si la nación se dividiera. Algunos en el Bajío, otros en el norte, sin recordar que fue precisamente cuando intentaron eso, hace dos siglos y uno, respectivamente, que tuvimos las mayores matanzas.

Hay quienes creen que se puede acabar con el crimen organizado de manera quirúrgica, separando unos pocos tejidos malos de un organismo que, en esencia, es bueno. No es así, es un cáncer invasivo que, cincuenta años después de su inicio, ha hecho metástasis.

Hay quienes afirman que las finanzas públicas podrían ser sanas si se cobrase impuestos a los informales, olvidando que existen fuera del sistema porque de otra forma no podrían ganarse la vida.

Hay quienes creen que un partido político u otro cambiaría las cosas, sin entender el profundo deterioro de la clase política en general, y especialmente de quienes hoy tienen el poder, que además no permitirán una elección democrática (liberal) en décadas.[3]

Por todo lo anterior, hay quienes creen que este país no tiene remedio. Culpan de ello al pasado indígena o a la conquista, o a lo que llaman Colonia.

En este libro he tratado de exponer cómo llegamos al lugar en el que estamos. Intenté mostrar lo extraordinario del encuentro entre Europa y Mesoamérica, a través de Cortés y Moctezuma. Describí cómo fuimos construyendo algo muy distinto, tanto del pasado indígena como de la Europa contemporánea, que nos convirtió en la joya de la monarquía. Vimos cómo la Nueva España que construimos y que resultó tan exitosa fue capaz de resistir la desintegración del Imperio español y las ansias expansivas de estadounidenses y europeos. Y pudimos después construir un México exitoso que, desafortunadamente, no pudo sobrevivir a la vejez del monarca.

El desajuste más grave lo sufrimos en el siglo XX. Fue la invención del nacionalismo revolucionario, y la política corporativa lo que barrió con las estructuras sociales que nos habían dado solidez, aunque no mucho éxito económico. El tránsito que nos faltaba, la construcción de un Estado moderno basado en la ciudadanía, no era lo que buscaban los cardenistas y sus sucesores, incluyendo a los actuales.

Futuro

Nadie conoce el futuro, pero hay algunas cosas que sí podemos imaginar, aunque no podamos hacerlo por completo ni ponerles fecha.

Lo primero es tener claro que el proceso de desintegración, con cincuenta años de avance, ha llegado al punto en el que no le es posible al Estado controlar el territorio. Ha dejado ya amplios espacios para Estados alternos, que cobran impuestos (que llamamos *extorsión*), imparten justicia y, en ciertos lugares, hacen política social e incluso han experimentado con la creación de narrativas políticas.[4]

En segundo lugar, este proceso ha dado como resultado dos economías distintas que, sin embargo, no están totalmente separadas. La economía formal compite razonablemente a escala global, mientras que la informal a duras penas sobrepasa el nivel de subsistencia. Pero hay un trasvase entre ellas, y una zona gris entre y al interior de ambas, con la legalidad.

En tercero, y esto se debe prácticamente por completo a los gobiernos de Morena, el Estado mexicano, que era débil, ahora es totalmente incapaz. Se destruyó el sistema de salud,[5] el sistema educativo no tiene ya lógica,[6] las finanzas públicas son deficitarias en un grado preocupante, no hay abasto de energía eléctrica para cualquier crecimiento relevante y la petrolera es un pozo sin fondo.[7] Sin importar lo que quieran hacer, no tienen con qué.

En cuarto, y también como responsabilidad exclusiva de Morena, se ha creado una dependencia de las dádivas públicas que implica un riesgo extraordinario en caso de que no pudieran cubrirse. En la crisis de 1982, cuando el gobierno no podía pagar nada, no se tenía esa presión y sí había el instrumento de intermediación, el PRI. Hoy no existe ese instrumento y sí la presión. Las remesas internacionales son un riesgo adicional que, aunque no aparecieron con Morena, sí crecieron notoriamente en estos años, pero no sabemos el efecto que Trump pudiera tener en ellas. Sería muy mala suerte que coincidiera con dificultades de pago del gobierno.

Estos cuatro elementos, el control del territorio, el funcionamiento de la economía, el derrumbe del gobierno y la dependencia de las dádivas, resultan en un riesgo serio para la supervivencia de la actual administración. No está de más recordar que la ocasión anterior, en que se siguieron políticas parecidas, aunque menos agresivas, fue con el «desarrollo compartido» de Echeverría y López Portillo, y el fracaso fue total. En solo dos sexenios.

Vino entonces el inicio de la desintegración, que se logró salvar gracias al PRI, que se desgastó en ello. El tránsito a la democracia dio gobernabilidad a nivel nacional, pero extendió la desintegración hacia gobernadores, sindicatos, empresarios. El fin de la democracia implica la falta de instrumentos de mediación, sean de negociación como era el PRI, o democráticos, como en los 25 años en que eso existió. Las negociaciones con el crimen, con la presión estadounidense actual, también se habrán reducido.

Si en aquella ocasión, cuando el mismo José López Portillo se reconocía como el último presidente de la Revolución, no fuimos capaces de reconocer el profundo daño que nos causó esa serie de guerras civiles, pero sobre todo la imposición de un esquema político corporativo, fue porque la supervivencia del gobierno requería el gran instrumento mediador del PRI. Sin él habría sido imposible enfrentar la profunda crisis económica que devastó a las familias. Pero creo que tampoco cruzó por sus mentes la idea, porque, si bien era claro que el manejo de la economía bajo Echeverría y López Portillo había sido catastrófico, bastaba culpar a la Facultad de Economía de la UNAM y a los políticos echeverristas, incluso expulsándolos del PRI.

Mucho menos realizamos una evaluación seria cuando ocurrió el tránsito a la democracia. En el espíritu incluyente de la transición había que cuidar al viejo PRI, y así se hizo. No confrontar el pasado permitió su regreso. Temporal, por los elementos que hemos visto. El derrumbe del experimento, por falta de recursos, de capacidad de gestión, de control territorial, o por la infaltable crisis económica, significará el punto más alto de desintegración que hemos sufrido, tal vez en toda nuestra historia.

Una vez más

Como ha ocurrido en todo el mundo, el eclipse divino, ahora acelerado por la tecnología, ha dado como resultado una severa polarización. Algunos creen en el regreso al viejo esquema corporativo, medieval, que llaman «mundo occidental». En el caso de México, son profundamente católicos, pero no solo eso, reproducen también la moralidad de aquella época, lo que ahora llaman clasismo y racismo (aunque, como hemos visto, eso es impropio de Nueva España).

Otros, especialmente quienes ahora tienen el poder, suponen posible una sociedad colectivista, en la lógica del corporativismo cardenista, o incluso en su versión soviética. Para eso han modificado el sistema educativo, destruido el equilibrio de poderes, constreñido la libertad de expresión.

Sin embargo, también como en todo el mundo, la mayoría no está ahí. La mayoría está agazapada, con miedo y, en el caso de México, aprovechando lo aprendido, está aislada, dejando pasar, siendo «permisiva».

Hace cien años, el mundo vivió algo parecido, con todas las diferencias propias de estos cien años: polarización intensa, ascenso de extremismos totalitarios, miedo, y ese dejar pasar nos llevó a las mayores matanzas de la historia. Eso pasó hace tan poco tiempo, en términos históricos, que es posible que ahora lo evitemos. Si es así, será porque esa ciudadanía temerosa decide actuar y logra producir los liderazgos necesarios para ello. Ya lo sabremos.

En nuestro caso, más allá del comportamiento del resto del mundo, el momento decisivo ocurrirá pronto. Imposible decir cuándo ni cómo, pero sí es posible imaginarlo.

Por un lado, las estructuras corporativas han dado de sí. De los viejos *calpultin*, salvo en algunas zonas del país, no queda nada. El ajuste que hicieron en el siglo XX, convirtiéndose en barrios y grupos «populares», se ha convertido en la zona gris entre informalidad e ilegalidad. La versión cardenista, de centrales campesinas y sindicatos, está muy debilitada. Esos grupos no alcanzan, como lo comprobó López Obrador en la elección de 2021, que pudo perder si no hubiese sido por el esquirolaje de Movimiento Ciudadano, que terminó dando a Morena y sus aliados la mayoría en la Cámara de Diputados. La historia pudo haber sido muy distinta.

Por otro, la división entre empresarios no se ha resuelto. Aunque el grupo más «compadre», los concesionarios, ha sido más fuerte en los últimos años, no es hegemónico. La mayoría de los emprendedores, después de 25 años de hacer negocios bajo un esquema de reglas razonablemente claras, pero sobre todo aplicables, sabe que regresar a los tiempos de la negociación continua, la corrupción, a la que ahora se suma la extorsión en buena parte del país, los pone en riesgo. Están pasando del miedo a la certeza.

De los militares sabemos poco, lo mismo que de los criminales, pero ambos grupos se reparten la capacidad de fuego. Digamos que tenemos un oligopolio de violencia legítima, formado por grupos que tienen intereses propios, y alianzas con políticos que tienen ese nombre porque están en puestos de elección o de gobierno, pero que han mostrado muy poca capacidad de movilización o conciliación, para no hablar ya de estrategia.

Frente a la desintegración, lo hemos visto en nuestra historia, hay dos caminos: la conspiración o la confrontación. Para esta última, el oligopolio mencionado no tiene la última palabra, las tiene todas. El otro camino es el de la ciudadanía.

Se conspira discutiendo, proponiendo, organizando. Conspirar es construir alternativas, es agregar, incorporar, imaginar, proponer, ajustar. Es alejarse de la polarización.

El camino que tome México, la antigua gran Nueva España, no dependerá solo de nosotros. Como en los cinco siglos previos, el resto del mundo nos abre o cierra espacios. Pero, al igual que en los cinco siglos previos, nosotros también contamos.

El eje de estos cinco siglos ha sido la conspiración: la de Cortés contra Velázquez, la de Cuitláhuac contra Moctezuma, la de los hermanos Ávila intentando aprovechar la muerte del segundo virrey, las múltiples conspiraciones que dieron lugar al criollismo, las que construyeron al México independiente, las que buscaron darle orden político a esa nueva creación, las que quisieron encontrarle salida a la vejez del monarca o recuperar el orden después de eso. Las que intentaron la transición a la democracia.

Conspirar hoy es la alternativa a confrontarnos. No significa actuar en contra de la nación, sino a favor de su supervivencia, conciliando esfuerzos.

Conspirar significa ayudar a esos ciudadanos que hoy enfrentan una realidad fracturada, cruzada de planos anacrónicos, inmorales e ilegales, a darle sentido a una comunidad imaginaria que reproduzca el éxito de la gran Nueva España, no sus estructuras.

Por cinco siglos, eso hemos hecho. Hemos conspirado para construir nuestras comunidades, para impulsar ideas, para configurar posibilidades nacionales. En grupos, logias, clubes, partidos. Hoy debemos hacerlo entre ciudadanos.

Una vez más, conspiremos.

Notas

Introducción

0. Encuentro

1. Pablo Escalante Gonzalbo, «El posclásico en Mesoamérica», en Erik Velásquez García *et al.*, *Nueva historia general de México*, El Colegio de México, México, 2010, pp. 156-225.
2. Por ejemplo, Anabeth Headrick, *The Teotihuacan Trinity*, University of Texas Press, 2007.
3. María del Carmen Rodríguez Martínez *et al.*, «Oldest Writing in the New World», *Science* (313), 15 de septiembre de 2006, pp. 1610-1614, en: sciencemag.org/cgi/content/full/313/5793/1610/DC1. También Erik Velásquez García *et al.*, *Nueva historia general de México, op. cit.*, p. 50.
4. Susan Toby Evans, «Time and Space Boundaries. Chronologies and Regions in Mesoamerica», en D. Nichols y C. A. Pool, *The Oxford Handbook of Mesoamerican Archaeology*, oud, 2012, p. 117.
5. Velásquez *et al.*, *Nueva historia general…, op. cit.*, p. 45.
6. F. Kent Reilly III, «Practices and Practitioners», en Nichols y Pool, *Mesoamerican Religious Beliefs*, p. 772.
7. Blanca Maldonado, «Mesoamerican Metallurgical Technology and Production», en Nichols y Pool, *Mesoamerican Religious Beliefs*, p. 617.
8. Philip J. Arnold III, «Not Carved in Stone. Building the Gulf Olmec from the Bottom Up», en Nichols y Pool, p. 193. También, Velásquez *et al.*, *Nueva historia general…, op. cit.*, pp. 31-33.
9. Reilly, «Mesoamerican…», pp. 766-768.
10. Robin Dunbar, *How Religion Evolved: And Why it Endures*, Oxford University Press, 2022.
11. *Ibid.*, p. 194.
12. Juan Miralles, *Hernán Cortés: Inventor de México,* Planeta, 2020.
13. Thomas Hugh, *Conquest: Cortés, Moctezuma, and the Fall of the Old Mexico*, Simon and Schuster, Londres, 1993.
14. *Ibid.*, p. 57.
15. *Ibid.*, p. 85.
16. R. Wittkower, «Eagle and Serpent. A Study in the Migration of Symbols», *Journal of the Warburg Institute*, *2*(4), 1939, pp. 293-325. Acerca de la falta de evidencia prehispánica del actual escudo: Guillermo Correa Lonche, *El águila y la serpiente. El problema del origen prehispánico del Escudo Nacional*

Mexicano, INAH, México, 2023, reseñado por Rodrigo Martínez Baracs en *Letras Libres*, noviembre de 2024, en: letraslibres.com/revista/rodrigo-martinez-baracs-problema-origen-prehispanico-emblema-aguila-serpiente/. Es llamativa la interpretación de «Los insurgentes buscan un elemento que los una al México prehispánico y acuden a adoptar el águila devorando a la serpiente. Lo que los mexicas no habían logrado en su expansión para controlar toda Mesoamérica, lo llegó a consumar Huitzilopochtli en el emblema que representaba a toda una nación», Eduardo Matos Moctezuma, «Posibles causas de la caída de Tenochtitlan y Tlatelolco», p. 65.

17. Acerca de la mítica Tollan, Escalante Gonzalbo, «El posclásico...», *op. cit.*, pp. 168-169 y 177-179.
18. El mismo autor ubica la fecha en 1345, *ibid.*, p. 183.
19. *Cf.* Matos, «Posibles causas», *op. cit.*, p. 20.
20. Señoríos como Cempoala habría un millar. Los mexicas, con sus aliados, habían absorbido o controlaban algunas decenas e imponían tributo (en bienes o en trabajo) y otras obligaciones (militares o rituales) a seis o siete centenares más. Velásquez *et al.*, *Nueva historia general...*, *op. cit.*, p. 232.
21. Martín Ríos Saloma, *La conquista de México. El nacimiento de una monarquía global*, Madrid, La Esfera de Libros, 2024.
22. Hay una discusión acerca de si la *reconquista* puede llamarse así, en tanto que los reinos visigodos ocupados por el islam no necesariamente son antecesores de los reinos católicos de los siglos XI en adelante, lo que no afecta el argumento de este libro.

Primer siglo. El acomodo (1524-1648)

1. Construcción de España

1. Úrsula Camba Ludlow, *Ecos de Nueva España: los siglos perdidos en la historia de México*, Grijalbo, 2022, edición para Kindle, p. 39.
2. John H. Elliot, *Imperios del mundo Atlántico: España y Gran Bretaña en América (1492-1830)*, Taurus, Barcelona.
3. Christopher Storrs, *The Resilience of the Spanish Monarchy 1665-1700*, Oxford University Press, 2006.
4. Óscar Mazín, «Supuestos peninsulares de la conquista de América», en Ana Carolina Ibarra González y Pedro Marañón Hernández, *1519. Los europeos en Mesoamérica*, UNAM-IIH, México, 2021, p. 70.
5. Poblar acompañaría y sucedería siempre a las conquistas en todas latitudes del mundo hispánico en los siglos por venir, sin solución de continuidad respecto a la península. *Ibid.*, p. 70.
6. Justo González, *The Story of Christianity: Volume I: The Early Church to the Dawn of the Reformation,* Harper-Collins, 2010, p. 444.
7. Mazín, «Supuestos peninsulares...», *op. cit.*, pp. 70-71.

8. Geoffrey Parker, *Felipe II: la biografía definitiva*, Planeta, 2018, p. 228.
9. *Idem.*
10. Carlos Álvarez Nogal y Leandro Prados de la Escosura, «The Decline of Spain (1500-1850): Conjectural Estimates», *European Review of Economic History*, 11, pp. 319-366.
11. Francisco Tomás y Valiente, *Los validos en la monarquía española del siglo XVII. Estudio Institucional*, Siglo XXI, España, 2015, p. 6.
12. *Ibid.*, p. 10.
13. Velásquez *et al.*, *Nueva historia general…*, *op. cit.*, p. 349.
14. *Ibid.*, p. 358.
15. Tomás y Valiente, *Los validos…*, *op. cit.*, pp. 29-30.

2. Construcción de Nueva España

1. García Martínez, Bernardo, «Los años de expansión», en Erik Velásquez García *et al.*, *Nueva historia general de México, op. cit., pp.* 217-262.
2. *Ibid.*, p. 245.
3. *Ibid.*, p. 239
4. *Ibid.*, p. 244.
5. Ver: memoriapoliticademexico.org/Textos/1Independencia/1536CTE.html. Y también: Velásquez *et al.*, *Nueva historia general…*, *op. cit.*, p. 285.
6. Alonso B. González, «La fórmula "obedézcase, pero no se cumpla" en el derecho castellano de la baja Edad Media», Ministerio de Justicia, España, sumario año 1980.
7. Velásquez *et al.*, *Nueva historia general…*, *op. cit.*, p. 287.
8. Martin Austin Nesving, *Promiscuous Power: An Unorthodox History of New Spain*, University of Texas Press, 2018, pp. 37 y ss.
9. Martínez López-Cano, en *1519. Los europeos en Mesoamérica*, *op. cit.*, p. 118. Velásquez *et al.*, *Nueva historia general…*, *op. cit.*, pp. 293-294.
10. Rubial García, Antonio, «La evangelización novohispana: entre globalización y conquista», en Ana Carolina Ibarra González y Pedro Marañón Hernández, *1519. Los europeos en Mesoamérica*, UNAM-IIH, México, 2021, pp. 134-157.
11. *Ibid.*, p. 147.
12. *Ibid.*, p. 149.
13. Al respecto, es muy ilustrativo Martin Austin Nesvig, *Promiscuous Power: An Unorthodox History of New Spain*, University of Texas Press, 2018.
14. Rubial, «La evangelización novohispana…», *op. cit.*, pp. 138, 141 y 150. Camba, *Ecos de Nueva España…*, *op. cit.*, p. 76.
15. Nesvig, *Promiscuous Power…*, especialmente el cap. 2. Stafford Poole, *Our Lady of Guadalupe: The Origins and Sources of a Mexican National Symbol, 1531-1797*, University of Arizona Press, 2017, edición para Kindle, p. 36.
16. Rubial, pp. 149 y 151; Rubial, «Las órdenes mendicantes evangelizadoras en Nueva España y sus cambios estructurales durante los siglos virreinales», pp. 222-223.

17. Antonio Rubial García, «Las órdenes...», en María del Pilar Martínez López-Cano, *La Iglesia en Nueva España. Problemas y perspectivas de investigación*, UNAM, 2010, pp. 215-236.
18. Mazín, «Supuestos peninsulares», *op. cit.*, p. 78.
19. Rubial, «La evangelización novohispana...», *op. cit.*, pp. 149-150.
20. Toni de Dios *et al.*, «*Salmonella enterica* from a Soldier from the 1652 Siege of Barcelona (Spain) Supports Historical Transatlantic Epidemic Contacts», *Science, 24*, 103021, 24 de septiembre de 2021.
21. Axel A. Guzmán-Solís *et al.*, «Ancient Viral Genomes Reveal Introduction of Human Pathogenic Viruses into Mexico during the Transatlantic Slave Trade», *eLife*, 2021, 10:e68612.
22. Gisela Von Wobeser, «El impacto demográfico y ambiental del encuentro de dos mundos en Nueva España», en Ibarra y Hernández, 2021, Von Wobeser, p. 106.
23. E. J. Collen *et al.*, «The Immunogenetic Impact of European Colonization in the Americas», *Front. Genet*, 13:918227, 2022, doi: 10.3389/fgene.2022.918227. Obed A. García *et al.*, «The Legacy of Infectious Disease Exposure on the Genomic Diversity of Indigenous Southern Mexicans», *Genome Biol. Evol. 15*(3), en: doi.org/10.1093/gbe/evad015, 2 de febrero de 2023.
24. Von Wobeser, «El impacto demográfico...», *op. cit.*, pp. 95-113.
25. Velásquez *et al.*, *Nueva historia general...*, *op. cit.*, pp. 261 y 341.
26. Von Wobeser, «El impacto demográfico...», *op. cit.*, pp. 108-109.
27. Martínez López-Cano, y María del Pilar, «Repercusiones económicas de las conquistas», en Ibarra y Marañon (eds.), *1519. Los europeos en Mesamérica*, pp. 117 y 119.
28. Von Wobeser, «El impacto demográfico...», *op. cit.*, p. 104.
29. Velásquez *et al.*, *Nueva historia general...*, *op. cit.*, p. 276.
30. Von Wobeser, «El impacto demográfico...», *op. cit.*, p. 99.
31. García Martínez, «Los años de expansión», *op. cit.*, p. 312.
32. *Ibid.*, p. 259.
33. Martínez López-Cano, «Repercusiones...», *op. cit.*, p. 115.
34. *Ibid.*, p. 116.
35. *Ibid.*, p. 120.
36. Velásquez *et al.*, *Nueva historia general...*, *op.* cit, pp. 275-276. Martínez López-Cano, «Repercusiones...», *op. cit.*, p. 121.
37. *Ibid.*, p. 122. Velásquez *et al.*, *Nueva historia general...*, *op. cit.*, p. 277.
38. *Ibid.*, p. 322. G. del Valle Pavón, «Los mercaderes de México y la transgresión de los límites al comercio pacífico en Nueva España, 1550-1620», *Revista de Historia Económica/Journal of Iberian and Latin American Economic History*, 2005, *23*(S1), pp. 213-240, en: doi:10.1017/S0212610900012295, p. 223.
39. Herbert S. Klein, «The Great Shift: The Rise of Mexico and the Decline of Peru in the Spanish American Empire, 1680-1809», *Revista de Historia Económica*, año XIII, núm. 1, pp. 35-62, tabla I.

40. Leticia Arroyo Abad y Jan Luiten van Zanden, «Growth under Extractive Institutions? Latin America Per Capita GDP in Colonial Times», *The Journal of Economic History, 76*(4), diciembre de 2016, pp. 1182-1215.
41. Martínez López-Cano, María del Pilar, «Repercusiones económicas de las conquistas» *op. cit.*, p. 119.
42. Velásquez *et al.*, *Nueva historia general...*, *op. cit.*, pp. 345-346. Martínez López-Cano «Repercusiones económicas...», *op. cit.*, p. 119.
43. Martínez López-Cano «Repercusiones económicas...», *op. cit.*, p. 119.
44. Velásquez *et al.*, *Nueva historia general...*, *op. cit.*, pp. 280-281.
45. *Ibid.*, p. 326.
46. Valle Pavón, «Los mercaderes de México...», *op. cit.*, p. 217.
47. *Ibid.*, p. 225. Velásquez *et al.*, *Nueva historia general...*, *op. cit.* p. 339.
48. Ronald Findlay y Kevin O'Rourke, *Power and Plenty. Trade, War and the World Economy in the Second Millenium*, Princeton University Press, 2007, p. 173.
49. Velásquez *et al.*, *Nueva historia general...*, *op. cit.*, p. 331.
50. Rafael Dobado y Nadia Fernández de Pinedo, «An Early Consumer Revolution in Hispanic America? Consumption of Asian Goods by the Commoners in 18th-Century Mexico», *Revista de Historia Económica/Journal of Iberian and Latin American Economic History, 41*(3), pp. 449-482, en: doi:10.1017/S0212610923000046.
51. Jan de Vries, *The Industrious Revolution*, Cambridge University Press, 2008.
52. Valle Pavón, «Los mercaderes de México...», *op. cit.*, pp. 219-220.
53. *Ibid.*, p. 235. Velásquez *et al.*, *Nueva historia general...*, *op. cit.*, pp. 332-333.
54. Valle Pavón, «Los mercaderes de México...», *op. cit.*, pp. 230, 232 y 236.
55. Guido Alfani y Alfonso Carballo, «Income and Inequality in the Aztec Empire on the Eve of the Spanish Conquest», *Nature Human Behaviour, 7*, agosto de 2023, pp. 1265-1274 y 1265.
56. Arroyo y van Zanden, «Growth under Extractive Institutions?...», *op. cit.*, pp. 1 182-1 215.
57. Velásquez *et al.*, *Nueva historia general...*, *op. cit.*, p. 318.
58. *Ibid.*, pp. 319-320. Camba, *Ecos de Nueva España...*, *op. cit.*, p. 50.
59. Velásquez *et al.*, *Nueva historia general...*, *op. cit.*, pp. 323-324.
60. *Ibid.*, p. 325.
61. *Ibid.*, p. 329.
62. Camba, *Ecos de Nueva España...*, *op. cit.*, pp. 50-52.
63. Velásquez *et al.*, *Nueva historia general...*, *op. cit.*, pp. 313, 315-316.
64. *Ibid.*, p. 250.
65. *Ibid.*, p. 316.
66. *Ibid.*, pp. 334-335 y 338.
67. *Ibid.*, pp. 338-339.
68. *Ibid.*, pp. 350 y 352.

69. Alejandro Cañeque, *The King's Living Image: The Culture and Politics of Viceregal Power in Colonial Mexico (New World in the Atlantic World)*, Taylor y Francis, 2013, edición electrónica, p. 52.
70. Velásquez *et al.*, *Nueva historia general...*, *op. cit.*, pp. 273-274.
71. *Ibid.*, pp. 288-289, 292-293 y 346-347.
72. *Ibid.*, pp. 316 y 347
73. *Ibid.*, p. 295. Edmundo O'Gorman, *Destierro de sombras. Luz en el origen de la imagen y culto de Nuestra Señora de Guadalupe del Tepeyac*, UNAM-IIH, México, 2016, pp. 21 y 120.
74. Velásquez *et al.*, *Nueva historia general...*, *op. cit.*, p. 297.
75. *Ibid.*, pp. 298-299. Camba, *Ecos de Nueva España, op. cit.*, p. 91.
76. Velásquez *et al.*, *Nueva historia general...*, *op. cit.*, pp. 308-311.

Segundo siglo. Convivencia (1648-1763)

3. El derrumbe de España

1. Storrs, *The Resilience*, *op. cit.*, 2006.
2. Valle Pavón, «Los mercaderes de México...», *op. cit.*, p. 216.
3. Velásquez *et al.*, *Nueva historia general...*, *op. cit.*, p. 359.
4. Wilson, *The Holy Roman Empire: A Thousand Years of European History*, Penguin Random House, 2016, pp. 437-438.
5. *Ibid.*, p. 439.
6. Véase, por ejemplo, Jan de Vries, «The Economic Crisis of the Seventeenth Century», *Journal of Interdisciplinary History*, *40*(2), otoño de 2009, pp. 151-194; «Hambruna y plagas», p. 159; «Guerra de los Treinta Años», p. 160; «Política fiscal de los Habsburgo», pp. 167-169.
7. Siguiendo los datos de Te Paske revisados por Richard L. Garner: «Long-Term Silver Mining Trends in Spanish America. A Comparative Analysis of Peru and Mexico», *The American Historical Review*, vol. 93, núm. 4, octubre de 1988, pp. 898-935.
8. Vries, «The Economic Crisis...», *op. cit.*, pp. 167-169.
9. Leandro Prados de la Escosura y Carlos ÁlvarezNogal, «Growth Recurring in Preindustrial Spain?», *Cliometrica*, *16*, 2022, pp. 215-241.
10. Si le llama la atención cómo pueden hacerse estas estimaciones, no está solo. Es un trabajo extraordinario, con muchas dificultades y supuestos, que se ha venido realizando para muchas economías del pasado desde hace poco más de medio siglo. No lo abrumo con referencias, pero los mismos Prados de la Escosura, Álvarez Nogal, Dobado, Vries (y otros más que aparecen en este libro) tienen trabajos metodológicos muy interesantes. El fundador de estos estudios fue Angus Maddison, cuyo proyecto y continuadores se citan más adelante.

11. Julio Valdeón, Joseph Pérez y Santos Juliá, *Historia de España*, Espasa, Barcelona, 2006, p. 337.
12. *Ibid.*, pp. 331 y ss.

4. La gran Nueva España

1. Velásquez *et al.*, *Nueva historia general...*, *op. cit.*, p. 355.
2. *Ibid.*, p. 361.
3. *Ibid.*, p. 362.
4. *Ibid.*, p. 365. Leandro Prados de la Escosura, «Inequality and Poverty in Latin America: A Long-Run Exploration», en T. J. Hatton, K. H. Rourke y A. M. Taylor (eds.), *The New Comparative Economic History: Essays in Honor of Jeffrey G.Williamson* (cap. 12), 2007, Cambridge, MIT Press.
5. Velásquez *et al.*, *Nueva historia general...*, *op. cit.*, p. 373.
6. *Ibid.*, pp. 374 y 384. Camba, *Ecos de Nueva España...*, *op. cit.*, p. 55.
7. Martínez López-Cano, «Repercusiones económicas...», *op. cit.*, p. 123.
8. Velásquez *et al.*, *Nueva historia general...*, *op. cit.*, p. 374.
9. *Ibid.*, p. 375.
10. *Ibid.*, p. 377.
11. *Ibid.*, p. 381.
12. Camba, *Ecos de Nueva España...*, *op. cit.*, p. 58.
13. Velásquez *et al.*, *Nueva historia general...*, *op. cit.*, pp. 386-387.
14. Camba, *Ecos de Nueva España...*, *op. cit.*, p. 53.
15. Velásquez *et al.*, *Nueva historia general...*, *op. cit.*, p. 389.
16. *Ibid.*, p. 390.
17. *Ibid.*, p. 341.
18. Camba, *Ecos de Nueva España...*, *op. cit.*, p. 108.
19. Velásquez *et al.*, *Nueva historia general...*, *op. cit.*, p. 378.
20. *Ibid.*, pp. 399-400.
21. Poole, *Our Lady of Guadalupe...*, *op. cit.*, pp. 20-21.
22. *Ibid.*, p. 22.
23. Roger Bartra, *La jaula de la melancolía*, Grijalbo, 1987, pp. 180-181. Poole, *Our Lady of Guadalupe...*, *op. cit.*, p. 72.
24. *Ibid.*, pp. 23-24.
25. *Ibid.*, p. 229. O'Gorman, *Destierro de sombras...*, *op. cit.*
26. Poole, *Our Lady of Guadalupe...*, pp. 26 y 71.
27. *Ibid.*, pp. 84 y 228.
28. *Ibid.*, pp. 107-108.
29. O'Gorman, *Destierro de sombras...*, *op. cit.*, pp. 120, 127, 133 y apéndices.
30. Jorge Alberto Manrique, «El mundo barroco», en *Historia general de México*, El Colegio de México, 1976, p. 654.
31. *Ibid.*, pp. 658 y 664.
32. Camba, p. 16.

33. Poole, *Our Lady of Guadalupe...*, pp. 227 y 232. David Brading, *Los orígenes del nacionalismo mexicano*, Era, 1988 (1973), p. 27.
34. Velásquez *et al.*, *Nueva historia general...*, *op. cit.*, pp. 363 y 366. La venta de cargos comienza en 1680 y llega a su máximo en 1740. David Brading, «La monarquía católica», en Annino y Guerra, pp. 15-46.
35. Cañeque, *The King's Living Image...*, *op. cit.*, pp. 65-66.
36. Horst Pietschmann, «Los principios rectores de organización estatal en las Indias», en Antonio Annino y François-Xavier Guerra (coords.), *Inventando la nación. Iberoamérica. Siglo XIX*, FCE, México, 2003, Pietschmann, p. 65.
37. Camba, *Ecos de la Nueva España...*, p. 105.
38. Velásquez *et al.*, *Nueva historia general...*, p. 371. Por ejemplo, en 1742 el consulado tuvo dos partidos, montañeses y vizcaínos. *Ibid.*, p. 370. Horst Pietschmann, «Los principios rectores...», pp. 47-84.
39. Velásquez *et al.*, *Nueva historia general...*, *op. cit.*, pp. 392-393.
40. Manrique, «El mundo barroco», *op. cit.*, pp. 668 y ss.
41. Camba, *Ecos de Nueva España...*, *op. cit.*, p. 185.
42. *Ibid.*, p. 188.
43. Velásquez *et al.*, *Nueva historia general...*, *op. cit.*, pp. 394-395.
44. *Ibid.*, p. 366.
45. *Ibid.*, p. 397.
46. *Ibid.*, p. 368.
47. *Ibid.*, p. 369. Pietschmann, «Los principios rectores...», *op. cit.*, p. 80.
48. Camba, *Ecos de Nueva España...*, *op. cit.*, p. 108.
49. Velásquez *et al.*, *Nueva historia general...*, *op. cit.*, p. 368.
50. Pietschmann, «Los principios rectores...», *op. cit.*, p. 50.
51. *Ibid.*, p. 53.
52. Manrique, «El mundo barroco», *op. cit.*, p. 671.
53. Pietschmann, «Los principios rectores...», *op. cit.*, p. 54.
54. Velásquez *et al.*, *Nueva historia general...*, *op. cit.*, p. 399.
55. Camba, *Ecos de Nueva España...*, *op. cit.*, p. 17.
56. Peter Burke, *El Renacimiento*, Crítica, Barcelona, 1987, pp. 94 y ss.
57. Cañeque, *The King's Living Image*, pp. 28 y ss.
58. Camba, *Ecos de Nueva España...*, *op. cit.*, pp. 214 y 240-241.

Tercer siglo. Ruptura (1763-1821)

5. El cambio global

1. Cañeque, *The King's Living Image*, p. 261.
2. Stanley L. Engerman y Kenneth L. Rogoff, *Economic Development in the Americas since 1500. Endowments and Institutions*, Cambridge University Press, 2012. Acerca de la forma en que se poblaron los Estados Unidos, Colin Woodard, *American Nations*, Penguin, 2022.

3. Valdeón *et al.*, *Historia de España*, *op. cit.*, pp. 337 y ss.
4. Norbert Elias, *The Civilizing Process*. Wiley-Blackewell, 2000. Burke, *El Renacimiento*, *op. cit.*, p. 101.
5. Valdeón *et al.*, *Historia de España*, *op. cit.*, pp. 333-335.
6. *Ibid.*, p. 343.
7. *Ibid.*, pp. 369-371.
8. A. Annino, «Soberanías en lucha», en Annino y Guerra, pp. 152-184.
9. Valdeón *et al.*, *Historia de España*, *op. cit.*, p. 378.

6. Reformas y reacciones

1. Pietschmann, «Los principios rectores...», *op. cit.*, pp. 78 y 82.
2. Velásquez *et al.*, *Nueva historia general...*, *op. cit.*, p. 419. Brading, *Los orígenes del nacionalismo...*, *op. cit.*, p. 25.
3. *Ibid.*, p. 39.
4. Velásquez *et al.*, *Nueva historia general...*, *op. cit.*, p. 425.
5. *Ibid.*, pp. 426-427.
6. *Ibid.*, p. 431.
7. Pietschmann, «Los principios rectores...», *op. cit.*, p. 67.
8. Velásquez *et al.*, *Nueva historia general...*, *op. cit.*, p. 483.
9. Giorgio Chiovelli *et al.*, «Bourbon Reforms and State Capacity in the Spanish Empire», working paper 2024-36, marzo de 2024, Becker Friedman Institute, University of Chicago.
10. Velásquez *et al.*, *Nueva historia general...*, *op. cit.*, pp. 452-453.
11. *Ibid.*, pp. 456 y 458.
12. *Ibid.*, pp. 437-441.
13. Pietschmann, «Los principios rectores...», *op. cit.*, p. 83.
14. John Tutino, *Creando un nuevo mundo. Los orígenes del capitalismo en el Bajío y la Norteamérica española*, México, FCE, 2016, p. 12.
15. Velásquez *et al.*, *Nueva historia general...*, *op. cit.*, p. 449.
16. Carlos Marichal y Matilde Souto, «Silver and Situados: New Spain and the Financing of the Spanish Empire in the Caribbean in the Eighteenth Century», *Hispanic American Historical Review*, *74*(4), 1994, pp. 587-613.
17. Velásquez *et al.*, *Nueva historia general...*, *op. cit.*, pp. 442-443.
18. *Ibid.*, pp. 441 y 445. Carlos Marichal, *Bankruptcy of Empire. Mexican Silver and the Wars between Spain, Britain and France, 1760-1810*, Cambridge University Press, 2007.
19. Richard J. Salvucci, *An Economic History of Mexico. Contested Conquest, Ambiguous Development: 1519-2000*, Routledge, 2025, p. 48.
20. Velásquez *et al.*, *Nueva historia general...*, *op. cit.*, pp. 473 y 488.
21. Marichal, *Bankruptcy of Empire...*, *op. cit.*, p. 239.
22. Velásquez *et al.*, *Nueva historia general...*, *op. cit.*, pp. 473-474.
23. *Ibid.*, p. 476.
24. *Ibid.*, pp. 448-449.

25. Tutino, *Creando un nuevo mundo..., op. cit.*, pp. 382-386.
26. En: catalogo.iib.unam.mx/F/-/?func=find-b&find_code=SYS&local_base=bndm&format=999&request=000322581
27. A. E, Challú, I. G. Solares y A. Gómez-Galvarriato, «Rent-Wage Inequality in Mexico City, 1770-1930», *Economic History Review, 77*, 2024, pp. 1 035-1 056.
28. Velásquez *et al.*, *Nueva historia general..., op. cit.*, pp. 482 y 486.
29. Rodrigo Moreno Gutiérrez, *Introducción a la independencia de México y su tiempo*, UNAM-IIH, México, 2024, p. 55.
30. *Ibid.*, p. 82.
31. F.-X. Guerra, «El ocaso de la monarquía hispánica: revolución y desintegración», en Annino y Guerra, pp. 117-151.
32. Velásquez *et al.*, *Nueva historia general..., op. cit.*, p. 496. Juan Ortiz Escamilla, *Guerra y gobierno. Los pueblos y la Independencia de México, 1808-1825*, El Colegio de México/Instituto Mora, México, 2014.
33. Velásquez *et al.*, *Nueva historia general..., op. cit.*, p. 506.
34. Josefina Vázquez de Knauth, *Nacionalismo y educación en México*, 2ª ed., El Colegio de México, 1975, p. 37. Su opinión de Hidalgo no mejoró con el tiempo, como puede comprobarse en una conferencia reciente: youtube.com/watch?v=HUktuIvjYBA
35. Moreno, *Introducción a la independencia..., op. cit.*, p. 107.
36. Guerra, «El ocaso de la monarquía...», *op. cit.*, pp. 132-133.
37. Velásquez *et al.*, *Nueva historia general..., op. cit.*, pp. 497-498.
38. *Ibid.*, p. 501.
39. Annino, «Soberanías en lucha», *op. cit.*, p. 173.
40. Velásquez *et al.*, *Nueva historia general..., op. cit.*, pp. 501 y 503-504.
41. *Ibid.*, pp. 505-506.
42. *Ibid.*, pp. 514-516.
43. Virginia Guedea, *En busca de un gobierno alterno. Los Guadalupes de México*, primera edición electrónica en PDF, UNAM-IIH, México, 2016.
44. Velásquez *et al.*, *Nueva historia general..., op. cit.*, p. 530.
45. Annino, «Soberanías en lucha», *op. cit.*, p. 173. Velásquez *et al.*, *Nueva historia general..., op. cit.*, p. 559.
46. Fernando Escalante Gonzalbo, *Ciudadanos imaginarios*, El Colegio de México, 1992, pp. 55 y ss.
47. *Ibid.*, p. 63.
48. Eric van Young, *La otra rebelión. La lucha por la independencia de México, 1810-1821*, FCE, México, 2001, p. 867.
49. *Ibid.*, pp. 868-869.
50. Annino, *Soberanías*, pp. 181 y 183-184.
51. Eugenio Mejía Zavala, «La transición a un gobierno republicano. La Junta Subalterna de la insurgencia (1815-1820)», en José Antonio Serrano (coord.), *El sexenio absolutista, los últimos años insurgentes: Nueva España (1814-1820)*, El Colegio de Michoacán, Zamora, México, 2014, pp. 347-368.

52. Velásquez *et al.*, *Nueva historia general…*, *op. cit.*, pp. 518-521 y 525.
53. Alfredo Ávila, *En nombre de la nación. La formación del gobierno representativo de México (1808-1824)*, CIDE/Taurus, México, 1999, p. 192.
54. Rodrigo Moreno Gutiérrez, *La trigarancia: fuerzas armadas en la consumación de la independencia. Nueva España, 1820-1821*, UNAM-IIH, México, 2016, p. 107.
55. *Ibid.*, p. 114.
56. Moreno, *La trigarancia…*, *op. cit.*

Cuarto siglo. Abandono (1821-1921)

7. El siglo británico

1. Escalante, *Ciudadanos imaginarios, op. cit.*, p. 33.
2. *Ibid.*, p. 34.
3. K. J. Arrow, *Social Choice and Individual Values*, Cowles Foundation, 1963.
4. Prados de la Escosura, «Inequality and Poverty», *op. cit.*

8. Buscando rumbo

1. Fernando Arteaga, «The Making of Mexico: The Political Economy of Conquest and Independence», en Felipe Valencia Caicedo (ed.), *Roots of Underdevelopment: A New Economic and Political History of Latin America and the Caribbean*, Palgrave McMillan, 2023, pp. 69-95.
2. Herbert S. Klein, «Current Debates about the Colonial Economy and Government from the Spanish Treasury Records», *Hispanic American Historical Review, 104*(2), 2024, pp. 213-242.
3. Moreno, «Introducción», pp. 173-175. Sobre las negociaciones de Iturbide, Moreno, *La trigarancia…*, *op.* cit., pp. 139-170.
4. Velásquez *et al.*, *Nueva historia general…*, *op. cit.*, pp. 549-552.
5. Juan Sebastián Galán, «Crown Versus Settler Colonialism in Mexico», documento CEDE núm. 45, Universidad de los Andes Colombia, 25 de noviembre de 2024.
6. Velásquez *et al.*, *Nueva historia general…*, *op. cit.*, p. 555.
7. *Ibid.*, p. 556.
8. *Ibid.*, pp. 557-558.
9. *Ibid.*, p. 562.
10. Brading, *Los orígenes del nacionalismo…*, *op. cit.*, pp. 109-130.
11. Velásquez *et al.*, *Nueva historia general…*, *op. cit.*, p. 563.
12. *Ibid.*, pp. 581-583.
13. *Ibid.*, p. 584.
14. Will Fowler, *Santa Anna. ¿Héroe o villano?*, Crítica, México, 2007, edición electrónica, loc. 8 115-8 160.
15. Velásquez *et al.*, *Nueva historia general…*, *op. cit.*, p. 588.

16. *Ibid.*, pp. 598-601.
17. *Ibid.*, p. 585.
18. Escalante, *Ciudadanos imaginarios, op. cit.*, p. 97.
19. *Ibid.*, p. 98.
20. Velásquez *et al.*, *Nueva historia general..., op. cit.*, p. 615.
21. *Ibid.*, pp. 612-617.
22. *Ibid.*, pp. 620-621.
23. *Ibid.*, pp. 624-626.
24. *Ibid.*, pp. 641-644.
25. Escalante, *Ciudadanos imaginarios, op. cit.*, p. 97.
26. J. H. Coatsworth, *Crecimiento contra desarrollo: el impacto económico de los ferrocarriles en el porfiriato*, Secretaría de Educación Pública, Colección SepSetentas, México, 1976, p. 17.
27. Macario Schettino, *Cien años de confusión*, Paidós, 2016, pp. 117 y ss.
28. Velásquez *et al.*, *Nueva historia general..., op. cit.*, pp. 743, 745 y 754.
29. *Ibid.*, p. 749.
30. *Ibid.*, pp. 757-758.
31. Reidezel Mendoza, *Crímenes de Pancho Villa*, Debate, México, 2024.
32. Escalante, *Ciudadanos imaginarios, op. cit.*, p. 135.

Quinto siglo. Confusión (1921-2021)

9. El siglo estadounidense

1. Schettino, *Cien años..., op. cit.*, pp. 280 y ss.
2. Datos de precio del crudo y tasas de interés del Banco de la Reserva Federal de San Luis (fred.stlouisfed.org).

10. Cien años de confusión

1. Velásquez *et al.*, Nueva *historia general..., op. cit.*, pp. 825 y 836.
2. Schettino, *Cien años...*, op. cit., pp. 94-98. Velásquez *et al.*, *Nueva historia general..., op. cit.*, pp. 829 y 833.
3. Schettino, *Cien años..., op. cit.*, pp. 97 y 197-199.
4. Velásquez *et al.*, *Nueva historia general..., op. cit.*, p. 834.
5. Schettino, *Cien años..., op. cit.*, p. 102.
6. Luis González y González, *Los días del presidente Cárdenas. Historia de la Revolución mexicana, 1934-1940*, vol. 15, El Colegio de México, 1981, p. 29.
7. *Ibid.*, pp. 37-42.
8. *Ibid.*, pp. 55-78.
9. Inegi, *Estadísticas históricas, op. cit.*, cuadros 1.16 y 1.17.
10. Velásquez *et al.*, *Nueva historia general..., op. cit.*, p. 901.
11. Schettino, *Cien años..., op. cit.*, pp. 286-290.
12. Inegi, *Estadísticas históricas, op. cit.*, cuadros 8.2 y 17.1.

13. Velásquez *et al., Nueva historia general..., op. cit.*, p. 943.
14. Para detalles de Tlatelolco y la «guerra sucia», *Cien años de confusión*, cap. 13.
15. Macario Schettino, *El fin (y el regreso) de la confusión*, Ariel, México, pp. 268-274.
16. Inegi, *Estadísticas históricas, op. cit.*, cuadro 16.16.
17. Fernando Escalante Gonzalbo, «Las ruinas de San Garabato. Arqueología mínima del PRI», en *México: el peso del pasado. Ensayo de interpretación*, Cal y Arena, México, 2023.
18. Velásquez *et al., Nueva historia general..., op. cit.*, p. 930.
19. Para el detalle, Schettino, *El fin..., op. cit.*
20. «Con respecto al mito del fraude de 2006», Fernando García Ramírez, *Letras Libres*, mayo de 2025.
21. Macario Schettino, *El dinosaurio disfrazado*, Ariel, México, 2023.

Rumbo al sexto siglo

11. *Tzompantli, calpulli, nuná ume'ti'go*

1. Acerca de los mitos comunes en América y Eurasia, E. J. Michael Witzel, *The Origin of the World Mythologies*, Oxford University Press, 2012.
2. Claudio Lomnitz, *Para una teología política del crimen organizado*, Era, México, 2023, p. 8.
3. Acerca de las mutaciones religiosas, Claudio Lomnitz, *Para una teología..., op. cit*; Andrew Chestnut, *Devoted to Death. Santa Muerte, the Sekeleton Saint*, Oxford University Press, 2012; y *Santa Muerte. El movimiento religioso de más rápido crecimiento en el mundo*, publicación independiente, 2023.
4. Al respecto, Juan Ortiz Escamilla, *Guerra y gobierno. Los pueblos y la Independencia de México, 1808-1825*, El Colegio de México/Instituto Mora, México, 2014. También el ya citado Eric van Young, *La otra rebelión..., op. cit.*
5. Claudio Lomnitz, *El tejido social rasgado*, Era, México, 2022.
6. Elinor Ostrom, «Collective Action and the Evolution of Social Norms», *The Journal of Economic Perspectives, 14* (3), verano de 2000, pp. 137-158
7. Schettino, *Cien años..., op. cit.*, pp. 220-224, 303-305.
8. Lomnitz, *El tejido social..., op. cit.*, pp. 23, 45 y 91-97.
9. Schettino, *El dinosaurio disfrazado, op. cit.*

12. Sexto siglo

1. Burke, *El Renacimiento, op. cit.*
2. Schettino, *El dinosaurio disfrazado, op. cit.*, cap. V.
3. Una evaluación reciente en Johan Gordillo-García, «Erosión democrática en México: repertorio e innovaciones autoritarias (2018-2024)», *Convergencia-Revista de Ciencias Sociales, 32*, 2025.
4. Lomnitz, *Para una teología..., op. cit.*

5. Xavier Tello, *La tragedia del desabasto*, Planeta, México, 2022.
6. Gilberto Guevara Niebla, *La regresión educativa*, Penguin Random House, México, 2021.
7. Macario Schettino, *México en el precipicio*, Ariel, 2022.

Agradecimientos

Varios amigos me hicieron el favor de leer este libro, o fragmentos de él: Roger Bartra, Julio Hubard, Úrsula Camba, Clara Bustamante, Mario de Marchis, Alfredo López Ponce, Ezra Shabot, Luis Rubio, Adolfo de Unanue, Fernando Escalante Gonzalbo y Carlos Elizondo. Gracias a ellos pude aclarar dudas y corregir errores. Por el tamaño del libro, y la amplitud de los temas, sin duda, habrán quedado otros que son culpa mía.

Nota bibliográfica

Este libro cubre cinco siglos del pasado de México y del contexto global que nos fue más relevante en ese período. Para cada capítulo se podría escribir uno o varios libros, tal vez con miles de páginas. En muchos casos, esos libros existen, pero solo para especialistas. En otros, hay versiones accesibles para un lector interesado. En el caso del contexto global, en cada capítulo menciono libros que pueden servir para quien quiera profundizar. En el caso de México, uso como referencia la *Nueva historia general de México*, de El Colegio de México, edición 2010, como ya había mencionado.

Sin embargo, adicionalmente, quisiera sugerir los siguientes libros:

Para el encuentro y el primer siglo:

López Austin, Alfredo, y Leonardo López Luján, *El pasado indígena*, México, El Colegio de México/FCE, 2014 (existe una versión electrónica).

Ríos Saloma, Martín, *La conquista de México. El nacimiento de una monarquía global*, Madrid, La Esfera de los Libros, Madrid, 2024 (existe una versión electrónica).

Para el primer y segundo siglos:

Camba Ludlow, Úrsula, *Ecos de Nueva España. Los siglos perdidos en la historia de México*, Grijalbo, México, 2022 (existe una versión electrónica).

Para el tercer siglo:

Moreno Gutiérrez, Rodrigo, *Introducción a la independencia de México y su tiempo*, México, UNAM-IIH, México, 2024.

Para el cuarto siglo:

Gantús, Fausta, *Introducción a la política del siglo XIX mexicano*, UNAM-IIH, México, 2025.

Y los libros de mi autoría que mencioné al inicio, y que cubren desde el porfiriato hasta la actualidad.

Fuentes

Alfani, Guido, y Alfonso Carballo, «Income and Inequality in the Aztec Empire on the Eve of the Spanish Conquest», *Nature Human Behaviour, 7*, agosto de 2023, pp. 1265-1274.

Álvarez Nogal, Carlos, y Leandro Prados de la Escosura, «The Decline of Spain (1500-1850): Conjectural Estimates», *European Review of Economic History, 11*, pp. 319-366.

Annino, Antonio, y François-Xavier Guerra (coords.), *Inventando la nación. Iberoamérica. Siglo* XIX, FCE, México, 2003.

Annino, Antonio, «Soberanías en lucha», Antonio Annino y François-Xavier Guerra (coords.), *Inventando la nación. Iberoamérica. Siglo* XIX, FCE, México, 2003.

Arnold III, Philip J., «Not Carved in Stone. Building the Gulf Olmec from the Bottom Up», en D. Nichols y C. A. Pool, *The Oxford Handbook of Mesoamerican Archaeology*, Oxford University Press, 2012.

Arrow, K. J., *Social Choice and Individual Values*, Cowles Foundation, 1963.

Arroyo Abad, Leticia, y Jan Luiten van Zanden, «Growth under Extractive Institutions? Latin America Per Capita GDP in Colonial Times», *The Journal of Economic History, 76*(4), diciembre de 2016, pp. 1182-1215.

Arteaga, Fernando, «The Making of Mexico: The Political Economy of Conquest and Independence», en Felipe Valencia Caicedo (ed.), *Roots of Underdevelopment: A New Economic and Political History of Latin America and the Caribbean*, Palgrave McMillan, 2023, pp. 69-95.

Ávila, Alfredo, *En nombre de la nación. La formación del gobierno representativo de México (1808-1824)*, CIDE/Taurus, México, 1999.

Bartra, Roger, *La jaula de la melancolía*, Grijalbo, 1987.

Brading, David, «La monarquía católica», Antonio Annino y François-Xavier Guerra (coords.), *Inventando la nación. Iberoamérica. Siglo* XIX, FCE, México, 2003.

______, *Los orígenes del nacionalismo mexicano*, Era, 1988 (1973).

Burke, Peter, *El Renacimiento*, Crítica, Barcelona, 1987.

Camba Ludlow, Úrsula, *Ecos de Nueva España: los siglos perdidos en la historia de México*, Grijalbo, 2022.

Cañeque, Alejandro, *The King's Living Image: The Culture and Politics of Viceregal Power in Colonial Mexico (New World in the Atlantic World)*, Taylor y Francis, 2013.

Challú, A. E, I. G. Solares y A. Gómez-Galvarriato, «Rent-Wage Inequality in Mexico City, 1770-1930», *Economic History Review, 77*, 2024, pp. 1 035-1 056, en: doi.org/10.1111/ehr.13306.

Chestnut, Andrew, *Devoted to Death. Santa Muerte, the Skeleton Saint*, Oxford University Press, 2012.

Chiovelli, Giorgi, Leopoldo Fergusson, Luis R. Martínez, Juan David Torres y Felipe Valencia Caicedo, «Bourbon Reforms and State Capacity in the Spanish Empire», working paper 2024-36, marzo de 2024, Becker Friedman Institute, University of Chicago.

Coatsworth, J. H.*Crecimiento contra desarrollo: el impacto económico de los ferrocarriles en el porfiriato*, Secretaría de Educación Pública, Colección SepSetentas, México, 1976.

Collen, E. J., A. S. Johar, J. C. Teixeira y B. Llamas, «The Immunogenetic Impact of European Colonization in the Americas», *Front. Genet.* 13:918227, 2022, en: doi.org/10.3389/fgene.2022.918227.

Correa Lonche, Guillermo, *El águila y la serpiente. El problema del origen prehispánico del Escudo Nacional Mexicano*, México, INAH, 2023.

Dios, Toni de, *et al.*, «*Salmonella enterica* from a Soldier from the 1652 Siege of Barcelona (Spain) Supports Historical Transatlantic Epidemic Contact», *Science*, *24*, 103021, 24 de septiembre de 2021.

Dobado, Rafael, y Nadia Fernández de Pinedo, «An Early Consumer Revolution in Hispanic America? Consumption of Asian Goods by the Commoners in 18th-Century Mexico», *Revista de Historia Económica/Journal of Iberian and Latin American Economic History*, *41*(3), pp. 449-482.

Dunbar, Robin, *How Religion Evolved: And Why it Endures*, Oxford University Press, 2022.

Elias, Norbert, *The Civilizing Process*, Wiley-Blackwell, 2000.

Elliot, John H., *Imperios del mundo atlántico: España y Gran Bretaña en América (1492-1830)*, Taurus, Barcelona, 2018.

Engerman, Stanley L., y Kenneth L. Rogoff, *Economic Development in the Americas since 1500. Endowments and Institutions*, Cambridge University Press, 2012.

Escalante Gonzalbo, Fernando, «Las ruinas de San Garabato. Arqueología mínima del PRI», en *México: el peso del pasado. Ensayo de interpretación*, Cal y Arena, México, 2023.

______, *Ciudadanos imaginarios*, El Colegio de México, México, 1992.

Escalante Gonzalbo, Pablo, «El posclásico en Mesoamérica», en Erik Velásquez García *et al.*, *Nueva historia general de México*, El Colegio de México, México, 2010, pp. 156-225.

Evans, Susan Toby, «Time and Space Boundaries. Chronologies and Regions in Mesoamerica», en D. Nichols y C. A. Pool, *The Oxford Handbook of Mesoamerican Archaeology*, Oxford University Press, 2012.

Findlay, Ronald, y Kevin O'Rourke, *Power and Plenty. Trade, War and the World Economy in the Second Millenium*, Princeton University Press, 2007.

Fowler, Will, *Santa Anna. ¿Héroe o villano*, Crítica, México, 2007.

Galán, Juan Sebastián, «Crown Versus Settler Colonialism in Mexico», documento CEDE, núm. 45, Universidad de los Andes Colombia, 25 de noviembre de 2024.

García Martínez, Bernardo, «Los años de expansión», en Erik Velásquez García *et al.*, *Nueva historia general de México*, El Colegio de Méxcio, México, 2010, pp. 217-262.

García Ramírez, Fernando, «Con respecto al mito del fraude de 2006», *Letras Libres*, mayo de 2025.

García, Obed A., *et al.*, «The Legacy of Infectious Disease Exposure on the Genomic Diversity of Indigenous Southern Mexicans», *Genome Biology and Evolution*, *15*(3), 2 de febrero de 2023.

González Alonso, B., «La fórmula "obedézcase, pero no se cumpla" en el derecho castellano de la baja Edad Media», Ministerio de Justicia, España, sumario año 1980.

González y González, Luis, *Los días del presidente Cárdenas. Historia de la Revolución mexicana, 1934-1940*, vol. 15, El Colegio de México, 1981.

González, Justo, *The Story of Christianity: Volume I: The Early Church to the Dawn of the Reformation,* Harper-Collins, 2010.

Gordillo-García, Johan, «Erosión democrática en México: repertorio e innovaciones autoritarias (2018-2024)», *Convergencia-Revista de Ciencias Sociales, 32*, 2025.

Guedea, Virginia, *En busca de un gobierno alterno. Los Guadalupes de México*, primera edición electrónica en PDF, UNAM-IIH, México, 2016.

Guerra, F.-X., «El ocaso de la monarquía hispánica: revolución y desintegración», en Antonio Annino y François-Xavier Guerra (coords.), *Inventando la nación. Iberoamérica. Siglo XIX*, FCE, México, 2003.

Guevara Niebla, Gilberto, *La regresión educativa,* Penguin Random House, México, 2021.

Guzmán-Solís, Axel A., Viridiana Villa-Islas, Miriam J. Bravo-López, Marcela Sandoval-Velasco, Julie K. Wesp, Jorge A. Gómez-Valdés, María de la Luz Moreno-Cabrera, Alejandro Meraz, Gabriela Solís-Pichardo, Peter Schaaf, Benjamin R. TenOever, Daniel Blanco-Melo, María C. Ávila Arcos, «Ancient Viral Genomes Reveal Introduction of Human Pathogenic Viruses into Mexico during the Transatlantic Slave Trade», *eLife*, 2021.

Headrick, Anabeth, *The Teotihuacan Trinity: The Sociopolitical Structure o fan Ancient Mesoamerican City*, University of Texas Press, 2007.

Ibarra González, Ana Carolina, y Pedro Marañón Hernández, *1519. Los europeos en Mesoamérica*, UNAM-IIH, México, 2021.

Inegi, «Estadísticas históricas. 2014».

Klein, Herbert S., «The Great Shift: The Rise of Mexico and the Decline of Peru in the Spanish American Empire, 1680-1809», *Revista de Historia Económica*, año XIII, núm. 1.

Lomnitz, Claudio, *El tejido social rasgado*, Era, México, 2022.

______, *Para una teología política del crimen organizado*, Era, México, 2023.

Maldonado, Blanca, «Mesoamerican Metallurgical Technology and Production», D. Nichols y C. A. Pool, *The Oxford Handbook of Mesoamerican Archaeology*, Oxford University Press, 2012.

Manrique, Jorge Alberto, «El mundo barroco», en *Historia general de México*, El Colegio de México, 1976.

Marichal, Carlos y Matilde Souto, «Silver and Situados: New Spain and the Financing of the Spanish Empire in the Caribbean in the Eighteenth Century», *Hispanic American Historical Review, 74*(4), 1994.

Marichal, Carlos, *Bankruptcy of Empire. Mexican Silver and the Wars between Spain, Britain and France, 1760-1810*, Cambridge University Press, 2007.

Martínez Baracs, Rodrigo, «El problema del origen prehispánico del emblema del águila y la serpiente», en *Letras Libres*, noviembre de 2024, en: letraslibres.com/revista/rodrigo-martinez-baracs-problema-origen-prehispanico-emblema-aguila-serpiente/.

Matos Moctezuma, Eduardo, «Posibles causas de la caída de Tenochtitlan y Tlatelolco», en Ana Carolina Ibarra González y Pedro Marañón (ed.), *1519. Los europeos en Mesoamérica*, México, UNAM-IIH, 2021, pp. 57-66.

Mazín, Óscar, «Supuestos peninsulares de la conquista de América», en Ana Carolina Ibarra González y Pedro Marañón Hernández, *1519. Los europeos en Mesoamérica*, UNAM-IIH, México, 2021, pp. 68-79.

Mejía Zavala, Eugenio, «La transición a un gobierno republicano. La Junta Subalterna de la insurgencia (1815-1820)», en José Antonio Serrano (coord.), *El sexenio absolutista, los últimos años insurgentes: Nueva España (1814-1820)*, El Colegio de Michoacán, Zamora, México, 2014, pp. 347-368.

Mendoza, Reidezel, *Crímenes de Pancho Villa*, Debate, México, 2024.

Miralles, Juan, *Hernán Cortés: Inventor de México*, Planeta, 2020.

Moreno Gutiérrez, Rodrigo, *Introducción a la independencia de México y su tiempo*, México, UNAM-IIH, 2024

Moreno Gutiérrez, Rodrigo, *La trigarancia: fuerzas armadas en la consumación de la independencia. Nueva España, 1820-1821*, UNAM-IIH, México, 2016.

Nesvig, Martin Austin, *Promiscuous Power: An Unorthodox History of New Spain*, University of Texas Press, 2018.

Nichols, D., y C. A. Pool, *The Oxford Handbook of Mesoamerican Archaeology*, Oxford University Press, 2012.

O'Gorman, Edmundo, *Destierro de sombras. Luz en el origen de la imagen y culto de Nuestra Señora de Guadalupe del Tepeyac*, UNAM-IIH, México, 2016.

Ortiz Escamilla, Juan, *Guerra y gobierno. Los pueblos y la Independencia de México, 1808-1825*, México, El Colegio de México/Instituto Mora, 2014.

Ostrom, Elinor, «Collective Action and the Evolution of Social Norms», *The Journal of Economic Perspectives, 14*(3), verano de 2000, pp. 137-158.

Parker, Geoffrey, *Felipe II: la biografía definitiva*, Planeta, 2018.

Pietschmann, Horst, «Los principios rectores de organización estatal en las Indias», en Antonio Annino y François-Xavier Guerra (coords.), *Inventando la nación. Iberoamérica. Siglo XIX*, FCE, México, 2003.

Poole, Stafford, *Our Lady of Guadalupe: The Origins and Sources of a Mexican National Symbol, 1531-1797*, University of Arizona Press, 2017.

Prados de la Escosura, Leandro, y Carlos ÁlvarezNogal, «Growth Recurring in Preindustrial Spain?», *Cliometrica*, *16*, 2022, pp. 215-241.

Prados de la Escosura, Leandro, «Inequality and Poverty in Latin America: A Long-Run Exploration», en T. J. Hatton, K. H. O'Rourke y A. M. Taylor (eds.), *The New Comparative Economic History: Essays in Honor of Jeffrey G.Williamson* (cap. 12), 2007, MIT Press, Cambridge, 2007.

Reilly III, F. Kent, «Mesoamerican Religious Beliefs: The Practice and Practitioners», en D. Nichols y C. A. Pool, *The Oxford Handbook of Mesoamerican Archaeology*, Oxford University Press, 2012.

Ríos Saloma, Martín, *La conquista de México. El nacimiento de una monarquía global*, La Esfera de Libros, Madrid, 2024.

Rodríguez Martínez, María del Carmen, Ponciano Ortiz Ceballos, Michael D. Coe, Richard A. Diehl, Stephen D. Houston, Karl A. Taube, Alfredo Delgado Calderón, «Oldest Writing in the New World», *Science* (313), 15 de septiembre de 2006, pp. 1 610-1 614.

Rubial García, Antonio, «La evangelización novohispana: entre globalización y conquista», en Ana Carolina Ibarra González y Pedro Marañón Hernández, *1519. Los europeos en Mesoamérica*, UNAM-IIH, México, 2021, pp. 134-157.

______, «Las órdenes mendicantes evangelizadoras en Nueva España y sus cambios estructurales durante los siglos virreinales», en María del Pilar Martínez López-Cano, *La Iglesia en Nueva España. Problemas y perspectivas de investigación*, UNAM, 2010, pp. 215-236.

Salvucci, Richard J., *An Economic History of Mexico. Contested Conquest, Ambiguous Development: 1519-2000*, Routledge.

Schettino, Macario, *Cien años de confusión*, Paidós, México, 2016.

______, *El dinosaurio disfrazado*, Ariel, México, 2023.

______, *El fin (y el regreso) de la confusión*, Ariel, México, pp. 268-274.

______, *México en el precipicio*, Ariel, México, 2022.

Storrs, Christopher, *The Resilience of the Spanish Monarchy 1665-1700*, Oxford University Press, 2006.

Tello, Xavier, *La tragedia del desabasto*, Planeta, México, 2022.

Thomas, Hugh, *Conquest: Cortes, Moctezuma, and the fall of the Old Mexico*, Simon and Schuster, Londres, 1993.

Tomás y Valiente, Francisco, *Los validos en la monarquía española del siglo XVII. Estudio Institucional*, Siglo XXI, España, 2015.

Tutino, John, *Creando un nuevo mundo. Los orígenes del capitalismo en el Bajío y la Norteamérica española*, FCE, México, 2016.

Valdeón, Julio, Joseph Pérez y Santos Juliá, *Historia de España*, Espasa, Barcelona, 2006.

Valle Pavón, G. del, «Los mercaderes de México y la transgresión de los límites al comercio pacífico en Nueva España, 1550-1620», *Revista de Historia Económica/Journal of Iberian and Latin American Economic History*, *23*(S1), 2005, pp. 213-240.

Vázquez de Knauth, Josefina, *Nacionalismo y educación en México*, 2ª ed., El Colegio de México, 1975.

Vázquez, Josefina, "México durante el siglo XIX", 22 de septiembre de 2024, en: youtube.com/watch?v=HUktuIvjYBA.

Velásquez García, Erik, *et al.*, *Nueva historia general de México*, El Colegio de México, 2010.

Von Wobeser, Gisela, «El impacto demográfico y ambiental del encuentro de dos mundos en Nueva España», Ana Carolina Ibarra González y Pedro Marañón Hernández, *1519. Los europeos en Mesoamérica*, UNAM-IIH, México, 2021, pp. 95-113.

Vries, Jan de, «The Economic Crisis of the Seventeenth Century», *Journal of Interdisciplinary History, 40*(2), otoño de 2009.

______, *The Industrious Revolution*, Cambridge University Press, 2008.

Wilson, Peter H., *The Holy Roman Empire: A Thousand Years of European History*, Penguin Random House, 2017.

Wittkower, R., «Eagle and Serpent. A Study in the Migration of Symbols», *Journal of the Warburg Institute, 2*(4), 1939, pp. 293-325.

Witzel, E. J. Michael, *The Origin of the World Mythologies*, Oxford University Press, 2012.

Woodard, Colin, *American Nations*, Penguin, 2022.

Young, Eric van, *La otra rebelión. La lucha por la independencia de México, 1810-1821*, FCE, 2001.